前　　言

随着汽车工业的发展，我国汽车产销量已连续几年位居世界第一。汽车保险作为财产保险公司的第一大险种，其业务量随着汽车的热销而迅猛增长，随之而来社会对汽车保险与理赔人才的需求量也大幅增加。为了更好地培养汽车保险行业人才，掌握汽车保险与理赔相关业务知识，我们与北京大学出版社合作，一起组织并编写了本书。

编者结合自己多年的教学经验和实践，收集、整理并借鉴了很多同行相关资料，完成了本书的编写工作。本书采用循序渐进的方式进行内容编排，首先阐述的是风险与风险管理以及保险的基本知识，然后介绍汽车保险合同与汽车保险原则的主要内容，接着着重阐述交强险和商业车险条款的相关知识，并系统讲解汽车承保与理赔保险实务，最后针对车险案例及汽车消费贷款及保险展开探讨。

本书由河北师范大学职业技术学院吴立勋、陈立辉担任主编。本书具体编写分工为：吴立勋编写第1—3章、第9章和第10章；陈立辉编写第4—8章。全书由陈立辉副教授统稿，青岛理工大学宋年秀教授主审。

在本书编写过程中，参考了许多国内同行的相关著作和教材，在此表示衷心感谢。本书的编写得到了河北师范大学精品教材建设立项资助，是“汽车保险与理赔”精品教材建设立项项目成果之一，在此一并表示感谢。

由于汽车保险与理赔涉及内容广泛，实践性很强，加之编者水平有限，对某些内容理解可能存在偏颇，所以书中不妥之处在所难免，恳请同行和读者提出宝贵意见，以便在今后的修订中不断完善。

编　者

2015年6月

21 世纪全国高等院校汽车类创新型应用人才培养规划教材

汽车保险与理赔

主　编　吴立勋　陈立辉
主　审　宋年秀

北京大学出版社
PEKING UNIVERSITY PRESS

内容简介

本书共分10章，内容包括：风险与风险管理、保险概述、汽车保险合同、汽车保险原则、机动车交通事故责任强制保险、机动车商业保险、汽车保险承保实务、汽车保险理赔实务、汽车保险案例分析、汽车消费贷款及其保险。

本书既可作为汽车服务工程、汽车运用工程、汽车营销等本科专业教材，也可作为其他专业学生选修汽车保险课程的选修教材使用，同时还可用作机动车辆保险从业人员的培训用书以及广大保户系统了解机动车辆保险和理赔知识的参考书。

图书在版编目(CIP)数据

汽车保险与理赔/吴立勋，陈立辉主编. —北京：北京大学出版社，2016.1
（21世纪全国高等院校汽车类创新型应用人才培养规划教材）
ISBN 978-7-301-26409-6

Ⅰ.①汽… Ⅱ.①吴… ②陈… Ⅲ.①汽车保险—理赔—高等职业教育—教材 Ⅳ.①F842.63

中国版本图书馆CIP数据核字(2015)第247201号

书　　名　汽车保险与理赔
　　　　　QICHE BAOXIAN YU LIPEI
著作责任者　吴立勋　陈立辉　主编
策划编辑　童君鑫
责任编辑　李娉婷
标准书号　978-7-301-26409-6
出版发行　北京大学出版社
地　　址　北京市海淀区成府路205号　100871
网　　址　http://www.pup.cn　新浪微博：@北京大学出版社
电子信箱　pup_6@163.com
电　　话　邮购部62752015　发行部62750672　编辑部62750667
印 刷 者　北京虎彩文化传播有限公司
经 销 者　新华书店
　　　　　787毫米×1092毫米　16开本　14.25印张　330千字
　　　　　2016年1月第1版　2018年8月第2次印刷
定　　价　32.00元

目　录

第1章 风险与风险管理

本章教学要点

知识要点	掌握程度	相关知识
风险	理解风险的概念； 熟悉风险的特征； 掌握风险的组成要素； 熟悉风险的分类	风险的概念； 风险的特征； 风险的组成要素； 风险的分类
风险、风险管理与保险的关系	了解风险管理的程序； 熟悉保险的职能； 掌握风险与保险的关系； 掌握风险与风险管理的关系	风险管理的程序； 保险的职能； 风险与保险的关系； 风险与风险管理的关系

导入案例

风险无处不在

2013 年 8 月 14 日以来，东北灾情严重，8 月 15 日松花江流域出现 1998 年来最大洪水，水利部发布洪水橙色预警，预计松花江、嫩江、黑龙江水位仍要上涨。截至 2013 年 8 月 19 日 16 时，已造成辽宁、吉林、黑龙江三省 111 个县区市 373.7 万人受灾。截至 2013 年 8 月 30 日，东北局部地区遭受洪涝灾害造成的直接经济损失达 7800 万元。

图 1.0　洪灾现场

上述案例所述的是一种自然灾害，它危及人们的生活，是人们身边潜在的风险，然而在人们身边还存在着许多风险，如突如其来的车祸，始料未及的疾病等。它会给人们造成无法预知的不同程度的损失，人们把这种无法预知的可能损失称为风险。

本章主要介绍风险与风险管理。

1.1　风险概述

1.1.1　风险的定义

风险是指人们在生产、生活或决策的过程中，对于事件预测的不确定性，包括正面效应和负面效应两方面。从经济角度而言，前者为收益，后者为损失。站在保险学的角度，风险是指某种损失发生的不确定性。

1.1.2　风险的构成要素

风险由风险因素、风险事故和风险损失三个要素构成。

1. 风险因素

风险因素是指引起或增加某一特定风险事故的机会或扩大损失幅度的原因和条件。风险因素是风险事故发生的潜在原因，是造成损失的内在或间接原因。例如，驾驶员的精神状态、身体素质以及驾驶员心理素质、车辆制动系统、道路信号系统的稳定性等都是可能导致车祸的风险因素。

根据主体性质不同，风险因素可分为实质风险因素、道德风险因素和心理风险因素三种。

1）实质风险因素

实质风险因素是指有形的并能直接影响事物物理功能的因素，即某一标的物本身所具有的、足以引起损失机会或增加损失幅度的客观原因和条件，如汽车的超速行驶、道路高低不平、地壳的异常变化、恶劣的气候、疾病传染、环境污染等。

2）道德风险因素

道德风险因素是指与人的品德修养有关的、足以引起损失机会或增加损失幅度的因素，即由于个人不诚实、不正直或有不轨企图促使风险事故发生，以致引起社会财富损毁或人身伤亡的原因和条件，如欺诈、纵火、贪污、盗窃等。

3）心理风险因素

心理风险因素是指与人的心理状态有关的无形的因素，它是由于人们主观上的疏忽或过失，以致增加风险事故发生的机会或扩大损失幅度的因素。假如人们对于风险事故的发生持一种疏忽大意、放任、过于自信的心理状态，就会增加风险事故发生的概率和损失幅度。酒后违章驾车，明知车有故障而过于相信自己的驾驶能力，企业或个人投保财产保险后放松对财物的保护措施等都属于心理风险因素。

2. 风险事故

风险事故又称为“风险事件”，是指造成生命、财产损害的偶发事件，是造成损害的外在和直接的原因。风险事故使风险的可能性转化为现实，是损失产生的依据。以刹车系统失灵酿成车祸而导致人员伤亡为例，刹车系统失灵是风险因素，车祸是风险事故；如果仅有刹车系统失灵，而未导致车祸，则不会导致人员伤亡。

若某一事件，在一定条件下，可能是造成损失的直接原因，则该事件为风险事故；而在其他条件下，该事件可能是造成损失的间接原因，则其变成为风险因素。以冰雹使得路滑而造成车祸和人员伤亡这一事件为例，这时冰雹是风险因素，车祸是风险事故；若冰雹下落过程中直接击伤行人，则冰雹就是风险事故。

3. 风险损失

风险损失是指非故意的、非预期的和非计划的经济价值的减少。风险损失具有两个方面的含义：一是非故意、非预期和非计划性；二是经济性，即可以用货币来衡量。二者缺一不可。在保险实务中，风险损失又分为直接损失和间接损失。直接损失是由风险事故引起的财产本身的损失和人身伤害；间接损失是由直接损失引起的额外费用损失、收入损失和责任损失等。间接损失的金额往往较大，有时甚至会超过直接损失。

4. 风险因素、风险事故和风险损失三者之间的关系

风险是由风险因素、风险事故和风险损失三者构成的统一体，风险因素引起风险事故

的发生或增加风险事故发生的可能性；风险事故的发生可能造成风险损失，如图 1.1 所示。

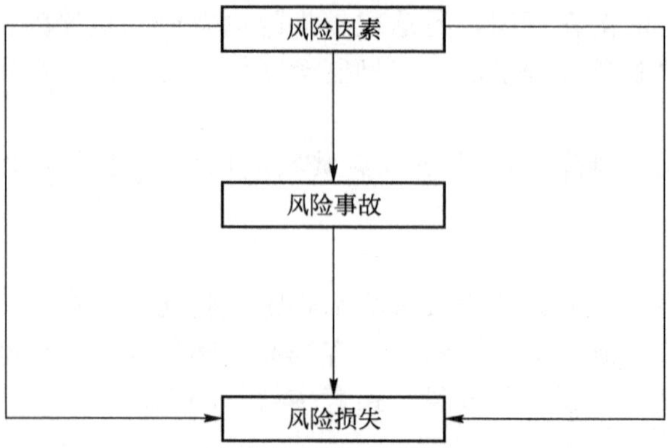

图 1.1　风险因素、风险事故和风险损失三者的关系

1.1.3　风险的分类

1．按产生的原因分

按风险产生的原因分类，风险可分为自然风险、社会风险、政治风险、经济风险和技术风险。

自然风险是指由自然力的不规则变化引起的种种现象所导致的，对人们的经济生活和物质生产以及生命安全等产生威胁的风险。如洪灾、地震、旱灾等。

社会风险是指由于个人或团体的行为(包括过失行为、不当行为及故意行为)或不作为使社会生产及人们生活遭受损失的风险。如盗窃、玩忽职守等引起的财产损失或人身伤害。

政治风险又称为国家风险，它是指在对外投资和贸易过程中，因政治原因或其他订约双方所不能控制的原因，使债权人可能遭受损失的风险。如战争、暴动、罢工、种族冲突等，致使货物进出口合同无法履行的风险。

经济风险是指在生产和销售等经营活动中，由于受各种市场供求关系、经济贸易条件等因素变化的影响或经营者决策失误，对前景预期出现偏差等原因，导致经营失败的风险。如在生产或销售过程中，出现的经营管理不善、通货膨胀、汇率变动等导致产量增加或减少、价格涨跌等风险。

技术风险是指伴随着科学技术的发展、生产方式的改变而出现的威胁人们的生产与生活的风险。如核辐射、空气污染、噪声等风险。

2．按性质分

按风险的性质分类，可以将风险分为纯粹风险和投机风险。

纯粹风险是指只有损失机会而无获利可能的风险。其导致的结果有两种：损害或无损害。例如，一个人购买汽车后，就面临汽车遭受损失和给他人人身、财产带来损害的可能性，结果只能是发生或不发生；一旦发生，就是损失。

投机风险是相对于纯粹风险而言的，它是指既有损失机会又有获利可能的风险。例如购买彩票、投资股票，可能获利也可能亏损。

一般情况下，纯粹风险具有可保性，而投机风险不可保。

3. 按产生的环境分

按风险产生的环境分类，风险有静态风险和动态风险。

静态风险是指在社会经济正常的情况下，自然力的不规则变化或人们的过失行为所致损失或损害的风险。前者如地震、海难等；后者如人的死亡、残疾、盗窃、欺诈等。

动态风险是指由于社会经济、政治、技术以及组织等方面发生变动所致损失或损害的风险，如战争、通货膨胀等。

静态风险与动态风险的区别如下。

① 风险性质不同：静态风险一般均为纯粹风险；而动态风险则既包含纯粹风险也包含投机风险。

② 发生特点不同：静态风险在一定条件下具有一定的规律性，变化比较规则，可以通过大数法则加以测算；动态风险的变化却往往不规则，无规律可循，难以用大数法则进行测算。

③ 影响范围不同：静态风险通常只影响少数个体；而动态风险的影响则比较广泛，往往会带来连锁反应。

4. 按影响程度分

按风险影响程度分类，风险可以分为基本风险和特定风险。

基本风险是指非个人行为引起损失或损害的风险，这种风险实际上是一种团体风险，它对整个团体乃至整个社会产生影响，是个人不能预防的风险。如地震、洪水、政局变动、经济体制改革等。

特定风险是指其产生及造成的后果只与特定的人或部门相关的风险。此风险一般可以通过个人或组织对其采取某种措施加以控制。特定风险事件发生的原因多属个别情形，其结果局限于较小范围，本质上容易控制及防范。如火灾、盗窃等可能导致财产损失或人身伤亡的风险，属于特定风险。

对特定风险和基本风险的区分，会因时代背景和人们观念的改变而有所不同。比如失业，过去被认为是特定风险，而现在被认为是基本风险。

5. 按损害对象分

根据风险的损害对象分类，风险可分为财产风险、人身风险、责任风险和信用风险。

财产风险是指导致一切有形财产的损毁、灭失或贬值的风险。财产损失通常包括财产的直接损失和间接损失两个方面。

人身风险是指导致人的伤残、死亡、丧失劳动能力以及增加费用支出的风险。人身风险所致的损失一般有两种，一种是收入能力损失，一种是额外费用损失。

责任风险是指因个人或团体的疏忽或过失行为，造成他人财产损失或人身伤亡，依照法律、契约或道义应负法律责任或契约责任的风险。

信用风险是指在经济交往中，权利人与义务人之间由于一方违约或违法致使对方遭受经济损失的风险。

1.1.4 风险的特征

1. 风险的客观性

无论自然界的物质运动还是社会现象，都是由事物的内部因素所决定的，超出人的主观意识；人类的社会活动也受经济规律的支配，体现出客观的特征。风险是独立于人的意识之外的、不以人的意志为转移的客观存在。个人或经济组织只能在一定的时间和空间内改变风险存在和发生的条件，降低风险发生的频率和损失幅度，而不能彻底消除风险。正是由于风险的客观存在，人们才需要认识风险、管理风险，保险才得以产生和发展。

2. 风险的普遍性

风险无处不在，无时不有。随着科学技术的发展，生产力的提高，风险已逐步渗入社会生活、企业生产、个人生活的方方面面。企业面临着自然风险、技术风险、经济风险、政治风险等风险；个人则面临生、老、病、死、意外伤害等风险。正是由于这些风险，才有了保险存在的必要和发展的可能。

3. 风险的社会性

风险是一个社会范畴，而不是自然范畴。风险与人类社会的利益密切相关。没有人，没有人类社会，就没有风险可言。

4. 风险的不确定性

尽管风险是普遍存在的，风险及其所造成的损失在个体上却是偶然的、不可知的，具有不确定性。风险的不确定性主要表现为：风险事故是否发生不确定、何时发生不确定、发生的后果不确定。正是风险的这种总体上的必然性与个体上的偶然性的统一，构成了风险的不确定性，也构成了保险的风险，从而形成了经济组织与个人对保险的需求。

5. 风险的可测性

个别风险事故的发生是偶然的、不可预知的，而大量风险事故则往往会呈现出明显的规律性。运用统计学方法去处理大量相互独立的偶发风险事故，其结果可以比较准确地反映出风险的规律性。根据以往大量资料，利用概率论和数理统计的方法可测算出风险事故发生的概率及其损失幅度，并可构建出损失分布的模型，作为风险估测的基础。而在汽车保险当中，根据大量事故案例记录、损失情况，结合其他影响因素，就可以测算出不同车险的费率。

6. 风险的发展性

人类社会自身进步和发展的同时，也创造和发展了风险。风险会因时间、空间因素的发展变化而有所发展与变化。例如，随着科学技术的进步，核能的利用以及核电站的设立，带来了核污染、核扩散甚至核爆炸的风险。

1.2 风险管理

1.2.1 风险管理概述

风险管理是研究风险发生规律和风险控制技术的一门新兴管理科学。它是一个组织或个人用以降低风险的负面影响的决策过程，也就是组织或个人通过风险识别、风险估测、风险评价，优化组合各种风险管理技术，对风险实施有效的控制，妥善处理风险所致损失的后果，从而以最小的成本获得最大安全保障的过程。

随着人类活动范围的扩大，未知领域使人类活动预期的不确定性增加；另一方面，技术的广泛应用也使得危险作业越来越多，给人类带来的风险在加大，风险事故发生所造成的损失的种类和程度也在发生着深刻变化。以企业为例，在现代经济生活中，企业面临着政治上、经济上的风险和国内外众多同类商家的激烈竞争，经济活动和经济关系日趋复杂，各种动态风险因素剧增。企业为了防止可能发生的风险与损失，必须进行风险识别、风险估测、风险评价，优化组合各种风险管理技术，对风险实施有效的控制和妥善处理，以期达到用最小的成本获得最大安全保障的目标。

风险管理之所以得到普遍应用，是因为它有着非常重要的作用：实施风险管理有利于资源分配最佳组合的实现；有助于消除风险给整个经济社会带来的灾害损失及其他连锁反应，从而有利于经济的稳定发展；有助于创造一个有利于经济发展和保障人民生活的良好的社会环境。

风险管理对经济组织的作用主要体现在以最小的耗费将风险损失减少到最低程度，保障经营目标的实现。风险管理有助于促进企业各项决策的科学化和合理化进程，减少决策的风险性；同时，风险管理措施能够为企业提供一个安全稳定的生产经营环境。

1.2.2 风险管理的程序

风险管理的程序包括风险识别、风险估测、风险评价、选择风险管理技术和风险管理效果评价等环节。

1. 风险识别

风险识别是指组织或个人对其所面临的和潜在的风险加以判断、归类，并对风险性质进行鉴定的过程。存在于企业、家庭或个人周围的风险多种多样、错综复杂，有潜在的，有实际存在的；有内部的，也有外部的。所有这些风险在一定时期和某一特定条件下是否客观存在，存在的条件是什么，以及损害发生的可能性等，都是风险识别阶段应予以解决的问题。风险识别要求对尚未发生的、潜在的和客观的各种风险进行系统的、连续的识别和归类，并分析产生风险事故的原因。

识别风险主要包括感知风险和分析风险两方面的内容：一方面依靠感性认识，经验判断；另一方面，可利用财务分析法、流程分析法、实地调查法等进行分析和归类整理，从而发现各种风险的损害情况及规律。在此基础上，鉴定风险的性质，从而为风险衡量做准备。

2. 风险估测

风险估测是指在风险识别的基础上，通过对所收集的大量的详细资料加以分析，利用概率论和数理统计的方法估计和预测风险发生的概率和损失幅度。风险衡量的内容主要包括损失频率和损失幅度两个方面。损失频率的高低取决于风险单位数目、损失形态和风险事故；损失幅度是指某一特定风险发生的严重程度。

风险估测不仅使风险管理建立在科学的基础上，而且使风险分析定量化。损失分布的建立、损失概率和损失期望值的预测能为风险管理者进行风险决策、选择最佳管理技术提供可靠的科学依据，它要求从风险发生频率、发生后所致的损失幅度和自身的经济情况入手，分析自身的风险承受力，为正确选择风险的处理方法提供依据。

3. 风险评价

风险评价是指在风险识别和风险衡量的基础上，对风险发生的频率、损失幅度，结合其他因素全面进行考虑，评估风险发生的可能性及其危害程度，并与公认的安全指标相比较，以衡量风险的程度，决定是否需要采取相应的措施。

处理风险需要的费用和风险损失之间的比例关系直接影响着风险管理的效益。只有通过对风险性质的定性、定量分析和比较处理风险所支出的费用，才能确定风险是否需要处理和处理到何种程度，并判定为处理风险所支出的费用是否有效益。

4. 选择风险管理技术

为实现风险管理目标，根据风险评价结果，选择最佳风险管理技术与措施是风险管理中最为重要的环节。风险管理技术分为控制型和财务型两大类，控制型的目的是降低损失频率和减小损失幅度，重点在于改变引起意外事故和扩大损失的各种条件。财务型的目的是以提供基金的方式，对无法控制的风险做财务上的安排。

5. 风险管理效果评价

风险管理效果评价是指对风险管理技术的适用性及其收益性情况的分析、检查、修正和评估。在某一特定时期内，风险管理技术选择是否最佳、其管理效果如何等，都需要进行科学的评估。风险管理效益的大小取决于是否能以最小的风险成本取得最大安全保障。成本的大小为采取某项管理技术所支付的各项费用与机会成本之和，而保障程度的高低取决于因采取了该项管理技术后减少的风险直接损失和间接损失之和。若前者大于后者，说明该项管理技术是不可取的；若后者大于前者，说明该项技术是可取的，但不一定是最佳技术。在实务中，不但要考虑该项技术的经济效益最佳性，还要考虑与整体管理目标的一致性，具体实施的可行性、可操作性和有效性。

1.2.3 风险管理的目标

风险管理的基本目标是以最小成本获得最大安全保障效益。风险管理目标由两部分组成，即损失前目标和损失后目标。损失前目标是指通过风险管理消除和减少风险发生的可能性，为人们提供较安全的生产、生活环境；损失后目标是指通过风险管理在损失出现后及时采取积极有效的措施，组织经济补偿，帮助企业迅速恢复生产和生活秩序。两者有机地结合，就构成了完整而系统的风险管理目标。

1.2.4 风险管理技术

风险管理技术是指管理和控制风险的方法和技术的总称，具体包括控制型和财务型两大类。

1. 控制型风险管理技术

控制型风险管理技术的实质是在风险分析的基础上，针对企业所存在的风险因素采取控制技术以降低损失频率和减轻损失程度，重点在于改变引起意外事故和扩大损失的各种条件。主要表现为：在事故发生前，降低事故发生的频率；在事故发生时，将损失减少到最低程度。

控制型风险管理技术的具体方法主要有避免、预防、分散和抑制。

1）避免

避免是指放弃某项活动，回避因从事该项活动可能导致风险损失的行为。它是处理风险的一种消极方法，通常在两种情况下进行：一是某特定风险所致损失频率和损失幅度相当大；二是处理风险的成本大于其产生的效益。

避免风险虽简单易行，有时能够彻底根除风险，但有时因回避风险也会导致减少了经济利益，增加了机会成本。如新技术的采用、新产品的开发都可能带有某种风险，而如果放弃这些计划，企业就无法从中获得高额利润。

避免的采用通常会受到限制，例如人们担心锅炉爆炸，就放弃利用锅炉烧水，改用电热炉，但后者又存在因电压过高致使电热炉被烧坏的风险。在现有的科技水平下，地震等天灾、人的生老病死、世界性的经济危机等是任何经济组织和个人都无法回避的风险。

2）预防

预防的目的是在事故发生前消除或减少可能引发事故的隐患，从而降低事故发生的频率。当预防技术侧重于物质因素时，应采用工程物理法，如设计防火结构，设置防盗系统，增添安全设施，进行安全检查等。当预防技术侧重于人为因素时，宜采用人类行为法，如强化职工的安全意识、消除错误行为等具体方法。

3）分散

分散是指集合性质相同的多数单位来分散负担可能遭受的损失，以提高每个单位承受风险的能力。

4）抑制

抑制是指风险事故发生时或发生后采取的各种防止损失扩大的措施。抑制是处理风险的有效手段。例如，在建筑物上安装火灾警报器和自动喷淋系统等，可减轻火灾损失的程度并且防止损失扩大。抑制常在损失幅度大且风险无法回避和转嫁的情况下采用。

2. 财务型风险管理技术

由于人们对风险的认识受到许多因素的制约，因而对风险的预测和估计不可能达到绝对精确的地步，而各种控制处理方法又都有其各自的缺陷。为此，有必要采取财务法，以便在财务上预先提留各种风险准备金，以消除风险事故发生时所造成的经济困难和精神忧虑。财务型风险管理技术是以提供基金的方式，对无法控制的风险做财务上的安排。具体包括自留和转移两种方法。

1）自留

自留是经济单位或个人自己承担全部风险成本的一种风险管理方法，即对风险的自我承担。自留有主动自留和被动自留之分。采取自留方法时，应考虑经济上的合算性和可行性。一般来说，在风险所致损失频率和幅度较小、损失短期内可预测以及最大损失不足以影响自己的财务稳定时，宜采用自留方法。但自留有时会因风险单位数量的限制而无法实现其处理风险的功效，一旦发生损失，可能导致财务调度上的困难从而失去其作用。

2）转移

转移是指通过合理措施，将风险及其财务后果从一个主体转移给另一个主体。风险转移是一些单位或个人为避免承担风险损失而有意识地将风险损失或与风险损失有关的财务后果转嫁给另一单位或个人承担的一种风险管理方法。风险转移分为非保险转移和保险转移。财务型非保险转移，是通过外部资金来支付可能发生的损失，转移财务负担。财务型保险转移，是指通过购买保险将可能发生的损失转移给保险人承担，以确定的支出换取不确定的损失。

阅读材料1-1

风险管理未来的发展趋势

风险管理的基础是一些具有普遍性和基础性的理论概念，在将其用于税收管理时，则是一种思维方式和工作方式，需要与时俱进。如果本指引不能促进持续的发展，就是不完整的。

在几年以前，或多或少是把风险管理作为某种形式的风险分析，主要着眼于更好地进行税务审计选案。随着风险管理方法的发展，对风险管理的实际运用现在已经更为结构化，并结合了更为先进的技术。这样的发展趋势以后会继续保持，还会涌现出一些新的元素。

与此相应而形成的思维方式从长远来看，会对税收管理的变革产生极其深远的影响。税收管理不只是为了发现逃避纳税的行为并予以惩戒，而是为了确保遵从。为了实现这一目的，必须采用整体化和合作性的方法。随着新风险的不断出现，就需要有新的风险处理措施，这些措施会涉及社会的不同方面。这意味着在今后数年的实际工作中，可能会有以下动向。

(1) 越多的税务机关将使风险管理成为其组织架构中不可或缺的一部分，设立业务风险研究部门，把风险管理作为所有规划和决策过程的综合性工具。

(2) 管理的集中化和专门化将使税收管理实现更高的专业化水平，税务机关将能够更好地进行相互之间的税收风险情报交换。

(3) 风险的认识将更加全面，更加综合化，而不是仅仅着眼于某几个特定税种。为此需要考虑范围更广的风险标准和风险处理措施，将涉及某一类纳税人的与各税种有关的风险标准全部纳入视野，个中缘由在于风险领域可能从一税种波及另一税种。

(4) 共同的标准，这有助于各国通过相互协助加强合作。例如，统一各国针对不同纳税人风险类型的分类标准。

1.3 风险、风险管理与保险的关系

1.3.1 风险与保险的关系

1. 风险的客观存在是保险产生和存在的自然前提

风险是客观存在的，时时处处威胁着人的生命和物质财产的安全，是不以人的意志为转移的。风险的发生直接影响社会生产过程的正常运行和家庭的日常生活，因而产生了人们对损失进行补偿的需求。保险是一种被社会普遍接受的经济补偿方式。因此，风险是保险产生和存在的自然前提，风险的存在是保险关系确立的基础，无风险则无保险。

2. 风险的发展是保险发展的客观依据

社会的进步，生产力的发展，现代科学技术的应用，在给人类社会克服原有风险的同时，也带来了新风险。新风险对保险提出了新的要求，促使保险业不断设计新的险种、开发新业务。从保险的现状和发展趋势来看，高风险系统的核电站、石油化工、航空航天、交通运输等行业的风险都可以纳入保险的责任范围。

1.3.2 风险管理与保险的关系

1. 保险是风险管理的传统有效措施

人们面临的各种风险损失，一部分可以通过控制的方法消除或减少，但风险不可能全部被消除。面对各种风险造成的损失，全靠自身力量解决，就需要提留出与自身财产价值等量的后备基金。这样既造成资金浪费，又难以解决巨额损失的补偿问题，于是转移就成为风险管理的重要手段。保险作为转移方法之一，长期以来被人们视为传统的，而且是有效的风险处理手段。通过保险，把不能自行承担的集中风险转嫁给保险人，以小额的固定支出换取对巨额风险的经济保障，使保险成为处理风险的有效措施。

2. 保险经营效益要受风险管理技术的制约

保险经营效益的大小受多种因素的制约。风险管理技术作为其中重要的因素，对保险经营效益产生很大的影响。如对风险的识别是否全面，对风险损失的频率和造成损失的幅度估计是否准确，哪些风险可以接受承保，哪些风险不可以承保，保险的范围应有多大、程度如何，保险成本与效益的比较等，都制约着保险的经营效益。

【关键术语】

风险　风险管理

【综合练习】

1. 风险存在与否由哪些因素决定？
2. 风险如何分类？
3. 风险有何特征？
4. 风险管理是怎样分类的？风险与保险有何关系？
5. 风险管理有哪些基本程序？

第2章 保险概述

本章教学要点

知识要点	掌握程度	相关知识
保险	理解保险的定义； 理解保险与类似经济行为的异同； 掌握保险的构成要素； 掌握保险的特征； 熟悉保险的分类	保险的定义； 保险与类似经济行为的异同； 保险的构成要素； 保险的特征； 保险的分类

导入案例

遇车祸意外去世保险公司赔偿 50 万元

2012 年 4 月 5 日晚，45 岁的慈溪某塑料五金企业业主陈某，在骑摩托车回家的途中遭遇车祸，送医院抢救无效身亡。陈某是家中的顶梁柱，家里还有上学的孩子，妻子也在自己的厂子里料理事务，陈某的不幸去世让刚刚有起色的家庭顿时陷入困境。幸好一年前，陈某为自己选购了平安人寿保险的一份投资与保障类的保险，当时的保费是 5736 余元。5 月 9 日，平安人寿宁波分公司的有关人员将 50 万元的身故保险金送到了因车祸去世的陈某家人的手里。这笔钱使投保人的妻子和儿女今后的生活有了保障。

我们的身边隐藏着许多无法预知的风险，那么用什么来使我们的生活获得有力的保障呢？通过上述案例，可以知道保险就是遇到事故时给予我们生活的有力保障。所谓保险是指投保人根据合同约定，向保险人支付保险费，保险人对于合同约定的可能发生的事故因其发生所造成的财产损失承担赔偿保险金的责任，或者当被保险人死亡、伤残、疾病或者达到合同约定的年龄、期限时承担给付保险金责任的商业保险行为。其中投保人、保险人、被保险人则是保险相关的人员。

本章主要介绍保险。

2.1　保险的定义

保险的定义可以从经济角度和法律角度两方面加以分析。

从经济角度上讲，保险是分摊意外事故损失的一种财务安排。投保人参加保险，将其不确定的大额损失变成确定的小额支出，即保险费。而保险人集中了大量同类风险，能借助大数法则来正确预见损失的发生额，并根据保险标的损失概率制定保险费率；通过向所有被保险人收取保险费建立保险基金，来补偿少数被保险人遭受的意外事故损失。因此，保险是一种有效的财务安排，并且体现了一定的经济关系。

从法律角度来看，根据《中华人民共和国保险法》(以下简称《保险法》)第二条规定：“保险是指投保人根据合同约定，向保险人支付保险费，保险人对于合同约定的可能发生的事故因其发生所造成的财产损失承担赔偿保险金责任，或者当被保险人死亡、伤残、疾病或者达到合同约定的年龄、期限时承担给付保险金责任的商业保险行为。”可见保险是一种合同行为，体现的是一种民事法律关系。根据合同约定，一方承担支付保险费的义务，换取另一方为其提供经济补偿或给付的权利，体现了民事法律关系的内容——主体之间的权利和义务关系。

2.2 保险与类似经济行为的比较

2.2.1 保险与自保

自保是指经济单位预测在未来一定时期内将会发生某种灾害或意外事故造成损失时，自己预先提留一定的货币和实物，作为对可能发生的损失进行补偿的后备基金。

保险与自保的区别主要体现在如下三个方面。

1. 性质不同

保险为多数经济单位的集合，各经济单位将危险转移给保险人承担，体现了互助关系；自保是个别经济单位的单独行为，体现的是自助行为关系。

2. 保障的稳定程度不同

保险保障具有较强的稳定性；自保要视经济单位自留后备基金是否充足而定。如果自留后备充足，则可及时得到保障；否则，保障就不充分甚至得不到保障。

3. 基金的处理方式不同

投保人在交付保险费后，不论约定的保险事故发生与否，均不能收回；自保则不同，危险发生了，即从自留基金中拿出一部分予以补偿，危险不发生，所提留的基金仍属经济单位自有。

2.2.2 保险与救济

保险与救济的相同点：同为保障经济安定的善后对策。

保险与救济的不同点主要体现在如下三个方面。

1. 权利和义务不同

救济是一种基于人道主义的单方施舍行为，没有对应的权利义务关系，是无偿援助、单务合同，保险是双务合同，保险合同行为要求合同双方必须权利义务相等，贯彻等价有偿原则。

2. 给付对象不同

救济的对象事先不确定，且相当广泛，包括国内外受灾者或生活贫困者，保险的对象是在合同中事先确定的被保险人或保险金受领人。

3. 主张权利不同

救济的数量可多可少，形式多种多样，接受救济者无权提出自己的主张，保险金赔付必须严格按照合同履约，被保险人可按合同的约定主张对保险金的请求权。

2.2.3 保险与储蓄

保险与储蓄的不同点主要体现在如下几个方面。

1. 所得不同

储蓄所得是其本金及利息；保险所得是不定值。

2. 性质不同

保险具有经济互助合作性质；储蓄是一种单纯靠自身经济实力的自助行为。

3. 用途不同

保险积聚的保险基金必须在合同条款规定的事故发生后或期限届满时，保险人才按合同规定履行赔偿责任，即只能用于特定事故的损失补偿；储蓄可以由存款人自由提取，自由使用。

4. 依据不同

保险集合多数单位和个人的保险费，形成保险基金，目的在于分散风险、分摊损失，并以概率论、大数法则为计算保险费的基础，具有科学依据；储蓄多少能应付不测事故却是一个不定的数额。

2.2.4 保险与赌博

保险与赌博的相同点：都具有一定的射幸性；都需要本金；都讲究信用。

保险与赌博的不同点体现在如下几个方面。

1. 目的不同

保险的目的是以小额的保费支出将不确定的危险损失转嫁给保险人，获得经济生活安定的保障，赌博是想以小额的赌注博得大额钱财。

2. 条件不同

参加保险要交保费，对保险标的具有保险利益，不得额外获利，参与赌博只需赌注。

3. 机制不同

保险通过分散风险来达到互助共济处理善后的目的，赌博的风险完全是人为的。

4. 社会后果不同

保险是利国利民，赌博却带来家庭和社会经济生活的不安定。

2.3 保险的构成要素

2.3.1 可保风险

尽管保险是人们处理风险的一种方式，它能为人们在遭受损失时提供经济补偿，但并不是所有破坏物质财富或威胁人身安全的风险，保险人都承保。可保风险是保险人可以接受承保的风险。可保风险应具备以下特性。

(1) 风险必须是纯粹的风险，即风险一旦发生，便成为现实的风险事故，只有损失的机会，没有获利的可能。

（2）风险必须具有不确定性。风险的不确定性有三层含义，即风险是否发生是不确定的，风险发生的时间是不确定的，风险发生的原因和结果等也是不确定的。

（3）风险必须使大量标的均有遭受损失的可能。这一条件要求大量的性质相近、价值相近的风险单位面临同样的风险。

（4）风险必须有导致重大损失的可能。这一条件的含义是，风险一旦发生，由其导致的损失是被保险人无力承担的(这是汽车保险实务中实施绝对免赔的理论基础)，即可保风险是一种发生重大损失的可能性较大并且遭受重大损失的机会较小的风险。

（5）风险不能使大多数的保险对象同时遭受损失。这一条件要求损失的发生具有分散性，因此保险人在承保时应力求将风险单位分散。

（6）风险必须具有现实的可测性。保险的经营要求制定准确的费率，费率的计算依据是风险发生的概率及其所导致标损失的概率。因此，风险必须具有可测性。

2.3.2 大量同质风险的集合与分散

保险的经济补偿活动的过程，既是风险的集合过程，又是风险的分散过程。保险人通过保险将众多投保人所面临的分散性风险集合起来，当发生保险责任范围内的损失时，又将少数人发生的风险损失分摊给全体投保人，即通过保险的补偿或给付行为，分摊损失或保证经营稳定。实现风险的集合与分散应具备以下两个前提条件。

1. 大量风险的集合体互助性

保险实现互助的方法在于集合多数人的保费，补偿少数人的损失。大量风险的集合，一方面是基于风险分散的技术要求；另一方面是概率论和大数法则原理在保险经营中得以运用的前提。

2. 同质风险的集合体

所谓同质风险，是指在种类、品质、性能、价值等方面大体相近的风险。如果风险为不同质风险，那么风险损失发生的概率就不相同，这样，风险也就无法进行统一的集合与分散。此外，不同质的风险其损失发生的频率与幅度是有差异的，若对不同质的风险进行集合与分散，则会导致保险经营财务的不稳定。不难看出，汽车具备大量同质风险。

2.3.3 保险费率的厘定

保险在形式上是一项经济保障活动，而实质上是一项商品交易行为。因此商品的价格的制定，即厘定保险费率，成为保险的一个基本要素。保险既是一种商品交换行为，又是一项特殊的经济行为。为保证保险双方当事人的利益，保险费率的厘定要做到以下几点。

（1）遵循费率厘定的三个基本原则，即适度性原则、合理性原则、公平性原则。

（2）以完备的统计资料为基础，运用科学的计算方法厘定。

（3）接受国家或政府保险监督机关的审核和备案。

2.3.4 保险基金的建立

保险的分摊损失与补偿功能是建立在具有一定规模的保险基金基础之上的。保险基金是用以补偿或给付因自然灾害、意外事故和人体自然规律所致的经济损失、人身损害及收入损失，并由保险公司筹集、建立起来的专项货币基金。由于保险性质和经营上的特殊性，保险基金具有来源的分散性和广泛性、总体上的返还性、使用上的专项性、赔付责任的长期性和运用上的增值性等特点。保险费是形成保险基金的主要来源。

保险基金是保险业存在的现实经济基础，也是保证保险企业财务稳定性的经济基础，与此同时，保险基金也制约着保险企业的业务经营规模。从保险公司财务管理的角度来看，保险基金是以各种准备金的形式存在的。就财产保险与责任保险而言，保险基金表现为未到期责任准备金、赔款准备金、总准备金和其他准备金几种形式；就人身保险准备金而言，保险基金主要以未到期责任准备金的形式存在。可见，保险基金是保险的赔偿与给付的基础；此外，保险基金也是保险公司进行投资活动的基础。

2.3.5 保险合同的订立

作为一种经济关系，保险是投保人与保险人之间的商品交换关系，这种经济关系需要有关法律对其进行保护和约束，即通过一定的法律形式固定下来，这种法律形式就是保险合同。风险最基本的特征是不确定性，这就要求保险人与投保人应在确定的法律或契约关系的约束下履行各自的权利与义务。倘若不具备在法律上或契约上规定的各自的权利与义务，那么，保险的这种经济关系就难以成立。

2.4 保险的特征

2.4.1 经济性

保险是一种经济保障活动。保险的经济性主要体现在保险活动的性质、保障对象、保障手段、保障目的等方面。其保障对象，即财产和人身，直接或间接地属于社会生产中的生产资料和劳动力两大经济要素；其实现保障的手段，最终都必须采取货币支付的形式进行补偿或给付；其保障的根本目的，无论从宏观角度还是从企业微观的角度，都是为了促进经济发展。

2.4.2 商品性

保险体现了一种等价交换的经济关系，也就是商品经济关系。这种商品经济关系直接表现为个别保险人与个别投保人之间的交换关系；间接表现为在一定时期内，全部保险人与全部投保人之间的交换关系。

2.4.3 互助性

保险具有“我为人人，人人为我”的互助特性，是一种经济互助行为。保险在一定条件下分担了个别单位和个人所不能承担的风险，从而形成了一种经济互助关系。这种经济互助关系通过保险人用多数投保人缴纳的保险费所建立的保险基金，对少数遭受损失的被保险人提供补偿或给付而得以体现。

2.4.4 法律性

从法律角度来看，保险是一种合同行为。保险是依法按照合同的形式体现其存在的。保险双方当事人要建立保险关系，其形式是保险合同；保险双方当事人要履行各自的权利和义务，其依据也是保险合同。

2.4.5 科学性

保险是处理风险的科学有效措施。现代保险经营以概率论和大数法则等科学的数理统计理论为基础，保险费率的厘定、保险准备金的提存等也都是以科学的数学计算为依据的。

2.5 保险的分类

2.5.1 按保险的实施方式分类

按照保险的实施方式的不同，可将保险划分为自愿保险和强制保险。

1. 自愿保险

投保人或被投保人与保险人在平等互利、协商一致的基础上，根据自愿的原则签订保险合同。是否投保，选择哪个保险公司投保、投保何种保险、保险金额的多少、保险期限等都可由投保人选择；保险人也可对投保人、被保险人的情况进行选择。双方充分自愿，任何一方不得强迫另一方与之签订保险合同。

2. 强制保险

强制保险是由国家政府通过法律或行政命令等手段强制实行的保险，也称法定保险。凡是属于法律、行政法则规定范围内的内容所有人均必须投保，不管投保人是否愿意，国家还通过法律统一规定了保险责任、保险期限、保险赔偿方式等。如社会保险及交通事故责任强制保险均是强制保险。

2.5.2 按保险的性质分类

保险按其具体的性质可分为商业保险、社会保险和政策保险。

1. 商业保险

商业保险是指投保人根据合同约定，向保险人交付保险费，保险人对于合同约定的可能发生的事故造成的财产损失承担赔偿责任，或当被保险人死亡、伤残、患上疾病或达到约定年龄、期限时给付保险金的保险行为。商业保险是一种商业行为，因而也以盈利为目的，遵循等价交换的原则。在保险费的计算上充分考虑了保险人的经济利益。保险人所承担的风险责任与所收取的保险费是对价的，即承担的风险责任越大，所收取的保险费越多。

2. 社会保险

社会保险是国家通过立法，对社会劳动者暂时或永久丧失劳动能力，或失业时提供一定的物质帮助，以保障其基本生活的一种社会保障制度。在现实生活中，有很多风险是商业保险所不能承保的，如大规模的失业、贫困化等。这些风险如果得不到承保，就会造成社会的动荡，直接影响经济的发展，因此社会保险的开办很有必要。

阅读材料2-1

五险一金

“五险”指的是五类社会保险，包括养老保险、医疗保险、失业保险、工伤保险和生育保险；“一金”指的是住房公积金。其中养老保险、医疗保险和失业保险，这三种险是由企业和个人共同缴纳的保费，工伤保险和生育保险完全是由企业承担的，个人不需要缴纳。这里要注意的是“五险”和“一金”都是法定的。

3. 政策保险

政策保险是政府出于一定目的，运用普通保险的技术而开办的一种保险。如为农业生产而开办的农业保险；为实现扶植中小企业发展政策而开办的信用保险，为实现促进国际贸易政策而开办的输出保险，包括出口信用保险、外汇变动保险、出口票据保险，为应付巨额风险而开办的保险，如地震、洪水、核辐射保险等均为政策保险。

由于政策保险是政府为了实现其政策目的而开办的，体现的是公共利益与公共政策，因此政策保险一般没有盈利，甚至会产生亏损。正是由于这一点，政策保险一般由政府直接创办并由政府补贴。

上述三种保险中，除商业保险属于商业行为外，社会保险和政策保险都不是以盈利为目的，而是以提高社会福利和互助共济为目的的经济保障制度。

2.5.3 按保险标的分类

保险标的，或称“保险对象”，是指保险合同中所载明的投保对象。按照标的不同，保险可分为财产保险、责任保险、信用保证保险和人身保险。

1. 财产保险

财产保险是指以各种有形财产及其相关利益为保险标的的保险。保险人承担对各种保险财产及相关利益因遭受保险合同承保责任范围内的自然灾害、意外事故等风险发生所造成的损失做出赔偿的责任。财产保险的种类繁多，常用的财产保险主要有以下几种。

1）海上保险

海上保险是指保险人对海上的保险标的由于保险合同承保责任范围内的风险的发生所造成的损失或引起的经济责任负责经济赔偿的保险。海上保险包括海洋运输货物保险、船舶保险、海上石油开发工程建设保险等。

2）运输货物保险

运输货物保险是承保海洋、陆上、内河、航空、邮政运输过程中保险标的及其利益所遭受的损失的保险险种，主要包括海洋运输货物保险、陆上运输货物保险、航空运输货物保险和邮政运输货物保险等。

3）运输工具保险

运输工具保险是承保海、陆、空、内河各种运输工具在行驶和停放过程中所发生的各种损失的保险险种，主要包括船舶保险、汽车保险、飞机保险等。

4）火灾保险

火灾保险是承保在一定地点内的财产，包括房屋、机器、设备、原材料、在制品、制成品、家庭生活用品、家具等，因发生火灾造成的损失的保险险种。目前，火灾保险一般不作为单独的险种，而将其包括在综合性险别的责任范围内。例如，在我国当投保企业财产保险和家庭财产保险时，火灾损失属于其主要的责任范围；在运输货物保险条款中，火灾损失也是保险人承担赔偿责任的重要内容。

5）工程保险

工程保险是承保各类建筑工程和机器设备安装工程在建筑和安装过程中因自然灾害和意外事故的物质损失、费用和对第三者损害的赔偿责任的保险险种。

6）盗窃保险

盗窃保险主要是承保因抢劫、偷窃或盗贼暴力侵入等行为所造成的财物损失的保险。

7）农业保险

农业保险是指保险人为农业生产者在从事种植、养殖和捕捞等生产过程中，因遇自然灾害或意外事故导致损失提供经济补偿服务的保险。农业保险有农作物保险、农产品保险、牲畜保险、家禽保险及其他养殖业保险等。

2. 责任保险

责任保险的标的是被保险人依法应对第三者承担的民事损害赔偿责任。在责任保险中，凡依据法律或合同规定，由于被保险人的疏忽或过失造成他人的财产损失或人身伤害所应付的经济赔偿责任，都由保险人负责赔偿。常见的责任保险有以下几种。

1）公众责任保险

承担被保险人在各种固定场所进行的生产、经营或其他各项活动中事故的发生所引起的被保险人在法律上应承担的赔偿金额的保险险种。

2）雇主责任保险

凡是被保险人雇用的员工，包括短期工、临时工、季节工和学徒工，在受雇过程中，从事与保险单所载明的被保险人的业务有关的工作时，遭受意外而致伤、残、死亡或患上与业务有关的职业性疾病，被保险人根据雇用合同，须承担的医药费及经济赔偿责任．包括应支付的诉讼费用，由保险公司负责赔偿的保险险种。

3）产品责任保险

承保由于被保险人所生产、出售或分配的产品或商品发生事故，造成使用、消费或操作该产品或商品的人或其他任何人的人身伤害、疾病、死亡或财产损失，依法应由被保险人负责时，保险人根据保险单的规定，在约定的赔偿限额内予以赔偿的保险险种称为产品责任保险。被保险人为上述事故所支付的诉讼费用及其他事先经保险人书面同意支付的费用，也由保险人负责赔偿。需要注意的是，获得产品责任赔偿必须具备两个条件：首先，造成产品责任事故的产品必须是供给他人使用，即用于销售的商品；其次，产品责任事故的发生必须是在制造、销售该产品的场所范围以外的地点。

产品责任保险是在20世纪70年代以后，首次在欧美一些发达国家开始举办并迅速普及起来的。之后中国人民保险公司于1980年起开始承办产品责任保险。这对增加外商对我国产品经营的积极性，提高我国产品的竞争力，促进我国的对外贸易都起到了积极的作用。

4）职业责任保险

职业责任保险是指承保医生、律师、会计师、工程师等各种专业技术人员因工作上的疏忽或过失，造成合同对方或他人的人身伤害或财产损失的经济赔偿责任的保险险种。

3. 信用保证保险

信用保证保险是一种担保性质的保险。信用保证保险的标的是合同双方权利人和义务人约定的经济信用。按照投保人的不同，信用保证保险又可分为信用保险和保证保险两种类型。

信用保险的投保人和被保险人都是权利人，所承担的是契约的一方因另一方不履约而遭受的损失。例如在出口信用保险中，保险人对出口人(投保人、被保险人)因进口人不按合同支付贷款而遭受的损失负赔偿责任。

保证保险的投保人是义务人，被保险人是权利人，保证当投保人不履行合同义务或有不法行为使权利人蒙受经济损失时，由保险人承担赔偿责任。例如在履约保证保险中，保险人担保在承包工程业务中的工程承包人不能如期完工或工程质量不符合规定致使权利人遭受经济损失时，承担赔偿责任。

综上所述，无论是信用保险还是保证保险，保险人所保障的都是义务人的信用，最终获得补偿的都是权利人。目前，信用保证保险的主要险种有以下三种。

1）雇员忠诚保证保险

雇员忠诚保证保险是指雇主因其雇员的欺骗和不诚实行为所造成的损失，由保险人负责赔偿的保险。

2）履约保证保险

履约保证保险是指签约双方中的一方，由于不能履行合同中规定的义务而使另一方蒙受的经济损失，由保险人负责赔偿的保险。

3）信用保险

信用保险是指承保被保险人(债权人)在与他人订立合同后，由于对方不能履行合同义务而使被保险人遭受的经济损失的保险。常见的信用保险有出口信用保险和投资保险等。

4. 人身保险

人身保险是以人的身体或生命作为标的的一种保险，它以伤残、疾病、死亡等人身风险为保险内容。被保险人在保险期间因保险事故的发生或生存到保险期满，保险人依照合同规定对被保险人给付保险金。由于人的价值无法用金钱衡量，具体的保险金额是根据被保险人的生活需要和投保人所支付的保险费，由投保人和保险人协商确定。人身保险主要包括人寿保险、健康保险和人身意外伤害保险。

1）人寿保险

人寿保险包括死亡保险、生存保险和两全保险。死亡保险是指在保险期内被保险人死亡，保险人即给付保险金。生存保险是以被保险人在保险期内仍然生存为给付条件，如被保险人在保险期内死亡，不仅不给付保险金，而且也不返还已缴纳的保险费。两全保险则是由死亡保险和生存保险合并而成，当被保险人生存到保险期满时，保险人要给付保险金；当被保险人在保险期内死亡时，保险人也要给付保险金。两全保险的保险费带有较多的储蓄因素。

2）健康保险

健康保险又称疾病保险，它承担被保险人因疾病而支出的医疗费用，或者因丧失劳动能力，按保险单规定，由保险人给付保险金的责任。

3）人身意外伤害保险

人身意外伤害保险是指承保被保险人因意外事故而伤残或死亡时，由保险人负责给付规定的保险金。人身意外伤害保险包括意外伤害的医疗费用给付和伤残或死亡给付两种。

阅读材料2-2

人身意外伤害险

人身意外伤害保险排在保险购买优选原则的首位。人生处处有风险，人身意外保险可以合理地转移可能遭受到的风险，免除生活的后顾之忧。该类保险具有价格低保障高的特点。按照不同的要素，人身意外伤害保险分为许多种。

1．按实施方式划分

（1）自愿性的人身意外伤害保险。自愿性的人身意外伤害保险是投保人根据自己的意愿和需求投保的各种人身意外伤害保险。例如，我国现开办的中小学生平安险、投宿旅客人身意外伤害保险就是其中的险种。这些险种均采取家长或旅客自愿投保的形式，由学校或旅店代收保费，再汇总交保险公司。

（2）强制性的人身意外伤害保险。强制性的人身意外伤害保险是由政府强制规定有关人员必须参加的一种人身意外伤害保险，它是基于国家保险法令的效力构成的被保险人与保险人的权利和义务关系。

2．按险种结构划分

（1）单纯人身意外伤害保险。保险责任仅限于人身意外伤害。我国目前开办的团体人身意外伤害保险、公路旅客人身意外伤害保险、学生团体人身意外伤害保险、驾驶员人身意外伤害保险等，都属于单纯人身意外伤害保险。

（2）附加人身意外伤害保险。这种保险包括两种情况：一种是其他保险附加人身意外伤害保险。另一种是人身意外伤害保险附加其他保险责任。再如，住宿旅客人身意外伤害保险，保险责任包括旅客由于人身意外伤害造成的死亡、残废以及旅客随身携带行李物品的损失，属于人身意外伤害保险附加财产保险。

3．按保险对象划分

（1）个人人身意外伤害保险。个人人身意外伤害保险是以个人作为保险对象的各种人身意外伤害保险。机动车驾乘人员人身意外伤害保险、航空人身意外伤害保险、旅客人身意外伤害保险和旅游人身意外伤害保险等是个人人身意外伤害保险的主要险种。

(2) 团体人身意外伤害保险。团体人身意外伤害是以团体为保险对象的各种人身意外险。由于人身意外伤害保险的保险费率与被保险人的年龄和健康状况无关，而是取决于被保险人的职业，所以人身意外伤害保险最适合于团体投保。在我国，主要的团体人身意外伤害保险险种有中国人民保险公司于1982年开办的团体人身意外伤害保险，1992年开办的团体人身意外伤害长期还本保险等。

2.5.4 按照风险转嫁的方式分类

按照风险转嫁的不同方式可以把保险分为原保险、再保险、共同保险和重复保险。

1. 原保险

原保险是指投保人和保险人直接订立保险合同，确定双方的权利义务关系，投保人将危险转嫁给保险人，原保险简称“保险”。

2. 再保险

再保险是指保险人将所承保到的保险业务的一部分或全部向另一个保险人再一次保险，也就是保险的保险，这种方式也称“分保”。分出业务的人为原保险人，又称分保分出人；分入业务的人为再保险人，又称分保分入人。再保险适用于那些大额损失或大的风险的承保，通过再保险可以扩大业务经营能力，提高保险人的财物稳定性，为保险人分散风险。再保险最初只用于财产保险，现在的人身保险及责任保险等险种也有逐步运用再保险的趋势。

3. 共同保险

共同保险又称共保，共保的特点是由多个保险人联合起来共同承担同一标的的同一风险，并且保险金额不得超过保险标的价值。发生保险责任时，赔偿依照各保险人承担的金额比例分摊。

共同保险与再保险的区别是：共同保险中，投保人分别与各个保险人签订一份保险合同，危险在各保险人之间横向分摊；再保险合同中，投保人与原保险人签订一份保险合同，原保险人与再保险人签订保险合同，它们之间是纵向的关系。

4. 重复保险

投保人以同一标的的同一风险，同时向两个或两个以上的保险人进行投保就构成了重复保险。因此重复保险要具备几个条件，同一标的、同一风险、同一投保人或以同一投保人的名义、同一时间(注意这里同一时间是指时间上有交叉就可以，不一定完全重叠)。构成重复保险的原因有两类：一类是善意的重复保险，反映投保人一种求稳的心态，担心一次投保不会得到充足的保障，或由于在保险期限内保险标的的价格上涨、保险金额不足造成不能完全弥补损失，一类是恶意的重复保险，即投保人为了获得超过保险价格的赔偿进行重复保险，企图通过保险获得额外利益。我国《保险法》对此作了规定，规定各保险人的赔偿金额之和不得超过保险标的的保险价值，有效地避免了被保险人的不当得利。

共同保险和重复保险的区别在于，共同保险中，各个保险人已经事先达成了协议，决定共同承保，投保人和保险人之间签订的是一个保险合同，各保险人主动采取这种方式承保，其赔偿金额不会超过保险价值。重复保险中，各保险人之间没有互相沟通，投保人与每个保险人均签订了一个合同，如果各保险人之间在整个保险期内都未发现这种情况，很可能会同时向被保险人支付赔款，使被保险人获得超额利益。

2.5.5 按承保的客户分类

根据保险人承保的客户的类型不同，可以把保险分为个人保险、团体保险和企事业单位保险。

1. 个人保险

投保人是自然人，即以家庭或个人为保障主体，如家庭财产保险、私用汽车保险等。

2. 团体保险

投保人为集体，投保的团体与保险人签订一份合同，集体内的所有成员为被保险人，每一被保险人均应有一份保险凭证。这种投保方式手续简便，保险费率也低于个人保险。

团体保险适用于人身保险，其种类很多，如团体人寿保险、团体健康保险、团体养老保险、团体年金保险、团体意外伤害保险等。美国人寿保险公司经营的人身保险就分为两类，即普通寿险和团体寿险，普通寿险由个人为满足自己和家庭需要而购买的保险，团体寿险是由雇主、工会以及其他团体为雇员和成员购买的保险。

3. 企事业单位保险

这种保险以企业、事业、机关团体等单位作为保障主体，这些单位除了面临生产和经营风险外，还面临着各种财产损失、营业中断、人员伤亡、责任风险等，需要各种保险提供保障。上述单位可购买一揽子保险，也可分别购买不同的保险，如财产保险、责任保险、利润损失保险等。

【关键术语】

保险　构成要素　保险分类　保险特征

【综合练习】

1. 阐述风险的概念和组成要素。
2. 控制风险的方法有哪些？
3. 如何从多个方面理解保险的概念？
4. 保险的要素有哪些？
5. 保险有哪些种类？

第3章 汽车保险合同

本章教学要点

知识要点	掌握程度	相关知识
汽车保险合同	掌握保险合同的概念； 理解并掌握保险合同的特征； 掌握保险合同的主体、客体和内容； 理解保险合同的订立与生效； 理解保险合同的变更、解除与终止； 熟悉保险合同的解释原则与争议处理	保险合同的概念； 保险合同的特征； 保险合同的主体、客体和内容； 保险合同的订立与生效； 保险合同的变更、解除与终止； 保险合同的解释原则与争议处理

导入案例

2013年11月，陈某向某保险公司申请投保5万元长寿保险和5万元附加意外伤害险，12月17日，陈某将投保申请及保险费1680元交给保险公司代理人赖某。12月17日，保险公司给陈某体检时，发现陈某正患急性肝炎，故未予承保，通知其一个月后复查，12月30日，陈某因车祸身故，受益人向保险公司申请理赔金10万元。保险公司通知其一个月后复查，属于正常承保行列，对陈某这种情况可延迟承保，虽然陈某缴纳保险费，但保险合同不成立，所以保险公司不予理赔。

在生活中，我们在与他人对某一事件达成协议时必须签订一份合同，从而来限制双方的行为以及保障双方的利益。对于保险自然也有合同，那就是保险合同，保险合同是双方当事人之间订立的在法律上具有约束力的一种协议。通过上述案例可知，保险合同的成立是有条件的。

本章主要介绍汽车保险合同的内容。

3.1 汽车保险合同概述

汽车保险合同是保险合同的一种，《保险法》关于保险合同的一般规定对汽车保险合同的行为同样是适用的。不过，汽车保险业务活动毕竟与其他的具体险种合同行为存在差别，同时随着我国汽车保险业务的逐步扩大，汽车保险合同纠纷越来越多，纷争的焦点多集中在保险人与投保人或被保险人的责任及责任大小问题，保险合同是否成立与生效等问题。而且在保险纠纷诉讼中，许多同种类型、同样性质的诉讼案件，可能由于司法管辖在地域上的差别而使诉讼结果大相径庭，这种情况进一步导致了保险合同纠纷的增多，引起了保险人和被保险人的困惑，还严重影响了司法的统一，这既有立法上的原因，也有司法上的问题。因此加强保险合同法理特性的研究，掌握汽车保险合同特点和订立与履行过程中涉及的原则问题，对解决围绕汽车保险合同的纠纷具有十分重要的理论意义。

3.1.1 汽车保险合同的概念

汽车保险合同是保险人与投保人和被保险人就设立、变更、解除民事关系的协议。即根据当事人双方约定，投保人向保险人缴纳保险费，保险人在保险标的遭受约定的事故时，承担经济补偿或给付保险金义务。

保险合同按保险人承担的责任，可将其分为财产保险合同和人身保险合同。财产保险合同是以财产及其有关利益为保险标的的保险合同。人身保险合同是以人的寿命和身体为保险标的的保险合同。财产保险合同与人身保险合同的最大区别在于各自的保险标的不同。

汽车保险合同是财产保险合同的一种，是指以汽车及其有关利益作为保险标的的保险合同。汽车保险合同不仅适用《保险法》《道路交通安全法》《机动车交通事故责任强制保险条例》等法律法规的规定，而且适用于《中华人民共和国合同法》和《中华人民共和国民法通则》的有关规定。

3.1.2 汽车保险合同的特征

汽车保险合同是双方当事人在社会地位平等的基础上产生的一项经济活动，是双方当事人平等、等价的一项民事法律行为，属于经济合同的一种。又由于汽车保险合同的客体不同于一般的经济合同。所以，它既有经济合同的一般特点，同时又有自身的独特之处。

1. 汽车保险合同的一般特征

1）汽车保险合同是有名合同

以法律是否设有规范并赋予一个特定名称为标准，合同分为有名合同和无名合同。法律尚未确立名称和规范的合同是无名合同；法律直接赋予某种合同以名称并规定了其调整规范的合同为有名合同。汽车保险合同是典型的有名合同。根据我国《机动车辆保险条例》，我国的汽车保险被赋予“机动车辆保险”的名称，汽车保险合同被称为“机动车辆保险合同”。

2）汽车保险合同是双务合同

双务合同是指合同当事人双方互相承担义务、互相享有权利。汽车保险合同作为一种法律行为，一旦生效，便对双方当事人具有法律约束力。各方当事人均负有自己的义务，并且必须依协议履行自己的义务。与此同时，一方当事人的义务，对另一方而言就是权利。例如投保人有交付保险费的义务，与此相对应的是，保险人有收取保险费的权利。

3）汽车保险合同是附和合同

附和合同是指合同不是双方当事人充分商议而订立的，而是由一方提出合同的主要内容，而另一方只能取与舍，即可选择接受对方提出的条件订立合同，也可拒绝，而没有修改合同内容的权利。汽车保险合同是附和性合同，汽车保险合同是保险人缮制的，通常情况下投保人无权修改合同的内容，但有权决定是否与保险人订立合同的权利。

4）汽车保险合同是非要式合同

要式合同是指法律要求必须具备一定形式和手续的合同，与之相对应，非要式合同是指法律不要求一定形式和手续的合同。两者的区别在于是否要求一定的形式作为合同成立和生效的条件。要式合同成立和生效一般规定需要具备法律规定采用的一定形式，否则合同就不能成立和生效。非要式合同可由合同双方当事人自由决定合同的形式，无论采用何种形式都不影响合同的成立和生效。在汽车保险实务中，只要投保人如实地填写投保单，并缴纳了相应的保险费，无论保险人是否签发了其他的保险单证，法律上都认定汽车保险合同已经成立和生效。

5）汽车保险合同是有偿合同

订立保险合同是双方当事人有偿的法律行为，保险合同的一方享有合同规定的权力的同时，必须付出一定的代价，这种相互的报偿关系称为对价。汽车保险合同的生效是以投保人交付保险费为条件，换句话说是以交付保险费作为换取保险人承担危险的代价，这种对价是相互和有偿的。所以，汽车保险合同是典型的有偿合同。

6）汽车保险合同是最大诚信合同

任何合同的订立，都应本着诚实、信用的原则，否则就会出现民事纠纷，甚至刑事案件，保险合同尤为如此。投保人在投保时，必须如实告知保险人有关投保标的的情况和保险人的提问，而保险人也必须向投保人说明保险合同的主要内容，否则保险合同无效。可以说，保险合同的权利义务完全建立在诚实信用基础上，因此，保险合同被称为“最大诚信合同”。

7）汽车保险合同是射幸合同

射幸合同是指合同的法律效果在缔约时不能确定的合同。因保险事故或者给付保险金的条件发生的不确定性，投保人和保险人的利益丧失，表现为一种机会，所以，射幸合同又叫机会性合同。射幸合同是以机会利益为标的的合同，当事人的义务的履行常取决于机会的发生与否。在保险合同中，投保人支付保险费的义务虽在合同成立时已经确定，但保险人承保的危险或者保险合同中约定的给付保险金的条件发生与否，却均不能确定。在保险期限内，若发生保险事故，被保险人或者受益人可以取得远远大于保险费的保险金；若不发生保险事故，保险人不负担给付保险金的义务，却取得投保人支付的保险费所带来的利益，投保人失去已支付保险费的利益。因此，保险合同是典型的射幸合同。

8）汽车保险合同是保障性合同

经济合同一般分为交换性合同和保障性合同两类。交换性合同是指合同一方给予对方的报偿都假定有相等或相近的价值，如买卖合同、租赁合同等。汽车保险合同是保障性合同，在合同的有效期内，当保险标的一旦发生保险事故而造成损失时，被保险人所得到的赔付金额远远超过其所付的保险费。而当无损失发生时，被保险人只付出保险费而没有任何收入。

从保险汽车的个体上来看，发生保险事故具有偶然性，因此保险合同的保障性是相对的；而从保险人所承保的所有保险汽车而言，汽车保险事故发生和支付被保险人的赔款又是不可避免的，即保险合同的保障性又是绝对的。因此，汽车保险合同的保障性是保险人和被保险人签订保险合同的基本特性。

9）汽车保险合同是对人的合同

在汽车保险中，保险车辆的过户、转让或者出售，必须事先通知保险人，经保险人同意并将保险单或者保险凭证批改后方可有效，否则从保险车辆过户、转让、出售时起，保险责任即行终止。保险车辆的过户、转让、出售行为是其所有权的转移，必然带来被保险人的变更，而原被保险人在其投保前已经履行了告知义务，保险人对其资信情况也有一定了解，如果被保险人的汽车所有权发生转移，势必导致保险人对新的车辆所有者的资信情况一无所知。众所周知，在汽车保险中保险事故的发生，除了客观自然因素外，还与投保人、被保险人的责任心及道德品质有关，倘若汽车新的所有者妄想以保险来索赔，那么汽车保险事故就成为一种必然风险。因此保险车辆所有权转移行为必须通知保险人，否则，保险人有据此解除保险合同关系的权利。从这个角度说，汽车保险合同是对人的合同。

2. 汽车保险的自身特点

汽车保险合同除了具有一般合同的特点外，还有其自身的特点。

1）汽车保险合同的可保利益较大

对于汽车保险，不仅被保险人使用保险汽车时具有保险利益，对于被保险人允许的合格驾驶员使用保险汽车，同样具有可保利益。

2）汽车保险合同属于不定值保险合同

保险合同中汽车的保险金额，可以由投保人和保险人约定并在保险合同中载明，也可以按照保险事故发生时汽车的实际价值确定。投保汽车保险时，车辆损失险的保险金额不能超过保险价值，超过部分无效；保险金额低于保险价值，保险人按照保险金额与保险价值的比例承担赔偿责任。这就是说，汽车保险金额定得太高，超出了保险价值，多投保的那一部分，投保人也不能多得；如果保险金额定得太低，投保人的损失将得不到足额赔偿。我国现行的机动车辆保险条款中，明确规定了汽车保险合同为不定值保险合同。

3）汽车保险合同确保保险人具有第三者责任的追偿权

当保险车辆发生保险责任事故时，即使保险车辆的损失是由第三者责任引起的，被保险人仍可以从保险人处取得赔款，但应该将向第三者的追偿权让与保险人，以防被保险人获得双重的经济补偿。而人身保险当因第三者原因导致保险责任事故时，被保险人在获得保险人的赔偿以后，还可以向第三者请求赔偿。基于人的生命的无价性，被保险人允许获得双重的经济补偿，保险人存在代位追偿的问题。

3.1.3 汽车保险合同的内容

汽车保险合同的内容主要用来规定保险双方当事人所享有的权利和承担的义务，它通过保险条款使这种权利义务具体化，包括基本条款和附加条款(约定条款)。

基本条款是汽车保险合同中不可缺少的条款，没有基本条款也就没有汽车保险合同。基本条款中包括以下内容：保险人名称和住所，投保人、被保险人名称和住所，保险标的，保险责任和责任免除，保险期限和保险责任开始时间，保险价值，保险金额，保险费，保险赔偿办法，违约责任和争议处理等内容。

附加条款是应投保人的要求而增加承保危险的条款，相当于扩大了承保范围，满足部分投保人的特殊要求。

汽车保险合同基本事项包括以下内容。

1. 当事人的姓名和住所

当事人是保险合同权利和义务的直接享受者和承担者，他们的行为使合同得以产生，所以保险合同应该首先载明当事人(保险人和投保人)的名称和住所，被保险人是保险合同保障的对象，无论与投保人是否统一，都应该在合同中载明其姓名和住所。

投保人如是单位，则载明单位名称(与公章名称一致)，如是个人则载明姓名。

2. 保险标的

保险标的是作为保险对象的财产及其有关利益，是保险利益的载体。车辆损失险的保险标的是保险车辆，第三者责任险的保险标的是被保险人或其允许的驾驶员在使用保险车辆行驶过程中给他人造成财产损失或人身伤害，依照法律及保险合同规定应当承担的经济赔偿责任。

3. 保险责任

保险责任指保险人依据保险合同约定的必须承担赔偿或给付保险金责任的风险项目。

机动车辆保险合同中的保险责任采用列明方式，具体列明保险人承担哪些保险(责任)事故引起的损失赔偿(或责任赔偿)以及施救、救助、诉讼等费用负担的规定。

4. 责任免除

责任免除也称除外责任，是指根据法律规定或合同约定，保险人对某些风险造成的损失补偿不承担赔偿保险金的责任。责任免除条款适当限制了保险人承担的保险责任范围，意味着被保险人也要对某些风险自行承担责任。在保险合同中明确列出责任免除条款，对保险人和被保险人都十分重要。保险人在与投保人订立保险合同时，应当以十分明确的语言向投保人指明和解释责任免除条款，不得隐瞒或含糊其辞。《保险法》第十七条明确规定："对保险合同中免除保险人责任条款，保险人在订立合同时应当在投保单或者其他保险凭证上做出足以引起投保人注意的提示，并对该条款的内容以书面或者口头形式向投保人做出明确说明；未作提示或者明确说明的，该条款不产生效力。"

5. 保险期限和保险责任开始的时间

从保险责任开始到保险责任终止的期间称为保险期限。它是保险合同所持有的有效时间。

保险责任开始时间也称保险合同生效时间，即保险人开始负责对被保险人发生的保险事故引起的损失赔偿的时间。比如，2010 年 2 月 18 日签订的保险合同，生效时间定于 2010 年 2 月 19 日 0 时 0 分，保险人从这个时间开始承担保险责任。

6. 保险金额

保险金额是保险合同约定的保险人承担赔偿的最高金额。由于机动车辆损失保险是不定值保险，所以机动车辆损失保险金额可以由投保人和保险人协商确定，但不能超过机动车辆的实际价值。由于第三者责任险中可能涉及人身伤害事故赔偿的处理，而人的生命价值无法用货币度量，因此只能由投保人与保险人在订立第三者责任险时协商确定保险金额，作为发生保险事故时保险赔偿(第三者人身伤亡和财产毁损)的限额。

7. 保险费

保险费是投保人向保险人支付的、用以换取保险人承担保险责任而付出的代价。投保人向保险人支付保险费，是投保人与保险人订立保险合同应尽的首要义务。一般情况下，汽车保险投保人只有支付了保险费以后，汽车保险合同才成立。

8. 保险金的赔偿办法

保险金赔偿办法指在保险合同中约定的，当发生保险事故时保险人向被保险人赔付保险金的计算方法。

9. 违约责任和争议处理

违约责任指合同当事人违反合同义务时应当承担的民事责任。汽车保险合同当事人一方不履行合同义务或者履行合同义务不符合约定的，应当承担继续履行、采取补救措施或者赔偿损失等违约责任。

争议处理指合同当事人双方对保险合同发生争议或纠纷时的处理解决方式，主要有协商、调解、仲裁和诉讼等方式。一般情况下，双方当事人发生争议或纠纷时应该先采取协商的办法，在互谅的基础上寻找共同可以接受的条件，以达成和解的协议，消除争议。在协商不成的情况下，可以请第三方出面调解，请仲裁机构仲裁，直至法院诉讼。

10. 订立合同的年、月、日

订立保险合同的年、月、日是指保险合同双方就主要条款达成一致协议，标志保险人认可投保人对保险标的具有的保险利益，了解被保险人的风险状况，确认其符合保险条件，投保人接受保险人提出的保险条件，订立合同成立的具体时间。汽车保险合同成立的日期并不等同于合同生效日期，汽车保险合同的生效还要以某些附加条件的满足为依据。

3.2 汽车保险合同的主体、客体与形式

3.2.1 汽车保险合同的主体

汽车保险合同的主体是指在保险合同订立、履行过程中享有合同赋予的权利并承担相应义务的人。根据在合同订立、履行过程中发挥的作用不同，保险合同的主体分为当事人、中介人和关系人三类。

1. 汽车保险合同的当事人

对于汽车保险合同关系建立起着关键作用的是汽车保险合同的当事人，包括保险人和投保人。

1）保险人

保险人是指向投保人收取保险费，与投保人订立保险合同，并承担赔偿或者给付保险金责任的保险公司。各国法律通常规定保险人必须是法人，在我国它必须是合法取得经营保险业务的股份有限公司和国有独资公司，其他单位和个人不得经营商业保险业务。

按我国法律规定保险人必须符合以下条件。

(1) 保险人要具备法定资格。

(2) 保险人须以自己的名义订立保险合同。

(3) 保险人须依照保险合同承担保险责任。

保险人的义务主要包括以下几个方面。

(1) 说明义务。说明义务是指保险人向投保人说明保险合同条款内容的义务。保险人的说明义务与投保人的告知义务一样，都是法律规定的当事人在订立合同前需要履行的义务，是法定的先契约义务，它不仅是诚信原则的基本要求，也是形成保险当事人合意的基础。

一般国家保险立法并没有明确规定保险人的说明义务，而是利用合意规则、诚信原则以及有关标准合同管制原则来处理此问题。而我国由于目前保险业尚不发达，社会大众对保险尚不完全了解，所以我国的《中华人民共和国保险法》规定："订立保险合同，保险人应当向投保人说明保险合同的条款内容。"之外，还规定："保险合同中规定有关于保险人责任免除条款的，保险人在订立保险合同时应当向投保人明确说明，未明确说明的，该条款不产生效力。"

关于保险人采用什么方式履行其说明义务，显然现行的保险法没有明确规定，因此，无论是口头方式还是书面形式，法律都应该允许。汽车保险合同是典型的定式合同，其合同条款由保险人拟定并制成书面形式。这种条款有事先决定性和书面性，为防止保险人制定有利于自己而不利于投保人或被保险人的条款，《中华人民共和国保险法》对机动车辆

保险条款的行政规制进行了明确的规定。目前我国的基本保险和保险费率由中国保监会统一制定。

对于保险法所规定的保险人应向投保人明确说明责任免除条款，在汽车保险实务中，通常采用投保人签字视为同意的规则来处理。保险人在事先准备的标准投保单上印有“请您详细阅读下列投保须知后，再填写投保单”、“请认真阅读所附条款”等类似字句，投保人只要在印有其已了解并同意保险条款内容的签字栏内签字，就视同保险人履行了其说明义务和投保人同意保险条款内容。

(2) 及时签单义务。投保人提出投保要求，经保险人同意承保，并就合同的条款达成一致，即经过要约与承诺以后，保险合同成立。此时，保险人应当及时向被保险人签发保险单或保险凭证，以作为书面合同的证明。

如前所述，汽车保险合同是非要式合同，保险人未及时签发保险单，不影响保险合同的成立。

(3) 赔偿义务。在汽车保险事故发生后，按照保险合同的约定，保险人有义务负责赔偿保险事故所造成的实际损失或支付约定的保险金。赔偿的数额要按照责任界限来确定，车辆损失险以保险金额为限，第三者责任险以赔偿限额为限。

根据我国的《中华人民共和国保险法》和《机动车辆保险条款》的规定，保险人履行赔偿义务要具备以下条件。

① 保险事故所造成的损失对象必须是生效的保险合同中列明的财产或利益。对于未保的财产损失和其他间接损失，保险人不负赔偿责任。对于第三者责任险所指的责任事故必须是被保险人的疏忽和过失引起的。受害人必须是规定的第三者，且按照相关的法律规定，被保险人应当承担民事赔偿责任，且受害人已经提出了索赔请求。此时，按照保险合同的约定，保险人有向被保险人支付赔偿金的义务。

② 保险车辆的损失及其造成的第三者损失，必须是由保险责任直接导致的，除外责任所导致的损失，保险人没有相应的赔偿义务。

③ 保险人的赔偿只限于合同规定的保险金额和赔偿限额。车辆损失险包括：保险车辆的实际损失、施救费用、合理的诉讼费用和必要的损失车辆检验费等其他合理费用。

④ 保险车辆的损失必须发生在保险合同约定的车辆存放地和保险期限内，保险人才能按照合同的规定承担赔偿义务。

对于车辆损失，保险人可以采用修理、更换或支付现金的方式赔付。

(4) 保密义务。被保险人告知及在办理保险业务时，保险人会了解投保人的一些个人隐私，对此保险人有保密的义务。中国人民保险公司《非营业用汽车损失保险条款》中规定：“保险人对在办理保险业务中知道的投保人、被保险人的业务和财产情况及个人隐私，负有保密的义务。”

作为汽车保险合同当事人之一的保险人也有自己的权利，主要权利如下。

① 决定是否承保。

② 收取保费。

③ 有权要求投保人履行如实告知义务。

④ 有权代位追偿、处理赔偿后的损余物资。

2) 投保人

投保人是指与保险人订立保险合同，并按照保险合同负有支付保险费义务的人。投保人不管是自然人还是法人，都必须具备民事权利能力和民事行为能力。民事权利能力是指民事主体依法享有民事权利和承担民事义务的资格；民事行为能力是指民事主体能够通过自己的行为依法行使权利和承担义务的资格。同时，投保人对保险标的必须具有保险利益，否则，保险合同无效。

投保人必须具备三个条件。

(1) 具有完全的权利能力和行为能力。

(2) 对保险标的必须具有保险利益。

(3) 负有缴纳保险费的义务。

投保人的义务主要包括

(1) 告知义务。在世界各国的保险法中，如实告知被作为一项重要内容加以规定。为保证保险活动的正常开展，保险人对保险标的的了解十分重要。在保险合同订立时，投保人或被保险人应当将保险标的的有关重要事项如实告知保险人，这就是告知义务。

① 告知的范围和方式。

告知的范围为重要事项，是指投保人或被保险人在法律上必须告知的事项。纵观各国立法，告知的方式分为无限告知和询问告知两种。采用无限告知的方式时，只要事实上与保险标的有关的任何重要事项，不论保险人是否询问，投保人都有义务告知，在德国、日本、美国和英国都有类似规定。《中华人民共和国保险法》第十六条规定，采用询问回答的告知方式，投保人只需就保险人所询问的事项，如实回答。这种方式明确推定保险人所询问的事项为重要事项，对询问以外的事项，投保人或被保险人不必告知，瑞士和我国的台湾地区等也有类似的立法规定。至于询问的方式，可以是口头询问，也可以是书面询问。但保险人通常制定一定格式包含投保人应告知事项的询问表，需要投保人逐项填写，就表上的问题如实告知。汽车保险合同的告知内容通常包括车辆情况、使用情况、驾驶员情况等。

② 违反告知义务的处理。

在保险实务中，常遇到下列情形：a. 故意为不实告知；b. 故意隐匿有关事项；c. 过失造成不实告知；d. 因过失遗漏有关事项；e. 无过失的不实告知；f. 无过失地遗漏需告知的事项。这些情形是否违反告知义务，保险人是否有解约权，各国立法不同。

德国的《保险合同法》规定："投保人无过失，保险人不得解除合同；涉及被遗漏的事项和不实说明的，如果是保险人明知的，不得解除合同；违反告知义务与保险人签订合同没有因果关系的，保险人不得行使解约权。书面询问以外的事项，即使有所遗漏，如果投保人不是出于欺诈的隐匿，保险人不得解除合同。"

我国的《中华人民共和国保险法》第十六条规定："投保人故意或者因重大过失未履行如实告知义务，足以影响保险人决定是否同意承保或者提高保险费率的，保险人有权解除合同；投保人故意不履行如实告知义务的，保险人对于保险合同解除前发生的保险事故，不承担赔偿或者给付保险金的责任，并不退还保险费；投保人因重大过失未履行如实告知义务，对保险事故的发生有严重影响的，保险人对于保险合同解除前发生的保险事故，不承担赔偿或者给付保险金的责任，但应当退还保险费。"可见，我国的保险法对于告知义务的违反是根据投保人的主观心理状态和所造成的实际后果做出了不同的处理规定，但由于主观心理往往不好把握而缺乏操作性，在保险实务中容易引起纠纷。而德国的规定操作性更强一些，值得借鉴。

(2) 交纳保险费的义务。《中华人民共和国保险法》第十四条规定："保险合同成立后，投保人按照约定交付保险费，保险人按照约定的时间开始承担保险责任。”投保人履行交纳保险费是应该根据合同的约定一次交清或分期支付。在汽车保险的实务中，如果投保人没有按照汽车保险合同的约定期限交付保险费，通常采用下述办法处理。

① 保险人可以要求投保人限期缴纳并补交利息。如果在限期内发生保险责任事故，保险人负责赔付，但应交保险费及利息应从赔款中扣除。

② 保险人可以决定终止合同并正式通知投保人或被保险人，有权要求其支付终止合同前应该负担的保险费及其利息。

③ 当投保人与被保险人非同一人时，投保人不履行交纳保险费义务时，保险人有权要求被保险人支付。如果被保险人拒绝支付或者表示放弃合同权利时，合同终止。此时，被保险人并不直接承担交纳保险费的义务。

④ 汽车保险合同生效前，当投保人决定退保时，保险人应退还其已经交纳的保险费，但可以收取手续费。保险合同生效以后至保险期满之前，投保人也可以退保。此时，保险人按照短期费率收取已满期限的保险费并退还未满期限的保险费。

⑤ 在保险合同期限内，当保险汽车的危险增加时，投保人必须增交保险费。否则，保险人可以中止合同。

(3) 申请批改的义务。我国车险条款规定：“在保险合同有效期内，保险车辆转卖、转让、赠送他人、变更用途或增加危险程度，被保险人应当事先书面通知保险人并申请办理批改。”

因此，申请批改分为如下三种情况。

① 保险车辆转卖、转让或赠送他人。在保险合同有效期内，保险车辆合法转卖、转让、赠送他人，被保险人应事先通知保险人；转卖的保险车辆经合法交易后，或保险车辆转让和赠送他人时，在办理相关手续后，应向保险人申请办理批改手续。

② 变更用途。在保险合同有效期内，保险车辆改变使用性质或改装变形，被保险人应事先通知保险人，并申请批改车辆使用性质或车型。凡是以个人名义购买和使用，并以个人名义向保险人办理保险的保险车辆，被保险人出租或长期租借给其他单位使用的，均视为该车辆已变更用途，由此造成的保险车辆的损失，保险人不予赔偿。

③ 增加危险程度。增加危险程度指的是，在订立保险合同时未曾预料或未予估计的危险程度可能性的增加，直到影响保险人在承保当时是否增收保险费和决定承保。在保险合同有效期内，保险车辆增加危险程度，被保险人应事先书面通知保险人并申请办理批改，按照规定补交保险费。

《中华人民共和国保险法》第五十二条规定：“在合同有效期内，保险标的的危险程度显著增加的，被保险人应当按照合同的约定及时通知保险人，保险人可以按照合同约定增加保险费或解除合同。保险人解除合同的，应当将已收取的保险费，按照合同约定扣除自保险责任开始之日起至合同解除之日止应收的部分后，退还投保人，被保险人未履行前款规定的通知义务的，因保险标的的危险程度显著增加而发生的保险责任事故，保险人不承担赔偿保险金的责任。”

(4) 出险的施救与通知义务。汽车保险合同生效以后，如果发生了保险责任事故，投保人和被保险人都负有施救、报案和及时通知保险人的义务。我国《机动车辆保险条款》规定：“保险车辆发生保险事故后，被保险人应该采取合理的保护、施救措施，并立即向事故发生地交通管理部门报案，同时在48小时之内通知保险人。”

规定这一义务可以确保如下情况。

① 保险人和被保险人在出险时，可以采取适当的方法施救，以防损失扩大。《中华人民共和国保险法》特别对被保险人在发生保险责任事故后的施救有明确规定，其第五十七条规定："保险事故发生时，被保险人应当尽力采取必要的措施，防止或者减少损失。保险事故发生后，被保险人为防止或减少保险标的的损失所支付的必要的、合理的费用，由保险人承担；保险人所承担的费用数额在保险标的损失赔偿金额以外另行计算，最高不超过保险金额的数额。"这个规定，对保险当事人双方和整个社会的积极意义不言而喻，也确定了合理施救的法律地位。

② 出险后交通管理部门和保险人能及时展开对于事故和损失的调查，以防因延误调查而丧失证据，影响责任的确定。

③ 防止保险欺诈行为，让故意制造事故骗取赔款无可乘之机。

④ 当涉及第三者的诉讼时，保险人和被保险人可以积极准备抗辩。

通知延迟的法律后果，《中华人民共和国保险法》没做具体规定。国际上通用的做法一般有两种。一种是保险人只能对投保人或被保险人因出险通知延迟而扩大的损失部分拒绝赔付，不能就此拒绝赔付或解除合同关系；另一种是出险通知超过规定期限，保险人不负赔偿责任。为了保护被保险人的利益，我国在汽车保险的实务中通常采用第一种做法。

(5) 保险汽车的受损修复与检验义务。我国的《机动车辆保险条款》规定："保险车辆因保险事故受损，应当尽量修复。修理前被保险人须会同保险人检验，确定修理项目、方式和费用。否则，保险人有权重新核定或拒绝赔偿。"

修复是指对于交通事故损坏的财物，应尽量使其恢复到损坏以前的状态和使用性能。

保险车辆因发生保险事故遭受损失或致使第三者的财产损坏，若估计修复费用不会达到或接近保险车辆或第三者财产的实际价值，应根据"交通事故财产损失以修为主"的原则尽量修复。修理前，被保险人要会同保险人检验受损保险车辆或第三者财产，明确修理项目、修理方式和修理费用。对不经过保险人定损而被保险人自行修理的，保险人有权重新核定修理费用或拒绝赔偿。在保险人重新核定修理费用时，被保险人应当如实向保险人提供受损情况、修理情况及有关的证明材料，如果发现其存在隐瞒事实，不如实申报，或严重影响保险人正常取证和确定事故原因、损失程度等行为，保险人可部分或全部拒绝赔偿。

(6) 安全防损义务。汽车保险合同生效后，被保险人应做好保险车辆的维护工作，车辆的装载应当符合《中华人民共和国道路交通管理条例》的有关规定，应履行安全防损义务，积极防止保险事故的发生。为规范被保险人及其驾驶员的安全防损义务，《中华人民共和国保险法》第五十一条规定："被保险人应当遵守国家有关消防、安全、生产操作、劳动保护等方面的规定，维护保险标的的安全。"

我国《机动车辆保险条款》也规定："被保险人及其驾驶员应当做好车辆的维护、保养工作，保险车辆的装载必须符合规定，使其保持安全行驶技术状态。被保险人及其驾驶员应根据保险人提出的消除不安全因素及隐患的建议，及时采取相应的措施。"

(7) 其他义务。投保人和被保险人除了需要履行上述义务以外，还需要履行守法义务、遵守诚信原则的义务、协助追偿义务、提交证明义务等。

① 守法义务。守法义务是指投保人和被保险人不得非法转卖、转让保险车辆，也不得利用保险车辆从事法律、法规和有关规定所不允许的非法活动和经营活动。我国《机动车辆保险条款》规定："被保险人不得非法转卖、转让保险车辆；不得利用保险车辆从事违法犯罪活动。"

② 遵守诚信义务。遵守诚信义务是指被保险人向保险人索赔时提供的情况及其单据必须真实可靠，不得有隐瞒事实、伪造单据、制造假案等欺诈行为。否则，保险人应予拒绝赔偿或追回已付的保险赔款，必要时也可以向法院提起诉讼。为此，我国《机动车辆保险条款》规定："被保险人索赔时不得有隐瞒事实、伪造单证、制造假案等欺诈行为。"

③ 协助追偿义务。如果存在第三者责任人，被保险人还有协助保险人向第三者追偿的义务。我国《机动车辆保险条款》规定："保险车辆发生基本险条款第一条（车辆损失险）列明的保险责任范围内的损失应当由第三方负责赔偿的，被保险人应当向第三方索赔。如果第三方不予支付，被保险人应提起诉讼，经法院立案后，保险人根据被保险人提出的书面赔偿请求，应按照保险合同予以部分或全部赔偿，但被保险人必须将向第三方追偿的权利部分或全部转让给保险人，并积极协助保险人向第三方追偿。"

实际上，此条款规定了保险事故损失应由第三方赔偿的案件处理程序和代位追偿原则。

如果被保险人放弃向第三方索赔的权利，而直接向保险人提出索赔，保险人不予受理。因为被保险人放弃了向第三方追偿的权利，同时也就放弃了向保险人要求赔偿的权利。

由于被保险人的故意或过失行为导致保险人不能正常向第三方行使代位追偿权利的，保险人将视被保险人过错大小，全部扣除或部分扣除保险赔偿金额。

④ 提交证明义务。我国《机动车辆保险条款》对被保险人在索赔时应提交的单据规定如下："被保险人应在公安交通管理部门对交通事故处理结案之日起 10 天内向保险人提交保险单、事故证明、事故责任认定书、事故调解书、判决书、损失清单和有关费用单据，或提交保险人要求能证明事故原因、性质、责任划分和损失确定等的各种必要单证。"

投保人和被保险人不履行上述义务，保险人有权拒绝赔偿或自书面通知之日起解除保险合同；已赔偿的，保险人有权追回已付保险赔款。

2. 汽车保险合同的关系人

汽车保险合同的关系人主要是指被保险人。他虽然不直接参与汽车保险合同的订立，但是，在汽车保险合同成立后他受合同保障并承担相应义务。

被保险人是指其财产或人身受保险合同保障、享有保险金请求权的人，投保人可以为被保险人。可见，被保险人是在保险事件发生时，实际受损的人。

被保险人与投保人的关系如下。

(1) 投保人为自己的利益而签订的保险合同，此时投保人即为被保险人，属当事人范畴。

(2) 投保人为他人的利益而签订的保险合同，此时投保人和被保险人为两个不同的人，被保险人属关系人范畴。

阅读材料3-1

受　益　人

受益人一般属于人身保险范畴的特定关系人，即人身保险合同中由被保险人或投保人指定，当保险合同规定的条件实现时有权领取保险金的人。

在保险实务中，受益人在保险合同中有已确定的和未确定的两种情况。已确定受益人是指被保险人或投保人已经指定受益人，这时受益人领取保险金的权利受法律保护，保险金不能视为已死去的被保险人的遗产，受益人以外的任何人无权分享，也不得用于清偿死者生前的债务。

未确定受益人又有两种情况：一是被保险人或投保人未指定受益人；二是受益人先于被保险人死亡、受益人依法丧失受益权、受益人放弃受益权，而且没有其他受益人。在受益人未确定的情况下，被保险人的法定继承人就视同受益人，保险金应视为死者的遗产，由保险人向被保险人的法定继承人履行给付保险金的义务。

以下情况出现时，受益人丧失受益权。

(1) 受益人先于被保险人死亡的。

(2) 受益人被指定变更的。

(3) 受益人放弃受益权的。

(4) 受益人依法放弃受益权的。

我国《保险法》规定，受益人故意造成被保险人死亡或伤残的，或者故意杀害被保险人未遂的，丧失受益权。

财产保险合同中保险赔偿金的受领者多为被保险人本人，所以合同中一般没有受益人的规定。

3. 汽车保险合同的中介人

汽车保险合同可以由双方当事人直接订立，也可以在他人的帮助、撮合之下订立。现实生活中有大量的汽车保险合同是在辅助人的帮助、撮合之下订立的。保险合同的辅助人虽然不是保险合同的主体，不受保险合同保障，也不必承担合同的相关义务，但是，对于保险合同关系的建立和维护发挥着极其重要的辅助作用。汽车保险合同的中介人主要有汽车保险代理人、汽车保险经纪人和汽车保险公估人。

1) 汽车保险代理人

汽车保险代理人是根据开展汽车保险业务的财产保险公司的委托，向其收取代理手续费，并在其授权范围内办理汽车保险业务的单位或者个人。开展汽车保险业务的财产保险公司必须与汽车保险代理人签订代理合同或授权书确定其代理权限，汽车保险代理人在进行业务活动，即推销汽车保险产品时，以财产保险公司的名义办理汽车保险业务，财产保险公司必须对其代理权限范围内的业务或活动承担法律责任。

通常汽车保险代理人可分为专业保险代理人、兼业保险代理人和个人保险代理人。

专业保险代理人是指专门从事保险代理业务的保险代理有限责任公司。专业保险代理人可以代理保险公司推销汽车保险产品和与汽车有关的人身保险产品，代理保险公司收取保险费，协助保险公司进行损失的勘查和理赔等。

兼业保险代理人是指接受汽车保险人的委托，在从事自身业务的同时，指定专人为汽车保险人代办汽车保险业务。兼业保险代理人可以代理保险公司推销汽车产品和与汽车有关的人身保险产品，代理保险公司收取保险费。兼业代理的形式主要有金融机构兼业代理，如商业银行代理保险公司销售贷款抵押汽车保险。

个人保险代理人是指根据保险人的委托，向保险人收取代理手续费，并在保险人授权的范围内代为办理保险业务的个人。在汽车保险领域，个人保险代理人主要承担与汽车有关的人身保险产品的代理推销、车辆等财产保险产品的代理推销以及相关保险的保险费的收取。

2）汽车保险经纪人

保险经纪人是基于投保人的利益，为投保人与保险人订立汽车保险合同或与汽车有关的人身保险合同提供中介服务，并依法收取佣金的单位或个人。在我国，保险经纪人的组织形式限于有限责任公司。

(1) 汽车保险经纪人以订立汽车保险合同为目的，为投保人提供防灾、防损或风险评估以及风险管理咨询，为投保人拟订投保方案，选择汽车保险人，办理投保手续，监督汽车保险合同的执行情况，为被保险人代为办理检验手续以及向汽车保险人提出索赔等。

(2) 汽车保险经纪人可以根据汽车保险标的的具体情况以及相关汽车保险人的承保情况，为汽车投保人拟订最佳投保方案，代为办理投保手续，减少投保人或被保险人的保险费支出，减轻投保人投保选择的工作难度，提高投保效率。

3）汽车保险公估人

汽车保险公估人是指接受汽车保险人、投保人或被保险人的委托，办理汽车保险标的的勘查、鉴定、估损以及赔款的理算，并向委托人收取佣金的单位或个人，一般是指有限责任制的保险公估公司。

由于保险公估人通常是由具有专业知识和技术的专家担任的，且处于第三者的地位，与保险合同当事人双方以及保险标的均无经济利害关系，因此，保险公估人能保持公平独立、公正的立场，出具客观公正的公估报告，从而能最大限度地维护保险合同各方当事人的利益，易于为保险合同当事人双方所接受，有利于解决保险争议。

3.2.2 汽车保险合同的客体

汽车保险合同的客体是投保人对投保车辆的保险利益。保险利益是指投保人或被保险人对保险标的所具有的国家法律认可并予以保护的经济利害关系。投保人对车辆具有保险利益，表现为因投保车辆完好无损而使其受益，因投保车辆遭受损坏而使其蒙受经济损失。

3.2.3 汽车保险合同的形式

汽车保险合同的形式主要有投保单、暂保单、保险单、保险凭证、批单和书面协议等。

1. 投保单

汽车投保单又称为“要保单”，或者称为“投保申请书”，是投保人向保险人申请订立保险合同的书面要约。投保单是保险人承保的依据，保险合同成立后，投保单是保险合同的重要组成部分，因此投保人必须如实填写。投保单的内容一般包括投保人、被保险人或受益人的名称、住所，保险标的，投保险别，保险金额，保险期间等。

上述投保单的内容经保险人盖章后，保险合同即告成立，保险人按照约定的时间开始承担保险责任。

2. 暂保单

暂保单是保险人或保险代理人向投保人出具保险单或保险凭证之前签发的临时保险合同，用以证明保险人同意承保。其内容相对比较简单，只包括当事人双方约定的一些重要项目，如保险标的、保险金额、保险费率、承保险种、被保险人姓名、当事人双方的权利义务等。

订立暂保单不是签订保险合同的必经程序。一般在下列情况下使用暂保单。

(1) 当保险公司的分支机构受经营权限和经营程序的限制，需要上级公司的批准才能签发保险单时，一般在接受投保人的要保申请后，签发暂保单。

(2) 保险代理人或保险经纪人在争取到保险业务后，在未向保险人办妥保险单之前，要向投保人签发暂保单。

(3) 在保险人原则上已经承保，但由于保险双方对保险单尚未记载的事项没有完全协商一致时，保险人需要向投保人先签发暂保单。

(4) 对于需要再保险的场合，尚未安排好再保险时，需要签发暂保单。

暂保单一般具有与保险单或保险凭证同等的法律效力。但是暂保单的内容相对简单，保险期限短，可由保险人或兼业保险代理机构签发，一旦保险单或保险凭证出具，暂保单自动失效。在保险单出具前，保险人也可终止暂保单，但必须提前通知被保险人。

3. 保险单

汽车保险单简称“保单”，是保险人和投保人之间订立保险合同的正式书面文件，是保险人向被保险人履行赔偿或给付义务的依据。保险单的内容通常包括保险项目、保险责任、责任免除及附注条件等。保险单应将保险合同的全部内容详尽列明，包括双方当事人的权利义务和保险人应承担的风险责任。保险合同成立后，保险人应当及时向投保人签发保险单。而被保险人在保险事故发生后，也必须凭借保险单向保险人索赔。

4. 保险凭证

保险凭证也称“保险卡”，是保险人签发给投保人或被保险人证明保险合同已经订立的书面凭证，是一种简化的保险单，与保险单具有同等的法律效力。由于机动车辆具有流动性大、出险概率较高的特点，一旦出险需要出示保险合同。然而驾驶人不便于随身携带保险单，因此保险人在签发保险单时还向被保险人签发机动车辆保险凭证，便于驾驶人携带，证明保险合同的存在。

在保险凭证上除了没有保险条款外，有保险单上所有的项目。对保险凭证中没有的内容，均以保险单上所载内容为准。

5. 批单

批单是保险合同双方当事人对于保险单的内容进行修改或变更的证明文件。保险单的批改应该根据不同的情况采用统一、标准措辞的批单。

批单的内容通常包括：批改申请人、批改的要求、批改前的内容、批改后的内容、是否增加保险费、增加保险费的计算方式、增加的保险费，并明确除本批改外原合同的其他内容不变。

批单有两种形式：一种是在原保险单或保险凭证上批注(背书)；另一种是出立一张变更保险合同内容的附贴便条。批单的内容与原保险合同内容冲突的，以批单为准；多次批改签发的批单，应以最后批改的批单为准。

6. 书面协议

保险人与投保人协商同意后，可将双方约定的承包内容以及相互的权利义务关系，以书面协议形式明确下来。这种书面协议也是保险合同的一种形式。相对于正式保单来说，书面协议的内容根据保险关系双方当事人协商一致后直接订立，不需事先拟订，其具有较大的灵活性和针对性，是一种不固定格式的保险单，但它与保单具有同等法律效力。

3.3 汽车保险合同的订立与生效

汽车保险合同在履行时，界定承担责任与否的关键是保险合同在订立时是否适用《中华人民共和国保险法》《合同法》和《机动车辆保险条款》等相关法律文件。

3.3.1 汽车保险合同的订立

汽车保险合同的订立是指保险人与投保人在平等自愿的基础上就汽车保险合同的主要条款经过协商最终达成协议的法律行为。汽车保险合同要经过要约和承诺两个步骤，要约又称为“订约提议”，是一方当事人向另一方当事人提出订立合同建议的法律行为，是合同签订的一个重要程序。汽车保险合同通常以投保人填写的汽车投保单作为向保险公司提出投保意愿的要约的形式，投保人要根据保险公司缮制的投保单，如实履行有限告知的义务。承诺又称为“接受订约提议”，是承诺人向要约人表示同意与其缔结合同的意思表示。在保险实务中，保险公司通过审核保险单决定是否接受投保人提出的保险业务，所以对于保险公司来说，承诺也就是保险公司承保的过程。通过投保人要约与保险人承诺之后，汽车保险合同即告成立，按照我国现行的法律规定，汽车保险的保险期限通常为一年，在保险期满续保时，保险公司向被保险人发出续保通知书，这即为保险人向被保险人发出的要约。如果被保险人愿意继续在同一家保险公司处投保，可以看作被保险人对保险人的要约给予承诺，新的保险合同成立。

3.3.2 汽车保险合同的生效

1. 生效的要件

汽车保险合同是否生效，取决于合同是否符合法律规定的签订合同的要件，包括合同主体资格、合同内容合法性、当事人意思表示真实以及合同当事双方约定的其他生效条件等。

1）主体资格

汽车保险合同的主体资格是指合同当事人即保险人、投保人和被保险人的资格是否合乎规定。

(1) 保险人资格。保险人必须是按照《中华人民共和国保险法》规定设立的保险公司或其他保险组织，且保险人从事汽车保险业务必须经金融管理部门批准，才能开展汽车保险业务。

(2) 投保人资格。投保人在订立汽车保险合同时必须对保险标的具有保险利益，必须具有完全的民事行为能力和承担交付保险费的义务，限制行为能力和无行为能力的人订立的汽车保险合同无效。

(3) 被保险人资格。当汽车保险事故发生时，被保险人对保险标的必须具有保险利益。汽车保险的投保人是投保时对保险标的具有保险利益的人，可以是汽车的所有人、使用人，也可以是汽车的管理人、租赁人。当他们为自己的利益而订立汽车保险合同时，他们既是投保人，也是被保险人。在签订合同时，其身份是投保人，合同成立后，才能称为被保险人。此时，投保人和被保险人是同一人，所以不会影响其行使自己权益。但是，如果投保人就与自己有利害关系的汽车为他人利益投保，投保人与被保险人就是分离的不同对象了，投保人承担交纳保险费的义务，而被保险人对保险金具有独立的请求权，他们的法律地位完全不同。

2) 合同内容的合法性

合同内容的合法性是指合同条款必须符合法律规定，才能确保合同的有效性。首先，作为保险标的的汽车必须是合法的，必须有交通管理部门核发的行驶证和牌号并经检验合格，不能为走私汽车、报废汽车、盗窃车等非法汽车。其次，保险金额必须合法，不能超过保险汽车本身的价值，否则，超过部分无效。

3) 保险人和投保人的意思表示真实

在保险人和投保人的意思表示真实的基础上达到一致是汽车保险合同成立的基本条件。所谓的意思表示真实主要指：第一，必须是自愿订立的汽车保险合同，除强制保险外，任何单位和个人强制他人订立汽车保险合同，都是表示不真实的意思；第二，合同当事双方必须完全履行如实告知义务。

4) 约定的其他生效条件

保险期限、如何交纳保险费等汽车保险合同的其他生效条件要在签订保险合同时约定。

2. 生效的时间

汽车保险合同生效的时间是保险人开始履行保险责任的时间。《中华人民共和国保险法》第十四条规定："保险合同成立后，投保人按照约定交付保险费，保险人按照约定的时间开始承担保险责任"。

在汽车保险的实务中，保险合同成立的时间与其生效的时间有同一时间和非同一时间两种可能。

投保人提出投保申请，保险人经过核保签章，投保人交纳保险费，保险期限的约定与交纳保险费的时间是统一的，对于这样依法成立的汽车保险合同，合同生效与成立的时间相同，属于第一种情况。此时，履行保险合同不易发生因合同效力引起的纠纷。

汽车保险合同的成立与生效为非同一时间的情形多发生在附生效条件或附生效期间的

汽车保险合同的履行过程中。此类保险合同一般约定投保人应按时全额交纳保险费，作为生效的条件或者约定一个合同的生效期限，保险人开始承担保险责任。虽然投保人办理了有关保险手续，但如果没有按照约定的时间全额交纳保险费，汽车保险合同也没有法律效力，即使发生了保险责任事故，保险人也不负赔偿责任。

在保险时间中常遇到这样的情况，投保人在违反约定条件而发生保险责任事故后，试图通过补缴保险费的方式获得保险赔偿或从保险赔偿中扣除保险费，这种违反保险经营原则的行为没有法律依据。因为保险属于承担不确定性的风险，汽车事故一旦发生就是确定性的风险，不是可保风险的范畴；保险通过收取保险费建立保险基金实施补偿的，没交保险费而取得补偿无疑会损害其他被保险人的利益；投保人不履行所附的生效条件，保险合同就不生效，也更谈不上履行合同。同样，对于约定合同生效期限的保险合同，只有在生效期限届满时，合同才开始生效。此时，合同履行与否取决于约定的生效期是否届满，与保险合同成立的时间无关。

3.4 汽车保险合同的变更、转让、终止与解除

3.4.1 汽车保险合同的变更

保险合同的变更，是指在保险合同有效期限内，由于订立保险合同时所依据的主客观情况发生变化，双方当事人按照法律规定的条件和程序，对原保险合同的某些条款进行修改或补充的行为。保险合同的期限一般为一年，在合同的有效期限内，一旦发生某些变化，投保人可以变更保险合同。一般而言，保险合同的变更是一种双方民事行为，其生效的条件是：投保人或被保险人提出变更书面申请，保险人同意后签发批单或批注。少数属单方民事行为，如被保险人变更受益人，只需书面通知保险人即可，而不必得到保险人同意。

保险合同的变更主要涉及以下几个方面的内容。

1. 汽车保险合同主体的变更

保险合同的主体不同，变更所涉及的法律程序规定也不相同。

1）投保人的变更

投保人的变更属于合同的转让或者保险单的转让，如在转移财产所有权或者经营管理权的同时将保险合同一并转让给新的财产受让人。

2）被保险人的变更

被保险人的变更，只能发生在财产保险合同中。在人身保险合同中，保险标的即被保险人的生命或身体，这是保险关系确立的基础，是不能变更的。在财产保险合同中，保险标的的变更实际上意味着投保人的变更，因为投保人对保险标的所具有的保险利益因保险标的的移转而消灭了，但是保险利益仍然存在，仍为受让人所有。

3）受益人的变更

受益人的变更，根据《保险法》第四十一条规定：“被保险人或者投保人可以变更受益人并书面通知保险人。”保险人收到变更受益人的书面通知后，应当在保险单上批注。

投保人变更受益人时须经被保险人同意。

2. 保险标的的变更

保险合同的标的是保险利益，保险利益为投保人所有，其变更一般是投保人的变更所致，但也有在特殊情况下，投保人与保险客体之间的关系发生变化，比如所有权人变成了抵押权人或承租人，则保险利益发生变化，投保人及被保险人虽未变更，保险合同仍发生变更。

3. 保险合同内容的变更

保险合同内容的变更指保险合同中规定的各事项的变更。《保险法》第二十条规定："在保险合同有效期内，投保人和保险人经协商同意，可以变更保险合同的有关内容。"变更保险合同的，应当由保险人在原保险单或者其他保险凭证上批注或者附贴批单，或者由投保人和保险人订立变更的书面协议。这一规定是内容变更的总原则，即须双方协商同意后由保险人批注或者附贴批单或者双方订立变更的书面协议。

4. 保险合同变更的形式

保险合同的变更必须采用书面形式，并经过双方协商一致，才发生变更的效力。其书面形式既可以是保险人在原保险单或者其他保险凭证上的批注或者附贴批单，也可以是投保人和保险人双方就保险合同的变更问题专门签订的书面协议。

5. 保险合同变更的效力

保险合同一经变更，变更的那一部分内容取代了原合同中被变更的内容，与原合同中未变更的内容一起，构成了一个完整的合同。当事人应以变更后的合同为依据履行各自的义务。

3.4.2 汽车保险合同的解除

保险合同的解除是指在保险合同生效后、有效期届满之前，经双方当事人的协商，或者由一方当事人根据法律规定或合同的约定行使解除权，从而提前结束合同效力的法律行为。保险合同的解除分为投保人解除和保险人解除。

1. 投保人解除

由于保险合同是为分担投保人的风险而订立的，因此《保险法》赋予了投保人可以任意解除保险合同的权利。但有特殊规定的除外，例如货物运输和运输工具航程等保险合同，保险责任开始后，投保人不得解除合同。

投保人在保险合同有效期内解除保险合同时，要支付相关费用。对汽车保险合同来说，保险责任开始前，投保人要求解除本保险合同的，应当向保险人支付应交保险费5%的退保手续费，保险人应当退还保险费。保险责任开始后，投保人要求解除本保险合同的，自通知保险人之日起，保险合同解除。保险人按短期月费率收取自保险责任开始之日至合同解除之日止期间的保险费，并退还剩余部分保险费。

按照规定，保险合同成立后，如有下列情形，投保人可以解除保险合同。

(1) 保险合同中约定的保险事故肯定不会发生。

(2) 保险标的的危险程度明显减少或者消失。

(3) 保险标的的价值明显减少。

2. 保险人解除

为保证被保险人的权利，《保险法》又明确规定，保险人不得随意解除保险合同，但投保人、被保险人有违约或违法行为时，保险人可以解除保险合同。

按照规定，保险合同成立后，如有下列情形，保险人可以解除保险合同。

1) 投保人不履行如实告知义务

《保险法》第十六条规定："投保人故意或者因重大过失而未履行如实告知义务，足以影响保险人决定是否同意承保或提高保险费率的，保险人有权解除合同。"因此，对有关保险标的重要事项或有关被保险人的情况，只要投保人存在不履行如实告知义务事实，不论投保人是出于故意还是重大过失，保险人都可以解除保险合同。

2) 保险标的的危险程度增加

《保险法》第五十二条规定："在合同有效期内，保险标的危险程度显著增加的，被保险人应当按照合同约定应当及时通知保险人，保险人可以按照合同约定增加保险费或解除合同。"

3) 投保方不履行安全责任

根据《保险法》第五十一条规定："投保人、被保险人未按照约定履行其对保险标的安全应尽的责任的，保险人有权要求增加保险费或者解除合同。"

4) 被保险人有违法行为

《保险法》第二十七条规定："未发生保险事故，被保险人或者受益人谎称发生了保险事故，向保险人提出赔偿或给付保险金请求的，保险人有权解除合同，并不退还保险费。投保人、被保险人故意制造保险事故的，保险人有权解除合同，不承担赔偿或者给付保险金的责任；除本法第四十三条规定外，不退还保险费。"

3. 保险合同解除的程序

先由解约方向对方发出解约通知书，然后经双方协商一致解除合同或一方依据法律终止合同。如果协商不一致或对一方依法终止合同有争议的，可通过仲裁或诉讼方式解决。

3.4.3 汽车保险合同的终止

保险合同的终止，是指保险合同双方当事人消灭合同确定的权利和义务行为。保险合同一旦终止，就失去法律效力，但是原合同中争议处理条款的效力和当事人要求赔偿的权力不受影响。

保险合同的终止，可以分为以下 4 种情况。

1. 自然终止

自然终止也称为届期终止，即保险合同的有效期限届满，保险人承担的保险责任即告终止。它是保险合同终止的最普遍、最基本的原因。保险合同期限届满以后的续保，不是原保险合同的继续，而是一个新合同的成立。

2. 义务履行而终止

保险事故发生后，由于保险人履行了赔付保险金的全部责任，导致合同终止。这里的全部责任，是指发生了保险人应当按约定的保额全部赔偿或给付的保险事故，保险人赔付后即承担了全部责任。如果保险标的只是部分受损，保险人履行部分赔付保险责任后，保险合同继续有效。

3. 因解除而终止

在汽车保险合同双方当事人中的任何一方根据法律规定或者双方的约定行使合同的解除权，并以书面形式通知送达对方当事人，合同的效力即行终止。

4. 协议终止

协议终止是指在保险合同的有效期限内，经过合同双方当事人协商一致直接终止合同的行为。协议终止必须出于当事人的自愿，并经过双方协商一致，才产生终止合同的后果，如因保险车辆转让、赠予他人或报废等原因中途终止合同。

3.5 汽车保险合同的解释原则与争议处理

3.5.1 汽车保险合同的解释原则

汽车保险合同的解释原则是对保险合同约定条款的理解和说明。保险合同生效后，双方当事人履行各自义务、保障自身权利的前提是对保险合同有一致的理解。但在保险合同履行过程中，保险双方当事人由于种种原因对保险合同往往有不同的解释，这会直接影响双方当事人各自的权利和义务，并引发保险纠纷。保险合同的解释应当依据以下几个原则。

1. 文义解释原则

文义解释就是按照保险合同条款所使用文句的通常含义和保险法律、法规及保险习惯，并结合合同的整体内容对保险合同条款所做的解释。

2. 意图解释原则

意图解释是指当保险合同的某些条款文义不清、用词混乱或含糊，无法运用文义解释原则时，应根据双方当事人订立合同时的真实意图来进行解释。运用意图解释原则时，要根据合同的文字、订约的背景及客观实际情况等因素综合分析，以合理判断出合同当事人订约时的真实意图。

3. 专业解释原则

专业解释是指对保险合同中使用的专业术语，应按照其所属专业的特定含义解释。

4. 有利于被保险人的解释原则

由于保险合同时格式合同，其主要条款通常是由保险人事先制定的，保险人在制定保险合同条款时，会更多地考虑其自身利益。而投保人在订立保险合同时，对保险条款只能进行选择，即同意接受或不同意接受，却不能对其进行修改。所以，从公平合理的角度出发，当保险合同某些条款出现一词多义时，应当作有利于非起草人(即被保险人或受益人)的解释。这不仅是我国《合同法》和《保险法》所规定的，而且有利于保护弱势群体。

3.5.2 汽车保险合同的争议处理

汽车保险合同争议是指保险合同双方就保险责任的归属、赔偿金数额确定等问题，对保险条款的解释产生异议，各持己见而发生纠纷。保险合同争议的处理方法通常有协商、调解、仲裁和诉讼4种。

1. 协商

协商是指双方当事人本着互谅互让、实事求是的原则，在平等互利、合法的基础上自行解决争议。

协商解决方式的好处是双方气氛友好、处理事情的灵活性大并能节省仲裁或诉讼的费用。

2. 调解

调解是指在第三人主持下，合同当事人双方依据自愿合法的原则，在明辨是非、分清责任的基础上达成协议，从而解决纠纷的方法。

如果第三方是合同当事人双方共同选择的，由他主持进行调解的方法称为自愿调解。自愿调解达成的协议不具有强制执行的效力，一方当事人不执行调解协议，另一方当事人只能将争议提交仲裁委员会或向人民法院提起诉讼，无权要求人民法院强制执行自愿调解的协议。如果在司法机关或仲裁机关的主持下，双方当事人就争议内容达成一致意见，这就是司法调解。司法调解达成的和解协议，一旦生效就具有强制执行的效力，只要一方不执行协议，另一方就可以申请法院强制执行。

3. 仲裁

仲裁是指双方当事人把保险合同的纠纷诉诸有关仲裁机关做出判断或裁决。仲裁解决方式费用较诉讼低，且不公开进行，不至于损害双方的利益；另外，仲裁结果为终局制，一经做出便产生法律效力，必须执行，如一方不执行，另一方可向人民法院申请强制执行；若对仲裁结果不服，可在收到仲裁决定书之日起15日内向法院提起诉讼。

4. 诉讼

诉讼是指双方当事人请求人民法院依照法定程序，对于保险纠纷予以审查，并做出判决。诉讼解决方式是司法活动，司法判决具有国家强制力，当事人必须予以执行。

阅读材料3-2

仲裁、诉讼的区别与联系

1. 仲裁与诉讼的区别

(1) 如选择了仲裁，就不能到法院进行诉讼，即你已放弃了诉讼的权利。仲裁充分尊重当事人的意愿，是否运用仲裁方式解决纠纷、到哪家仲裁机构、由谁来主持纠纷的解决等，都可以由当事人来自主选择，主持纠纷解决的仲裁员都是各行业的专家学者。诉讼则实行级别、地域管辖，审判庭的组成也由人民法院指定。

(2) 机构不同。仲裁委员会是由人民政府组织有关部门（法制局）和商会统一组建，其监督机构是中国仲裁协会，其仲裁员大多是律师和政府机构人员兼职从事；而处理诉讼的法院则是国家法律的审判机构。简单地说，仲裁就是双方当事人在订立合同就约定以后出现纠纷时叫某仲裁机构做裁定，一旦裁定对双方都有法律效力。

(3) 受案范围不同。仲裁委员会只能受理民事纠纷，而法院是可以受理刑事、行政诉讼的案件。

(4) 程序不同。仲裁是一裁终局的，申请撤销时法院不会从实体处理中审查，如程序中有明显错误时可以撤销。诉讼如对一审不服还可以上诉，二审不服可在二年内申请再审，法院有相关的法定监督机构和救济程序。

(5) 仲裁庭审理案件具有“保密性”，案情不公开，裁决不公开。人民法院实行案件公开审理原则，但依法不应公开审理的除外。

(6) 收费不同。仲裁费没有规定可以减交、缓交、免交，法院对于诉讼费有规定。

2. 仲裁和诉讼的联系

(1) 阶级属性相同。《仲裁法》和《诉讼法》都是由法定的国家立法机关全国人民代表大会和全国人大常委会制定，立法机关在制定仲裁规范和诉讼规范时，必须遵循相同的立法原则和法定的程序，必须反映工人阶级和广大人民群众的愿望和要求，必须从社会主义的经济基础的现状出发。

(2) 均属程序性法律规范。相对于实体法而言，仲裁和诉讼均为程序性的法律制度，都是为解决具体的争议和纠纷而设置的程序性规则。

(3) 主体之间均具有平等的法律地位。无论是仲裁活动的各方当事人之间，还是民事诉讼活动的各方当事人之间，法律都赋予了他们平等的法律地位，共同享有相应的法定权利，又要履行相应的法定义务。

(4) 仲裁和诉讼活动均独立进行。《仲裁法》第八条规定：“仲裁依法独立进行，不受行政机关、社会团体和个人的干涉。”《民事诉讼法》第六条规定：“人民法院依照法律规定对民事案件独立进行审判，不受行政机关、社会团体和个人的干涉。”

【关键术语】

汽车保险合同　主体　客体　订立与生效　变更　转让　终止　解除　解释原则　处理争议

【综合练习】

1. 汽车保险合同的内容及特征。
2. 汽车保险人的主要权利和义务是什么？
3. 汽车投保人的主要权利和义务是什么？
4. 简述汽车保险合同的订立程序。
5. 汽车保险合同变更和解除的条件是什么？
6. 解决汽车保险合同争议的方式有哪些？

第4章
汽车保险原则

本章教学要点

知识要点	掌握程度	相关知识
最大诚信原则	掌握最大诚信原则的含义及内容； 了解违反最大诚信原则的后果	最大诚信原则的含义及内容； 违反最大诚信原则的后果
保险利益原则	掌握保险利益原则的含义； 掌握保险利益的条件及意义	保险利益原则的含义； 保险利益的条件及意义
损失补偿原则	掌握损失补偿原则的含义； 熟悉保险补偿的范围及实现方式； 掌握保险人履行损失赔偿的限度	损失补偿原则的含义； 保险补偿的范围及实现方式； 保险人履行损失赔偿的限度
近因原则	掌握近因原则的含义； 学会确定保险近因的因果关系	近因原则的含义； 确定保险近因的因果关系
代位原则	掌握代位原则的含义； 熟悉代位原则的内容	代位原则的含义； 代位原则的内容
分摊原则	掌握分摊原则的含义； 掌握分摊原则的分摊方式及其相应的赔偿方法	分摊原则的含义； 分摊原则的分摊方式及其相应的赔偿方法

导入案例

保险中的诚信

2013年8月1日，原告冯某通过被告某财产保险股份有限公司某中心支公司保险代理人李某与被告签订机动车辆保险合同，对其所有的一辆鲁××××“时代”××××中型自卸货车投保了盗抢险、车辆损失险、第三者责任险等险种，双方约定：新车购置价7万元，盗抢险保险金额6.153万元，车辆损失险7万元，保险期限自2013年8月1日起至2014年7月31日止，发生全车损失的，免赔率为20%。保险单和机动车盗抢险条款第五条第(九)项规定，除另有约定外，发生保险事故时被保险机动车无公安机关交通管理部门核发的行驶证或号牌，或未按规定检验或检验不合格，保险人不负责赔偿。合同签订后，2013年9月20日车辆年检期限到期，原告未再报请检验。2014年7月4日下午，原告停放在×××院内的鲁××××车辆被盗。原告于次日和7月8日向××县公安局报案，该车至今尚未追回。同年7月24日原告告知被告车辆被盗。2015年1月14日被告以出险车辆未年检为由拒绝赔付。原告遂向××县人民法院提起诉讼。××县人民法院经审理认为：原告冯某与被告签订的机动车辆保险合同，依法订立，具有法律效力。被告作为保险人，当保险合同约定的保险事故发生时，有义务依照合同约定赔付保险金。本案原、被告双方当事人争执的焦点在于被告是否就本案所涉机动车盗抢险免责条款向原告进行了明确说明。根据我国保险法的规定，订立保险合同时，保险人应当就保险合同中关于保险人责任免除条款向投保人明确说明，未明确说明的，该条款不产生效力。保险人有保险人的义务，明确说明是保险人的告知义务，而非权利，不履行明确说明义务，自然不能享有免除责任的权利。

保险合同是投保人与保险人约定保险权利和义务关系的协议。保险合同规定了保险人与投保人的权利和义务，无论是哪一方违反了合同，都要付出相应的责任。保险合同是有原则的。

本案例中保险人没有履行其告知义务，是一种不诚信的行为，也就是违反了保险合同基本原则中的最大诚信原则。

本章主要介绍保险合同的基本原则。

4.1 最大诚信原则

诚信原则是所有国家民商事法律的基础，被学者奉为“帝王条款”，《中华人民共和国民法通则》第4条亦将诚信原则规定为我国民法的基本原则。由于保险合同的射幸性，诚信原则在保险法中的重要地位更是其他法律中无可比拟的，被誉为“保险最大诚信原则”。了解最大诚信原则是理解保险法、订保险合同的重要前提，完善最大诚信原则，是完善保险制度、维护保险人和保险相对人的合法权益的重要途径之一。

4.1.1 最大诚信原则的定义

最大诚信原则是指双方当事人在签订和履行保险合同时，对于与保险标的有关的重要事实，必须以最大诚意如实告知，互不欺骗和隐瞒，恪守合同的认定与承诺，否则保险合同无效。所谓的重要事实，是指对保险人决定是否接受或以什么条件接受对某一危险有影响的每一项事实。最大诚信原则对保险人和投保人具有同样效力。对保险人而言，应清楚说明合同内容、正确解释条款含义，以使投保人决定是否投保；对投保人而言，应如实告知保险标的的相关情况，以使保险人能合理承保。只有双方都坚持了最大诚信原则，合同才有效。

4.1.2 最大诚信原则的内容

最大诚信原则的内容主要包括“告知”“保证”“禁止隐瞒和欺诈”“弃权和禁止反言”。

1. 告知

告知就是陈述或说明。《保险法》要求的告知义务，是指在订立保险合同的过程中，保险合同当事人应当把与订立合同有关的重要事实向对方陈述或说明。一方当事人违反告知义务，对方有权解除合同，或者不承认合同中部分条款的有效性。告知分为保险人告知和投保人告知两种。

1）保险人告知

主要是履行据实说明义务。告知形式包括两种：明确列明和明确说明。明确列明是指保险人只需将保险的主要内容明确列明在保险合同中，即视为已告知投保人；明确说明是指保险人不仅应将保险的主要内容明确列明在保险合同中，还必须对投保人进行明确的提示和正确的解释。在国际上，通常只要求保险人采用明确列明的告知形式。我国为更好地保护被保险人的利益，要求保险人在采用明确列明形式的基础上履行明确说明的告知义务，即需要对保险条款、责任免除等部分加以解释。告知的具体内容包括如下几个方面。

(1) 合同订立时，保险人应当主动向投保人说明保险条款中保险责任、责任免除、投保人、被保险人义务等内容，尤其是要明确说明责任免除部分。

(2) 合同订立时，保险人应当向投保人说明费率档次的选择和保险费用的交付。

(3) 保险人还应当向投保人说明其他可能会影响投保人做出投保决定的事实。

2）投保人告知

主要是如实告知标的的相关事项和驾驶员情况。这种告知并不是保险合同的组成部分，但对保险合同的签订与履行至关重要。投保人告知的形式有无限告知和询问回答告知两种。无限告知是指法律对告知的内容没有具体的规定，只是要求投保人或被保险人自行尽量将保险标的的风险状况及其有关重要事实如实告知保险人。询问回答告知是指投保人或被保险人对保险人询问的问题必须如实告知，对询问以外的问题视为非重要事实，不需要告知。告知的具体内容包括如下几方面。

(1) 合同订立时，根据询问，投保人对于已知的与保险标的及其危险有关的重要事实(包括机动车的种类、厂牌型号、识别代码、牌照号码、使用性质和机动车所有人或者使用人的姓名、性别、年龄、住所、驾龄、肇事记录等事项)作如实回答。一般是投保人如实填写投保单即可。

(2) 保险合同订立后，如果保险标的的危险程度增加，被保险人应当及时通知保险人。

(3) 保险事故发生后，被保险人应及时通知保险人。

(4) 重复保险的投保人，应将重复保险的相关情况通知保险人。

(5) 保险标的的转让，投保人应及时通知保险人，经保险人同意继续承保后，方可变更合同。

2. 保证

保证是指投保人或被保险人根据保险合同的规定，在保险期间内对某一投保事项的作为或不作为，或某种事态的存在或不存在做出的承诺。对于保证条款，投保人或被保险人应严格遵守，一旦违反，无论是否给保险人造成损害，保险人均有权解除合同，并不承担赔偿或给付保险金的责任。

保证从形式上可以分为明示保证和默示保证。

1) 明示保证

明示保证是以语言、文字和其他习惯方式在保险合同内说明的保证。明示保证按照事项的内容又可以分为确认保证和承诺保证。确认保证是指投保人对过去或现在某种事态存在或不存在的保证，其所保证的事项涉及过去与现在。承诺保证是指投保人对未来某一特定投保事项的作为或不作为，其所保证的事项涉及现在和将来。

2) 默示保证

默示保证是指在保险单中，虽没有文字明确列出，但在习惯上已经被社会公认为是投保人或被保险人应该遵守的规则，如要求被保险的车辆必须有正常的行驶能力等。

无论是明示保证，还是默示保证，都对保证人有约束作用，其法律效力是完全相同的。违反保证的任何行为都可以导致合同的失效。

3. 禁止隐瞒和欺诈

隐瞒是指保险合同当事人故意不说明已知的事实，或者只对一部分事实加以说明，足以影响对方正确判断事实的行为。欺诈是指保险合同当事人故意捏造虚假情况，或者歪曲事实真相，使对方陷入错误，并基于这种错误而予以意思表达的行为。禁止隐瞒和欺诈是最大诚信原则对保险合同当事人和有关人员的基本要求。

禁止隐瞒和欺诈对投保方有约束力，一旦违反，将受到法律规定的处罚。

《保险法》第二十七条规定："未发生保险事故，被保险人或者受益人谎称发生了保险事故，向保险人提出赔偿或者给付保险金的请求的，保险人有权解除合同，并不退还保险费。"

《保险法》第一百七十四条规定："投保人、被保险人或者受益人有下列行为之一，进行保险诈骗活动，尚未构成犯罪的，依法给予行政处罚。

(1) 投保人故意虚构保险标的，骗取保险金的。

(2) 编造未曾发生的保险事故，或者编造虚假的事故原因或夸大损失程度，骗取保险金的。

(3) 故意造成的保险事故，骗取保险金的。

保险事故的鉴定人、评估人、证明人故意提供虚假的证明文件，为投保人被保险人或者受益人进行保险诈骗提供条件的，依照前款规定给予处罚。

4. 弃权和禁止反言

弃权是指保险合同一方当事人放弃它在合同中可以主张的某种权利。禁止发言是指一方当事人一旦放弃了原可主张的权利，以后不得再向另一方主张这种权利。

在保险实务中，弃权和禁止反言一般针对保险人的权利而言，是对保险人的限制。两者的法律意义虽然不同，但是产生的效果完全一样。当投保人有明显的违约行为，保险人有权解除保险合同，或者行使其他权利，却放弃这些权利时，适用弃权和禁止反言。

4.1.3 最大诚信原则的基本功能

就本质而言，最大诚信原则是民商法诚实信用原则在保险法中的具体运用和发展。我国学者对诚实信用原则的功能进行了深入的研究。王利明教授认为，诚信原则功能主要有以下三点。

(1) 确定诚实守信，依善意方式行使权利和履行义务等行为规则。

(2) 平衡当事人之间的各种利益冲突和矛盾。

(3) 解释法律和合同的作用。

4.1.4 最大诚信原则的运用

案例 1：李某为自己的面包车购买了机动车辆保险，签订合同时，保险公司告知李某要如实填写车辆用途，但李某将准备用于“客运”的车填成“自用”。李某的面包车在一次营运过程中发生意外事故，导致两位乘客头部撞伤，经交通管理部门和保险公司现场勘查后认定为“意外事故”。乘客头部撞伤共花费医疗费 34000 元。李某向保险公司索赔，遭保险公司拒绝，李某诉致人民法院，李某人诉讼请求能否获得法院的支持?

案例分析：根据保险法及保险合同规定如投保人未履行如实告知义务，保险人有权终止保险合同或拒绝赔偿，车辆的使用性质应与车辆行驶证上的一致，“自用”的车辆性质成了“客运”很明显的是使用性质变更了，属未履行如实告知义务，据此李某不会获得法院的支持。

案例 2：某农场与某保险公司签订了一份汽车保险合同，期限为一年。农场共有 60 辆汽车，一次投全保，保险费为 92600 元。合同规定：保险方有权对农场的汽车进行安全检查。合同规定了安全检查的时间和程序。保险合同订立后，保险公司多次会同交通管理部门对农场的车辆进行安全检查，农场拒绝检查。保险公司仅从外观发现农场的车辆保养状况普遍不好，不安全因素较多。保险公司书面建议农场对 8 辆超过大修期带病行驶的 8t 卡车进行停产大修，并提起诉讼。但农场不予理会。一个月后，先后有 2 辆这种 8t 卡车肇事，车辆损失 12 万元，农场依据保险合同的规定向保险公司索赔。保险公司经过调查认为，肇事的 2 辆卡车均是保险公司曾书面建议农场停产大修的车辆，农场不听建议造成了保险事故的损失，保险方对此不负赔偿责任。农场认为大修与否是农场自己决定，保险公司不应干涉其经营自主权。现在车辆全损，按照保险合同，保险公司应予赔付。

案例分析：农场未做好对保险车辆的维护、保养工作，没能使其处于安全行驶技术状态，违背了其保证义务。农场错误地以为只要车辆投了全保就万事大吉，保险公司无权干涉其对车辆的修理使用。农场忽略了保险合同是一种最大诚信合同。最大诚信原则不仅要求被保险人在投保前准确地告知保险标的的危险状况，而且要求被保险人在保险存续期间维护保险标的的安全，以避免道德危险的发生。农场的卡车已过了大修期却不进行修理，而是继续使用，增大了发生危险的可能，也加重了保险人的责任。这是违背了诚信原则的行为，保险公司可以拒赔。

4.1.5 贯彻最大诚信原则

保险业的顺利发展，需要加强保险活动当事人的诚信教育与体系建设。现实中，人们感到社会缺少诚信，并不是诚信内容和法律规定不存在，而是缺少对诚信行为的激励和保护。尽管国家在加强法制保障，加大诚信宣传，加大失信惩戒，考核保险诚信建设等方面做了大量的工作，但并没有对诚信行为起到有效的保护和推动作用。为此，必须加强诚信体系建设。

1. 把握社会信用体系建设契机，为保险业诚信体系建设奠定基础

保险业的发展离不开经济的发展，更离不开社会的进步。建设保险业诚信体系，必须结合现代化社会信用意识，改善社会信用环境。我国信用体系建设已经展开。十六届三中全会提出，“建立健全社会信用体系”“建成以道德为支撑、产权为基础、法律为保障的社会信用制度”。全国整规办、中宣部、中央文明办、司法部、教育部、全国总工会等六部委曾于 2003 年 9 月联合出台了《关于开展社会诚信宣传教育的工作意见》。党的十六届六中全会又提出构建社会主义和谐社会。因此，保险业诚信体系建设恰逢其时，应把握契机，一方面不断完善自身的诚信体系建设，另一方面为全社会的信用建设做出贡献。

2. 加强保险诚信法制建设，为保险业诚信体系建设提供法律保障

我国保险法律法规建设在诚信方面已经加强，对失信惩戒的力度也在加大，已经出台《保险营销员管理办法》，行业自律对保险公司的约束力度也在加大。但在如何站在维护行业的整体诚信形象方面，政府机关职能部门如何配合保险监管部门加大惩戒方面的具体措施尚未出台，应尽快完善法律法规建设并加大惩戒尺度。

3. 建立保险诚信管理制度，为保险业诚信体系建设创造条件

一是要建立刚性的诚信管理制度。对经营管理过程的各个环节都要有制约制衡机制，用制度保证诚信得以实现。二是要建立信息采集及披露制度。由于目前我国尚未建立个人诚信数据的管理制度，信息不对称而带来的道德风险无法规避。对保险人的信息披露已取得初步成效，尤其是营销员持证上岗规定的出台，建立保险营销员专用网络，强化了营销员的诚信行为，但各保险公司之间还应建立与社会公众沟通交流平台，如公众网站，现场常设咨询台等。

4. 结合贯彻十六届六中全会精神加大诚信宣传教育

保险行业应按照中央提出的构建社会主义和谐社会“诚信友爱”的要求，联系客户最关心、最直接、最现实的利益问题，对员工进行诚信有为教育。

5. 改革保险公司营销体制，为保险业诚信体系的建设注入活力

目前，各保险竞争主体的营销体制普遍采用保险代理人制。保险营销员处于“城市边缘人”的尴尬地位，无法在社会中树立诚信形象。同时由于首期高佣回报的利益冲击，使一些营销员没有将诚信植根于保险职业的生命之中，见利忘义。如果采取职员制营销，改变营销员身份，将会大大提高诚信水平。

6. 加强对保险公司的诚信考评工作

目前保监部门还没有建立一套完整的针对保险公司的诚信行为考评体系，也没有建立一套科学的与之相对应的考评指标，更没有形成一套常规的考评考核工作程序。保险监管部门和保险行业协会应建立一系列严格的考评体系与科学的考评指标。在这方面，广西保险行业协会进行了两年的诚信考评工作，考评体系按三大类36项量化成100分制的考评指标，以80分以上作为合格标准，对达不到合格要求的保险公司将上报中国保监会和相应的总公司，且已经取得了非常可喜的成效。

4.2 保险利益原则

4.2.1 保险利益原则的定义

保险利益原则是指保险人对保险标的因具有各种利害关系而享有的法律上承认的经济利益。投保人或被保险人对保险标的具有可保利益是保险合同生效的依据。

4.2.2 保险利益原则的条件

保险利益是指投保人对保险标的具有的法律上承认的利益，具体构成需满足以下三个条件。

(1) 具备法律上承认并为法律所保护的利益。

(2) 具备可以用货币计算和估价的利益。

(3) 必须是经济上已经确认或能够确认的利益。

4.2.3 保险利益原则的具体内容

1. 保险利益原则在一般财产保险中的规定

一般财产保险的保险利益原则是最严格的。在一般财产保险中，保险利益原则要求投保人对其与保险人订立的保险合同所对应的保险标的应具有保险利益，而且所约定的保险金额不得超过该保险利益额度。一般财产保险的保险利益必须从保险合同订立到损失发生的全过程都存在。一般财产保险的保单转让一定要事先征得保险人同意并由其签字；否则，转让无效。

2. 保险利益原则在海上货物运输保险中的规定

海上货物运输保险的保险利益原则要求在投保时可不存在保险利益，但在发生保险事故时保险利益一定要存在。同时，由于运输货物处于流动状态，为了便于国际贸易的快速顺利地进行，海上货物运输保险的保险单可以自由地转让，无须征得保险人同意。

3. 保险利益原则在人身保险中的规定

人身保险的保险利益必须在保险合同订立时存在，而不要求在保险事故发生时具有保险利益。此外，人寿保险保单可出售、转让和抵押。

4.2.4 保险利益原则的适用范围

1. 财产保险的保险利益

由于财产保险标的是财产及有关利益，因此，财产保险的保险利益产生于财产的不同关系。根据民法债权和物权基本理论，这些不同关系依此产生不同利益：现有利益、预期利益、责任利益和合同利益。

(1) 现有利益。现有利益是投保人或被保险人对财产已享有且继续可享有的利益。投保人对财产具有合法的所有权、抵押权、质权、留置权、典权等关系且继续存在者，均具有保险利益。现有利益随物权的存在而产生。

(2) 预期利益。预期利益是因财产的现有利益而存在，依法律或合同产生的未来一定时期的利益。预期利益包括利润利益、租金收入利益、运费收入利益等。

(3) 责任利益。责任利益是被保险人因其对第三者的民事损害行为依法应承担的赔偿责任，它是基于法律上的民事赔偿责任而产生的保险利益，如职业责任、产品责任、公众责任、雇主责任等。根据责任保险险种划分，下述人员有责任保险利益：各种固定场所的所有者、经营者或管理者；制造商、销售商、修理商；雇主；各类专业人员等。例如，汽车在行驶中因驾驶员过错撞伤他人，加害人依法对受害人应负的赔偿责任；医生行医因其过失对病人依法应负的赔偿责任等。

(4) 合同利益。合同利益是基于有效合同而产生的保险利益。

2. 人身保险的保险利益

在人身保险中投保人对被保险人的寿命和身体具有保险利益。人身保险的保险利益虽然难以用货币估价，但同样要求投保人与保险标的(寿命或身体)之间具有经济利害关系，即投保人应具有保险利益。人身保险可保利益可分为以下两种情况。

(1) 为自己投保。投保人以自己的寿命或身体为保险标的投保，当然具有保险利益。

(2) 为他人投保人身保险。保险利益有严格的限制规定，主要包括：血缘、婚姻及抚养关系；债权债务关系；业务关系等。各国法律规定不一，大致有两种：一种是利害关系论；一种是同意或承认论。《保险法》第三十一条规定，投保人对本人；配偶、子女、父母；与投保人有抚养、赡养或抚养关系的家庭其他成员、近亲属具有保险利益；其他被保险人同意投保人为其订立合同的，视为投保人对其具有保险利益。

阅读材料4-1

人身保险的保险利益

1. 人身保险的保险利益的几种情况

(1) 投保人对自己的生命或身体具有保险利益。

(2) 投保人对与其有亲属血缘关系的人具有保险利益。

(3) 投保人对承担赡养、抚养等法定义务的人具有保险利益。

(4) 投保人对其具有经济利益关系的人具有保险利益。

2. 人身保险的保险利益的时间限制

保险合同订立时必须具有保险利益，而当时发生赔款时不要求具有保险利益。

4.2.5 保险利益的时间限制

1. 财产保险保险利益的时间限制

财产保险的保险利益，一般要求从保险合同订立到保险事故发生时始终要有保险利益。如果合同订立时具有保险利益，而当保险事故发生时不具有保险利益，则保险合同无效。如某房屋的房主甲在投保房屋的火灾保险后，将该房屋出售给乙，如果没有办理批单转让批改手续，发生保险事故时，保险人因被保险人已没有保险利益而不需履行赔偿责任。

2. 人身保险保险利益的时间限制

人身保险的保险利益存在于保险合同订立时。在保险合同订立时要求投保人必须具有投保利益，而发生保险事故时，则不追究是否具有保险利益。如某投保人为其配偶投保人身险，即使在保险期限内该夫妻离婚，保险合同依然有效，保险公司按规定给付保险金。该规定是基于人身保险的保险标的是人的寿命和身体，同时人寿保险具有储蓄性。

阅读材料4-2

保险利益的转移及消灭

1. 保险利益的转移

(1) 继承：在财产保险中，被保险人死亡，其继承人可以自动获得保险利益。

(2) 转让：在人身保险中，除因债权债务关系而订立的人身保险合同可以随债权一同转让外，其他人身保险的保险利益不得因转让而转移。

(3) 破产：在财产保险中，破产，其保险利益在一定时限内转移给破产债权人。

2. 保险利益的消灭

保险利益的消灭是指投保人或被保险人对保险标的的保险利益由于保险标的灭失而消失。

4.3 损失补偿原则

4.3.1 损失补偿原则的定义

补偿原则是指在发生保险事故、保险标的发生损失时，保险人应该按照保险合同约定的条件，根据保险标的的实际损失，在保险金额以内对被保险人进行经济补偿的原则。

4.3.2 损失补偿原则的具体内容

(1) 保险赔偿金额应当公平合理，充分补偿，协商一致。所谓公平合理，充分补偿，就是说保险人在保险事故发生后的具体赔偿数额应当有利于保险人和被保险人的双方利益。一方面，要充分补偿被保险人的实际损失，达到保险保障的目的。另一方面，不能使赔偿数额超过实际损失，使被保险人获取额外收益而损害保险人的合法权益。至于协商一致，则是说海上保险合同的保险金额作为保险赔偿的最高限额，应由保险人和被保险人根据保险标的的实际价值，协商确定。而赔偿数额的计算方法也须双方协商一致才予适用。

(2) 保险金额是计算赔偿数额的依据，一般不允许超值保险。保险标的发生保险事故时，保险人无论以何种方式赔偿被保险人的损失，也只能使被保险人在经济上恢复到受损前的同等状态，被保险人不能获得额外收益。因此，保险人在理赔时一般按以下三个标准确定赔偿额度：以实际损失为限，以保险金额为限，以被保险人对保险标的的可保利益为限。在这三个标准中，以最低的为限。

(3) 防止道德危险的发生。海上保险合同是对被保险人的保险保障措施，并非其牟利的手段，所以要防止道德危险的发生。

(4) 保险人的赔偿责任依法律和海上保险合同予以限制。

4.3.3 损失补偿原则的意义

保险的职能是通过补偿被保险人因保险事故造成的损失，而达到社会生产和社会生活稳定的目的。如果保险能够给被保险人带来额外利益，就可能导致个别不法之徒故意制造保险事故，以此谋取好处，诱发道德风险，从而为社会带来新的危害和不稳定因素。因而，坚持损失补偿原则，可有效杜绝保险不法行为，防范道德风险的发生。

4.3.4 保险人履行损失赔偿责任的限度

保险人履行损失赔偿责任时，必须把握三个限度，以保证被保险人既能恢复失去的经济利益，又不会由于保险赔款而额外受益。

1. 以实际损失为限

实际损失是根据保险标的损失时的市价来确定的，保险赔偿以被保险人所遭受的实际损失为限，即赔偿金额不能超过该项财产损失的市价。因此，保险人在实际理赔中必须充分考虑标的价格变动的因素。如，某汽车投保了车辆损失保险，保险金额 20 万元。该车出险时，由于车市价格跌落，该车市场价已降到 15 万元。如果该车发生全损，保险公司只能赔偿 15 万元，而不能赔偿 20 万元。

2. 以保险金额为限

保险金额是保险人承担赔偿保险金责任的最高限额。赔偿金额不得高于保险金额。如果前例中汽车实际价值为 25 万元，而被保险人在投保时所确定的保险金额为 20 万元。当该汽车发生全损时，尽管标的实际损失为 25 万元，但保险人只能赔偿 20 万元。

3. 以保险利益为限

保险人的赔偿以被保险人对保险标的所具有的保险利益为限。被保险人对遭受损失的财产具有保险利益，是被保险人索赔的基础，被保险人获得的赔款，不得超过对被损财产所具有的保险利益。例如，在抵押贷款中，抵押权人对抵押汽车具有保险利益。如果借款人借人的款项为 15 万元，而他用作抵押的汽车的价值为 20 万元。即使抵押权人按 20 万元投保车辆损失险，那么在抵押汽车出险时，保险人最多只能赔偿其 15 万元。

4.3.5 保险人履行损失赔偿责任的方式

汽车保险的损失补偿有现金给付、重置和修理三种方式。

1. 现金给付

现金给付是财产保险的最常见的损害补偿方式，它简单方便，结案迅速，深受欢迎。汽车保险中的第三者责任险常采用这一补偿方式。

2. 重置

重置是指保险人重新购置与保险标的相同或相似的物品，作为损害的补偿。汽车保险的玻璃破碎险一般采用这一方式补偿。

3. 修理

修理是指当保险标的受损时，保险人采用修理的办法，将保险标的的性能恢复到未受损时的状况。车辆损失险一般采用这一形式补偿。

目前的汽车保险条款中一般都规定，因保险事故损坏的被保险机动车和第三者财产，应当尽量修复；修理前被保险人应当会同保险人检验，协商确定修理项目、方式和费用。

4.4 近因原则

4.4.1 近因原则的定义

近因是指造成保险标的损失的最直接、最有效、起主导作用或支配性作用的原因，在财产保险中，是指造成保险标的毁损、灭失的有效原因，这个原因与保险标的的实际损失之间存在着因果关系。近因并不是指时间上和空间上与损失最为接近的原因。

近因原则是指造成保险标的损失的近因是保险责任范围内的，保险人承担损失赔偿责任；造成保险标的损失的近因不属于保险责任范围的，保险人不承担损失赔偿责任。

4.4.2 近因的判定

1. 单一原因造成的损失

单一原因致损，即造成保险标的损失的原因只有一个，那么，该原因即为近因。如这一原因是保险人承担的风险，保险人就应负赔偿责任；否则，保险人就不负赔偿责任。

2. 多种原因造成的损失

如果造成保险标的损失的原因不是一个，而是两个或两个以上，应做如下具体分析。

(1) 多种原因同时致损。如多种原因同时致损，则多种原因均为近因。如这些近因都属保险责任，则保险人应负赔偿责任；如这些近因都不属保险责任范围，则保险人不负赔偿责任；如这些近因中既有保险责任范围内的，也有保险责任范围外的，则保险人首先应分清哪些损失是保险责任范围内的近因造成的，哪些损失是保险责任范围外的近因造成的，属于保险责任范围内的保险人负赔偿责任，属于保险责任范围外的，保险人不负赔偿责任；如果损失难以划分，则保险人不予赔偿或按比例赔偿。例如，保险汽车低速行驶时撞伤一患有慢性病的行人，送医院治疗，一天后死亡。用近因原则分析该事故可知：单纯的交通事故或慢性病都不会单独产生行人死亡的结果，而是在二者共同作用下导致了行人死亡，因此，交通事故与慢性病均视为行人死亡的近因。但保险赔偿时，应确定两种因素对死亡结果的作用比例。

(2) 多种原因连续致损。进行近因判断时比较简单的情况是：连续发生并导致损失的多种原因都属于保险责任，那么保险人肯定应负赔偿责任；连续发生并导致损失的多种原因都不属于保险责任，那么保险人肯定不应负赔偿责任。但容易引发合同双方保险纠纷的情况是：连续发生并导致损失的多种原因中既有保险责任又有除外责任，比如，前因是保险责任而后因是除外责任，或者前因是除外责任而后因是保险责任，此种情况下的近因一般比较复杂。因为不同的近因判断结果，直接影响着保险公司是否支付赔款以及被保险人的损失能否得到赔偿。此时，应根据前因与后因之间的关系来判定。具体规则是：如多种原因连续致损，且具有前因后果关系，那么最先发生并造成一连串事故的原因为近因；如多种原因连续致损，且后因与前因之间无必然联系，则后因为事故近因。因此，若前因是保险责任而后因是除外责任，且后因是前因的必然结果，则保险人应负全部赔偿责任，若前因是除外责任而后因是保险责任，且后因不是前因的必然结果，则保险人也应负赔偿责任。例如，保险车辆暴雨中行驶时因汽缸进水而熄火，强行启动后导致发动机受损。用近因原则分析可知，该事故中有暴雨的前因，有强行启动的后因，但后因与前因之间没有必然联系。因此，该起事故的近因是强行启动发动机。各保险公司的机动车辆保险条款中基本都规定暴雨造成车辆损失，保险公司负责赔偿；暴雨导致汽缸进水后，强行启动发动机导致损失扩大的部分，保险公司不负责赔偿，因此，对该案例的事故损失保险公司不负赔偿责任。

(3) 多种原因间断致损。在一连串连续发生的原因中，有一项新的独立的原因介入，导致损失。若新的独立的原因为保险责任，保险人应负赔偿责任；反之，保险人不负赔偿责任。

3. 不明原因造成的损失

此时一般需要根据客观事实进行推断。首先要广泛收集造成损失的各种资料，为判定近因作准备；然后根据所掌握的资料，科学地分析造成损失的主要原因，从而正确确定近因。

4.4.3 确定近因的方法

任何事件的发生都有其原因，任何发生的事件有可能作为原因引发下一个事件，因此可以发现一条事件链，前后发生的事件具有因果关系。按照英国学者斯梯尔先生的建议，保险实务界一般采用两种方法确定保险事故的近因。

1. 顺推法

从第一发生的事件开始，按照逻辑关系，顺序探索由该事件可能引起的一系列事件。如果能确认第一事件肯定导致第二事件，第二事件肯定导致第三事件，如此能够一直推导至最终事件，而最终事件恰恰就是保险标的发生的损失，那么就能断定第一事件是损失的近因。用这种方法确定近因，必须要能够保证事件链中的每一环节都存在确定的因果关系，如果某一环节的上下事件之间不存在明显的因果关系，就不能断定第一事件是损失的近因。

2. 逆推法

逆推法的顺序正好与顺推法相反，是从保险事故的损失事件开始分析起，探索造成这个损失的上一事件，然后探索造成上一事件的原因，如此类推，直至推索出初始原因。如果初始原因恰好属于保险合同中保险公司承保的范围，那么该原因就是近因，保险公司应该对损失做出赔偿；如果逆推出的初始原因不属于保险合同中载明承保的责任范围，那么保险公司不赔偿损失。

4.4.4 近因原则的运用

在保险实务中经常还要结合下述具体情况运用上述顺推法和逆推法。

1. 单一原因

这是一种最简单的情况，事件链只由一个环节组成。这时，单一原因就是近因。该近因如果属于保险人的承保风险范围，保险人必须承担赔偿保险金的责任，否则保险人不必赔偿。比如保险车辆在与其他车辆碰撞中受到损坏，而碰撞属于机动车辆损失险的承保责任范围，保险公司应该做赔偿的决定。

2. 事件链成串联状态

如果造成机动车辆损失的原因可以串联成一系列事件，该串联事件中位于一个环节的前后事件形成原因结果关系，那么组成该事件链中的第一个事件就是近因。如果该原因属于保险人的承保责任范围，保险公司应该承担赔偿责任，否则不予赔偿。组成该事件链的中间事件(除作为近因的第一事件与作为损失事件的最终事件以外的所有事件)是否属于保险人承保的责任范围，无关紧要。比如保险车辆在行驶中被一个铁片击中损坏，该铁片来自于一个爆炸的油桶，该油桶因为路边房屋失火而受热爆炸。火灾属于机动车辆损失险的承保责任范围，保险公司应该做出赔偿。然而，如果大火是由恐怖分子放火而引起，那么近因就是恐怖活动，不属于保险责任范围，保险公司不必做出赔偿。值得注意的是，在这个例子中，尽管第二原因(火灾)在承保责任范围之中，然而它由不属于承保责任范围的事件引起，因此不能把火灾作为近因，做出赔偿的决定。

3. 多个事件组成并联关系

多个事件组成并联关系，在时间上也无法分清前后，都是损失的原因，那么这些原因都是近因。如果这些近因都属于保险人承保责任范围，那么保险人当然应该承担赔偿责任。如果这些近因均不属于保险人承保的责任范围，保险人不必赔偿。较为困难的情况是，部分近因属于保险责任范围，其他近因不属于保险责任范围。在这种情况下，如果能够明确区分各个近因引起的损失程度的，保险人只对其承保风险引起的损失做出赔偿，对不属于承保责任范围内的原因引起的损失不予赔偿。如果不能明确加以区分，一般认为保险公司不必做出赔偿。

4.5 代位原则

4.5.1 代位原则的定义

代位原则是指保险人依照约定，对被保险人遭受的损失进行赔偿后，依法取得向对损失负有责任的第三者进行追偿的权利，或取得被保险人对保险标的的所有权。

4.5.2 代位原则的组成

代位原则由代位追偿和物上代位两部分组成。

1. 代位追偿

1）代位追偿的概念

代位追偿又称权利代位，指在财产保险中，由于第三者的过错致使保险标的发生保险责任范围内的损失，保险人按照合同约定给付了保险金后，依法取得向对损失负有责任的第三者进行追偿的权利。

2）代位追偿权产生的条件

（1）保险标的的损失必须是由第三者造成的，依法应由第三者承担赔偿责任。所谓第三者是指保险人与被保险人以外的人。

（2）保险标的的损失是保险责任范围内的损失，根据合同约定，保险公司理应承担赔偿责任。如果不属于保险责任范围内的损失，则不适用于代位追偿。

（3）代位追偿权的产生必须在保险人赔偿保险金后，保险人才能取代被保险人的地位与第三者产生债务债权关系。

3）代位追偿权的范围

《保险法》第六十条规定："因第三者对保险标的的损害而造成保险事故的，保险人自向被保险人赔偿保险金之日起，在赔偿金额范围内代位行使被保险人对第三者请求赔偿的权利。"这项规定一方面不让被保险人由于保险事故获得额外利益，另一方面也不让造成保险事故的第三者由于被保险人获得保险公司的赔偿而逃脱责任。

保险人通过代位追偿得到的第三者的赔偿额度，只能以保险人支付给被保险人的实际赔偿数额为限，超出部分的权利属于被保险人，保险人无权处理。

保险人向负民事赔偿责任的第三者行使代位请求赔偿的权利，不影响被保险人就未取得赔偿的部分向第三者请求赔偿的权利。

4）代位追偿对象的限制

代位追偿的对象是负民事赔偿责任的第三者，既可以是法人、自然人，也可以是其他经济组织。除被保险人的家庭成员或者其组成人员故意造成保险事故外，保险人不得对被保险人的家庭成员或者其组成人员行使代位追偿权利。

5）代位追偿权的行使

在财产保险中，因第三者对保险标的侵权而造成保险事故的，受害人与致害人之间首先是一种民事侵权法律关系，致害人按照有关法律规定承担民事赔偿责任。同时，受害人作为被保险人，与保险人之间还存在着一种民事合同法律关系，当发生合同约定的保险事故时，保险公司应依约承担赔偿责任。也就是说，当由于第三者原因导致保险事故发生时，被保险人既可以根据有关法律向致害人请求赔偿，也可以根据保险合同向保险人索赔。

当被保险人向保险公司索赔并获得足够赔偿后，若再向致害人请求赔偿，将获得多余损失的额外利益，这不符合保险的损失补偿原则，因此，保险原则规定当保险人赔偿被保险人的损失后，将获得代替被保险人向第三者索赔的权利。

实践中，当被保险人向保险人请求赔偿时，经常会因被保险人的一些不当作为或不作为而使保险人代位追偿权遭到损害。为此，《保险法》第六十一条对代位追偿权的行使做出了明确规定，保险事故发生后，保险人未赔偿保险金之前，被保险人放弃对第三者的请求赔偿的权利的，保险人不承担赔偿保险金的责任。保险人向被保险人赔偿保险金后，被保险人未经保险人同意放弃对第三者请求赔偿的权利的，该行为无效。被保险人故意或者因重大过失致使保险人不能行使代位请求赔偿权利的，保险人可以扣减或者要求返还相应的赔偿金。

2. 物上代位

保险人在保险标的发生保险事故后，向被保险人赔偿全部损失后，取得对保险标的的全部权利，称为物上代位权。《保险法》第五十九条规定：“保险事故发生后，保险人已支付了全部保险金额，并且保险金额等于保险价值的，受损保险标的的全部权利归于保险人；保险金额低于保险价值的，保险人按照保险金额与保险价值的比例取得受损保险标的的部分权利。”物上代位权与保险代位求偿权是两种不同的权利，前者确定的是保险人在赔偿保险金后取得对保险标的的所有权，后者是保险人在赔偿保险金后仅仅取得对第三者的索赔权。受损保险标的的两种权力适用的范围也不同。投保人向保险公司投保机动车辆损失险后，如果保险车辆在保险事故中发生严重损坏，保险公司按照保险金额全额赔付后，(在保险金额等于保险价值时)保险公司就取得了该机动车辆残骸的所有权，对于尚可利用的部分零部件保险公司有权加以利用或变卖。投保机动车辆盗抢险的车辆被盗窃后，保险公司按照合同全额赔偿后，也取得对该被盗窃车辆的所有权。如果有朝一日找回了该车辆，被保险人可以选择接受退回赔款、重新取得该车辆的所有权，或者不退赔款而放弃该车辆的所有权。被保险人采用后一种办法时，该车辆的所有权属于保险公司。

4.6 分摊原则

4.6.1 分摊原则的定义

分摊原则是财产保险中发生重复保险情况下遵循的原则。重复保险是指投保人向两个或两个以上的保险人对同一保险标的的同一保险利益投保同一风险的行为。当投保人为了通过保险获得额外的利益，比如当发生保险事故时多家保险公司都做出赔偿，被保险人获得的保险金总和超过保险标的的保险价值时，投保人的行为就是恶意重复保险。发生不是由于以上目的（比如由于疏忽）进行重复投保的情况称为善意重复保险。在善意重复保险时，投保人必须把重复保险的情况通知各保险人。

在重复保险的情况下，保险事故导致的保险标的的损失由各保险人分摊。当重复保险的保险金额总和超过保险价值时，各保险人承担的赔偿金额总和不应该超过保险价值。这个原则称为分摊原则。

显然，分摊原则是补偿原则在重复保险情况下的运用，目的是防止被保险人利用重复保险额外获利。

4.6.2 损失分摊条件

损失分摊的条件必须是已构成重复保险，特征是：同一保险利益、同一保险标的、同一保险事故、同一保险期间、保险金额总和超过保险标的实际价值。

4.6.3 损失分摊方式

保险人之间的赔款分摊方式有比例责任分摊、限额责任分摊和顺序责任分摊三种。

1. 比例责任分摊

以各保险人在重复保险中向投保人承保的保险金额之和为分母，以各保险人承保的保险金额为分子，计算各保险人承担责任的比例，这种方法称为比例分摊方式。各保险人赔偿责任为被保财产的损失金额与各保险人承保比例的乘积。即

各保险人承保比例＝保险人各自承保的保险金额÷各保险人承保保险金额的总和

各保险人责任＝被保财产的损失金额×各保险人承保比例

《保险法》第五十六条规定："重复保险的各保险人赔偿保险金的总和不得超过保险价值。除合同另有约定外，各保险人按照其保险金额与保险金额总和的比例承担赔偿保险金的责任。"这就是说，在一般情况下保险法对于重复保险规定按照比例分摊方式进行。比例分摊方式的最大优点在于，无论保险金额总和等于、高于还是低于保险价值，各保险人赔偿总和都不会超过实际损失数额。

2. 限额责任分摊

如果投保人对第三者责任保险进行了重复保险，那么由于责任保险无保险金额的约定，而只规定保险人赔偿的最高限额，因此可以采用限额分摊的方式。限额分摊方式是按各保险人在没有重复保险的情况下应该承担的保险赔偿责任与保险人承担的赔偿责任总和的比例分摊的一种方式。即

赔款＝该保险人责任限额÷各保险人责任限额总和×损失金额

例如，某车主在甲保险人处投保了限额为 20 万元的第三者责任险，在乙保险人处投保了限额为 30 万元的第三者责任险。该车主在一次保险事故中发生了 5 万元的第三者责任事故，那么按照限额分摊方式，甲保险人应该承担 2 万元的赔偿责任，乙保险人承担 3 万元的赔偿责任。

3. 顺序责任分摊

顺序责任分摊是根据多个保险合同生效的先后顺序，由先出立保单的保险人首先负责赔偿，第二个保险人只负责赔偿超出第一保险人保险金额的部分，如果仍有超出部分，即依次由第三、第四个保险人负责赔偿。这种按顺序承担赔偿责任的方式称为顺序分摊方式。因这种分摊方式不符合公平原则，所以目前很少使用。

顺序分摊方式也称为主保险制。按顺序第一家承担赔偿责任的保险公司称为主保险人。

4.6.4 分摊原则的运用

案例：2014年7月20日，个体运输专业户张某将其私有解放牌汽车向某县保险公司投保了足额车辆损失险和第三者责任险，车辆损失险保险金额为5万元，保险期间为1年。同年10月6日，该车在途经邻县一险要处时坠入悬崖下一条湍急的河流中，该车驾驶员(系张某堂兄)随车遇难。事故发生后，张某向县保险公司报案索赔。该县保险公司经过现场查勘，认为地形险要，无法打捞，按推定全损处理，当即赔付张某人民币5万元。同时声明对车内尸体及善后工作保险公司不负责任，由车主自理。到12月10日，张某看到堂兄尸体及采购货物的2800元现金均在车内，就将残车以3500元的价格转让给邻县的王某，双方约定由王某负责打捞，车内尸体及现金归张某，残车归王某。12月13日，残车被打捞起来，张某和王某均按约行事。保险公司知悉后，认为张某未经保险公司允许擅自处理实际所有权已转让的残车是违法的，遂成纠纷。

案例分析：保险公司推定该车全损，给予车主张某全额赔偿，根据《保险法》第五十九条规定，保险事故发生后，保险人已支付了全部保险金额，并且保险金额等于保险价值的，受损保险标的的全部权利归于保险人。保险公司已取得残车的实际所有权，只是认为地形险要而暂时没有进行打捞。因此，原车主张某未经保险公司同意转让残车是非法的。

保险公司对车主张某进行了全额赔偿，而张某又通过转让残车获得3500元的收入，其所获总收入大于总损失，显然不符合财产保险中的损失补偿原则。因此，保险公司追回张某所得额外收入3500元，正是保险损失补偿原则的体现。

王某获得的是张某非法转让的残车，但由于他是受张某之托打捞尸体及现金，付出了艰辛的劳动，且获得该车是有偿的，可视为善意取得，保险公司不得请求其归还残车。

因此，保险公司推定全损，进行了全额赔偿，获得了对残车的实际所有权。张某打捞并转让残车，未经保险公司同意为非法，但情有可原，保险公司可追回其所获额外收入3500元，并对其进行批评教育，王某的行为可视为善意取得，不追究其民事责任。

【关键术语】

保险利益原则　最大诚信原则　损失补偿原则　近因原则　代位原则　分摊原则

【综合练习】

1. 汽车保险应遵循哪些原则?
2. 什么是保险利益？构成保险利益应具备哪些条件?
3. 什么是最大诚信原则？最大诚信原则应履行哪些义务？最大诚信原则的作用有哪些?
4. 损失补偿原则的内涵及其在汽车保险中如何运用的?
5. 分摊原则有哪几种方法？并分别说明是如何计算赔偿的?

第5章 机动车交通事故责任强制保险

本章教学要点

知识要点	掌握程度	相关知识
交强险概述	掌握交强险的含义； 掌握交强险的特征及意义； 理解并掌握交强险与商业三者险的区别	交强险的含义； 交强险的特征及意义； 交强险与商业三者险的区别
交强险条款	熟悉保险责任及责任赔偿限额； 熟悉交强险的责任免除； 了解交强险其他相应条款	保险责任及责任赔偿限额； 交强险的责任免除； 交强险其他相应条款
交强险费率	掌握交强险保费的计算方法	交强险保费的计算方法

导入案例

2014年6月8日18时许，被告蒲某驾驶登记车主为被告龙某的甘×××××号轻型普通货车，由西向东行驶至国道108线1672km＋550m处左转弯调头时，适逢原告张某驾驶嘉陵90型无牌两轮摩托车(后乘坐其母桂某)由西向东行驶，两车在路中发生擦碰，致桂某和张某不同程度受伤。当日，桂某和张某被送往勉县医院治疗。桂某被诊断为：重度内开放性颅脑损伤、多处软组织挫伤、右眼神经损伤。张某被诊断为：内开放性颅脑损伤、颈椎间盘突出并颈髓损伤。二人住院治疗4天后转入汉中市中心医院，在该院分别住院治疗27天和40天，桂某未愈出院4个月后死亡(死年64岁)，共花用医疗费22380.77元；张某好转出院，共花用医疗费34845.95元。该交通事故经勉县交警大队认定，蒲某负主要责任，张某负次要责任，桂某无责任。肇事的甘×××××号货车，在被告某保险公司投保机动车交强险，发生涉案交通事故时尚在保险期间。同年12月25日两原告起诉，请求被告保险公司向桂某之夫赔偿医疗费、丧葬费、死亡赔偿金、护理费、交通费、精神损害抚慰金合计64357.65元；向张某赔偿医疗费、误工费、护理费、交通费合计9521.8元。请求被告龙某、蒲某向桂某之夫和张某连带赔偿除保险公司赔偿以外的医疗费、住院伙食补助费、营养费总额的80%，分别赔偿18019.7元和24890.52元。

在人们生活中有很多类似上述案例，事故中即使无责也要赔偿，因为它是保险中的一个特殊险种，即交强险。所谓交强险，是指当被保险机动车发生道路交通事故对本车人员和被保险人以外的受害人造成人身伤亡和财产损失时，由保险公司在责任限额内予以赔偿的一种具有强制性质的责任保险。

本章主要介绍机动车交通事故责任强制保险。

5.1 概　　述

5.1.1 发展历程

《中华人民共和国道路交通安全法》(简称《通交法》)于2004年5月1日开始执行，距今已有10年多的时间。与1991年国务院颁布的《道路交通事故处理办法》相比，《道交法》主要体现了三大变化。

1. 明确了“无过错责任”

1991年国务院颁布的《道路交通事故处理办法》里面没有区分机动车之间和机动车与行人之间发生事故的归责，一律都实行了“过错责任”，所以，我们的司法机关在这么多年来，对于行人和机动车之间的事故也基本上依照“过错责任”来判决的，这实际上造成了大量的不公平的案件。民法中，一般侵权适用“过错原则”，谁有过错谁承担责任，都有过错各自承担相应的责任。但“过错原则”解决不了一些特殊侵权的问题，比如高危责任，产品质量，环境污染等。所以，19世纪末至20世纪初，世界各国通过特别立法和法院判例，纷纷在火车、汽车、航空、航海、瓦斯、核能利用、科学试验等危险性工业中采用无过错责任，以调整工业灾害中企业主与雇佣工人及其他受害人的关系，缓和阶级矛盾。

也就是说“无过错责任”原则在世界上已经实施了100多年，而且起源就是工业危害，尤其是工业交通工具的危害。

实际上，我国1986年的《民法通则》对于侵权责任，已经明确了“过错责任”和“无过错责任”原则。一般的侵权适用“过错责任”，特殊的侵权适用“无过错责任”。“无过错责任”中，加害人不能以受害人“有过错”来作为自己的免除责任和减轻责任的理由。《中华人民共和国民法通则》第一百二十三条规定：“从事高空、高压、易燃、易爆、剧毒、放射性、高速运输工具等对周围环境有高度危险的作业造成他人损害的，应当承担民事责任，如果能够证明损害是由受害人故意造成的，不承担民事责任。”因此，应该说从1987年开始，机动车撞人事故就属于法律规定的“高危责任”，属于特殊的侵权责任，应当适用“无过错责任”，通俗地说就是机动车负“全责”。

现在，《道交法》区分了机动车之间和机动车与行人之间两者不同的归责原则，实际上是对《道路交通事故处理办法》的“拨乱反正”。需要指出的是，《道交法》实施后，行人故意撞车的，机动车不承担责任。同时，机动车不能以行人有“过错”为理由来主张自己的免责和减轻自己的责任。减轻机动车责任的唯一条件就是行人“违章”的同时，机动车有证据证明自己采取了必要的处置措施。在司法实践中，机动车刹车不合格，夜晚灯光不合格等都被视为没有采取必要的处置措施，不能减轻赔偿责任。

2.“三者险”实行“无责赔付”

依照旧法规，发生交通事故后，只有分清事故双方的责任之后才由保险公司依照“有责赔付”来进行赔偿的。但《道交法》改为只要发生交通事故，首先就要由保险公司在其投保的有责任限额范围内承担责任，超过的部分，才需要分清楚事故双方的责任。

3.“车主”成了“赔偿主体”

旧法规规定发生交通事故后，由司机承担赔偿责任，车主承担垫付责任。新法规正好颠倒过来了，改为由机动车的所有者承担责任。除非司机有重大故意或过失要和车主承担连带责任，一般过失司机不承担责任。

随着道路交通安全法的实施，《道路交通安全法》第十七条规定，国家实行机动车第三者责任强制保险制度，设立道路交通事故社会救助基金。具体办法由国务院规定。这实际上是以立法确定了国家对第三者责任险实行强制保险的情况。

2006年3月21日，国务院总理温家宝签署国务院令，正式公布了《机动车辆第三者责任强制保险条例》，并于2006年7月1日开始施行。

2006年6月28日，中国保监会向社会公布了《机动车交通事故责任强制保险条款》，并于2006年7月1日起正式实施。

5.1.2 机动车交通事故责任强制保险简介

机动车交通事故责任强制保险简称交强险，是指当被保险机动车发生道路交通事故对本车人员和被保险人以外的受害人造成人身伤亡和财产损失时，由保险公司在责任限额内予以赔偿的一种具有强制性质的责任保险。

交强险的保障对象是被保险机动车致害的交通事故受害人，但不包括被保险机动车本车人员、被保险人。交强险的保障内容包括受害人的人身伤亡和财产损失。

交强险的特点主要表现在：一是突出“以人为本”，将保障受害人得到及时有效的赔偿作为首要目标；二是体现“奖优罚劣”，即安全驾驶者将享有优惠的费率，经常肇事者将负担高额保费；三是坚持社会效益原则，即保险公司经营交强险不以赢利为目的；四是实行商业化运作，即交强险的条款费率由保险公司制定，保监会按照交强险业务总体上不盈利不亏损的原则进行审批。

建立交强险制度的意义在于：有利于道路交通事故受害人获得及时有效的经济保障和医疗救治；有利于减轻交通事故肇事方的经济负担；有利于促进道路交通安全，通过“奖优罚劣”的费率经济杠杆手段，促进驾驶人增强安全意识；有利于充分发挥保险的社会保障功能，维护社会稳定。

5.1.3 交强险与商业三者险的区别

(1) 交强险具有强制性，商业三者险存在自愿性。

交强险要求在中华人民共和国境内(不含港、澳、台地区)道路上行驶的机动车的所有人或管理人必须投保；同时要求具有经营交强险资格的保险公司不能拒保，也不能随意解除交强险合同，但投保人未履行如实告知义务的除外。违反强制性规定的机动车所有人、管理人或保险公司都将受到处罚。因此，交强险具有强制性，而商业三者险则是由投保人自愿投保，不具有强制性。

(2) 交强险实行“无过错责任”赔偿原则，商业三者险实行“按责论处”赔偿原则。

投保了交强险的机动车不论在交通事故中是否有过错，只要造成了他人的人身损害或财产损失，保险公司均须在交强险的责任限额内负责赔偿。而现行商业三者险实行的是“按责论处”的赔偿原则，即保险公司只根据被保险机动车在事故中的责任比例，在商业三者险的责任限额内承担赔偿责任。

(3) 交强险保险责任范围比商业三者险宽泛。

除了《机动车交通事故责任强制保险条例》规定的个别事项外，交强险的赔偿范围几乎涵盖了所有道路交通责任风险。而商业三者险中，保险公司不同程度地规定有免赔额、免赔率或责任免除事项。

(4) 交强险实行分项责任限额制，且责任限额固定；而商业三者险只设定综合的责任限额，但责任限额可以分成不同的档次，由投保人自由选择。

交强险责任限额分为死亡伤残赔偿限额、医疗费用赔偿限额、财产损失赔偿限额以及被保险人在道路交通事故中无责任的赔偿限额。其中无责任的赔偿限额分为无责任死亡伤残赔偿限额、无责任医疗费用赔偿限额以及无责任财产损失赔偿限额。而商业三者险只设定综合的责任限额，但责任限额可以分成不同的档次，由投保人自由选择。

5.2 机动车交通事故责任强制保险条例

5.2.1 总则

(1) 为了保障机动车道路交通事故受害人依法得到赔偿，促进道路交通安全，根据

《中华人民共和国道路交通安全法》《中华人民共和国保险法》，制定本条例。

（2）在中华人民共和国境内道路上行驶的机动车的所有人或者管理人，应当依照《中华人民共和国道路交通安全法》的规定投保机动车交通事故责任强制保险。

机动车交通事故责任强制保险的投保、赔偿和监督管理，适用本条例。

（3）本条例所称机动车交通事故责任强制保险，是指由保险公司对被保险机动车发生道路交通事故造成本车人员、被保险人以外的受害人的人身伤亡、财产损失，在责任限额内予以赔偿的强制性责任保险。

（4）国务院保险监督管理机构(以下称保监会)依法对保险公司的机动车交通事故责任强制保险业务实施监督管理。

公安机关交通管理部门、农业(农业机械)主管部门(以下统称机动车管理部门)应当依法对机动车参加机动车交通事故责任强制保险的情况实施监督检查。对未参加机动车交通事故责任强制保险的机动车，机动车管理部门不得予以登记，机动车安全技术检验机构不得予以检验。

公安机关交通管理部门及其交通警察在调查处理道路交通安全违法行为和道路交通事故时，应当依法检查机动车交通事故责任强制保险的保险标志。

5.2.2 投保

（1）中资保险公司(以下称保险公司)经保监会批准，可以从事机动车交通事故责任强制保险业务。

为了保证机动车交通事故责任强制保险制度的实行，保监会有权要求保险公司从事机动车交通事故责任强制保险业务。

未经保监会批准，任何单位或者个人不得从事机动车交通事故责任强制保险业务。

（2）机动车交通事故责任强制保险实行统一的保险条款和基础保险费率。保监会按照机动车交通事故责任强制保险业务总体上不盈利不亏损的原则审批保险费率。现行交强险基础费率见表5-1。

表5-1　机动车交通事故责任强制保险基础费率　　金额单位：元

车辆大类	序号	车辆明细分类	保费
一、家庭自用车	1	家庭自用汽车6座以下	950
	2	家庭自用汽车6座及以上	1100
二、非营业客车	3	企业非营业汽车6座以下	1000
	4	企业非营业汽车6～10座	1130
	5	企业非营业汽车10～20座	1220
	6	企业非营业汽车20座以上	1270
	7	机关非营业汽车6座以下	950
	8	机关非营业汽车6～10座	1070
	9	机关非营业汽车10～20座	1140
	10	机关非营业汽车20座以上	1320

（续）

车辆大类	序号	车辆明细分类	保费
三、营业客车	11	营业出租租赁 6 座以下	1800
	12	营业出租租赁 6～10 座	2360
	13	营业出租租赁 10～20 座	2400
	14	营业出租租赁 20～36 座	2560
	15	营业出租租赁 36 座以上	3530
	16	营业城市公交 6～10 座	2250
	17	营业城市公交 10～20 座	2520
	18	营业城市公交 20～36 座	3020
	19	营业城市公交 36 座以上	3140
	20	营业公路客运 6～10 座	2350
	21	营业公路客运 10～20 座	2620
	22	营业公路客运 20～36 座	3420
	23	营业公路客运 36 座以上	4690
四、非营业货车	24	非营业货车 2t 以下	1200
	25	非营业货车 2～5t	1470
	26	非营业货车 5～10t	1650
	27	非营业货车 10t 以上	2220
五、营业货车	28	营业货车 2t 以下	1850
	29	营业货车 2～5t	3070
	30	营业货车 5～10t	3450
	31	营业货车 10t 以上	4480
六、特种车	32	特种车一	3710
	33	特种车二	2430
	34	特种车三	1080
	35	特种车四	3980
七、摩托车	36	摩托车 50cc 及以下	80
	37	摩托车 50cc～250cc(含)	120
	38	摩托车 250cc 以上及侧三轮	400

（续）

车辆大类	序号	车辆明细分类	保费
八、拖拉机	39	农用型拖拉机 14.7kW 及以下	按保监产险[2007]53 号实行地区差别费率
	40	农用型拖拉机 14.7kW 以上	
	41	运输型拖拉机 14.7kW 及以下	
	42	运输型拖拉机 14.7kW 以上	

注：1. 座位和吨位的分类都按照“含起点不含终点”的原则来解释。

2. 特种车一：油罐车、汽罐车、液罐车；

特种车二：专用净水车、特种车一以外的罐式货车，以及用于清障、清扫、清洁、起重、装卸、升降、搅拌、挖掘、推土、冷藏、保温等的各种专用机动车；

特种车三：装有固定专用仪器设备从事专业工作的监测、消防、运钞、医疗、电视转播等的各种专用机动车；

特种车四：集装箱拖头。

3. 挂车根据实际的使用性质并按照对应吨位货车的 30%计算。

4. 低速载货汽车参照运输型拖拉机 14.7kW 以上的费率执行。

保监会在审批保险费率时，可以聘请有关专业机构进行评估，可以举行听证会听取公众意见。

(3) 保险公司的机动车交通事故责任强制保险业务，应当与其他保险业务分开管理，单独核算。

保监会应当每年对保险公司的机动车交通事故责任强制保险业务情况进行核查，并向社会公布；根据保险公司机动车交通事故责任强制保险业务的总体盈利或者亏损情况，可以要求或者允许保险公司相应调整保险费率。

调整保险费率的幅度较大的，保监会应当进行听证。

(4) 被保险机动车没有发生道路交通安全违法行为和道路交通事故的，保险公司应当在下一年度降低其保险费率。在此后的年度内，被保险机动车仍然没有发生道路交通安全违法行为和道路交通事故的，保险公司应当继续降低其保险费率，直至最低标准。被保险机动车发生道路交通安全违法行为或者道路交通事故的，保险公司应当在下一年度提高其保险费率。多次发生道路交通安全违法行为、道路交通事故，或者发生重大道路交通事故的，保险公司应当加大提高其保险费率的幅度。在道路交通事故中被保险人没有过错的，不提高其保险费率。降低或者提高保险费率的标准，由保监会会同国务院公安部门制定。

(5) 保监会、国务院公安部门、国务院农业主管部门以及其他有关部门应当逐步建立有关机动车交通事故责任强制保险、道路交通安全违法行为和道路交通事故的信息共享机制。

(6) 投保人在投保时应当选择具备从事机动车交通事故责任强制保险业务资格的保险公司，被选择的保险公司不得拒绝或者拖延承保。

保监会应当将具备从事机动车交通事故责任强制保险业务资格的保险公司向社会公示。

(7) 投保人投保时，应当向保险公司如实告知重要事项。

重要事项包括机动车的种类、厂牌型号、识别代码、牌照号码、使用性质和机动车所有人或者管理人的姓名(名称)、性别、年龄、住所、身份证或者驾驶证号码(组织机构代码)、续保前该机动车发生事故的情况以及保监会规定的其他事项。

(8) 签订机动车交通事故责任强制保险合同时，投保人应当一次支付全部保险费；保险公司应当向投保人签发保险单、保险标志。保险单、保险标志应当注明保险单号码、车牌号码、保险期限、保险公司的名称、地址和理赔电话号码。

被保险人应当在被保险机动车上放置保险标志。

保险标志式样全国统一。保险单、保险标志由保监会监制。任何单位或者个人不得伪造、变造或者使用伪造、变造的保险单、保险标志。图 5.1、图 5.2 所示分别为保险单和保险标志样张。

中国保险监督管理委员会监制　　　　限在XX省(市,自治区)销售

机动车交通事故责任强制保险单(正本)

LOGO　　XXXX保险公司

(地区简称)：

保险单号：

<table>
<tr><td colspan="2">被保险人</td><td colspan="6"></td></tr>
<tr><td colspan="3">被保险人身份证号码(组织机构代码)</td><td colspan="5"></td></tr>
<tr><td colspan="2">地址</td><td colspan="3"></td><td>联系电话</td><td colspan="2"></td></tr>
<tr><td rowspan="4">被保险机动车</td><td>号牌号码</td><td></td><td>机动车种类</td><td></td><td>使用性质</td><td colspan="2"></td></tr>
<tr><td>发动机号码</td><td></td><td>识别代码(车型号)</td><td colspan="4"></td></tr>
<tr><td>厂牌型号</td><td></td><td>核定载客</td><td>人</td><td>核定载质量</td><td colspan="2">千克</td></tr>
<tr><td>排量</td><td></td><td>功率</td><td></td><td>登记日期</td><td colspan="2"></td></tr>
<tr><td rowspan="3">责任限牌</td><td>死亡伤残赔偿限额</td><td colspan="2">110000元</td><td colspan="2">无责任死亡伤残赔偿限额</td><td colspan="2">11000元</td></tr>
<tr><td>医疗费用赔偿限额</td><td colspan="2">10000元</td><td colspan="2">无责任医疗费用赔偿限额</td><td colspan="2">1000元</td></tr>
<tr><td>财产损失赔偿限额</td><td colspan="2">2000元</td><td colspan="2">无责任财产损失赔偿限额</td><td colspan="2">100元</td></tr>
<tr><td colspan="8">与道路交通安全违法行为和道路交通事故相联系的浮动比率　　%</td></tr>
<tr><td colspan="8">保险费合计(人民币大写)：　(¥　元)　其中救助基金(　%)　¥　元</td></tr>
<tr><td colspan="8">保险期间自　年　月　日零时起至　年　月　日二十四时止</td></tr>
<tr><td colspan="2">保险合同争议解决方式</td><td colspan="6"></td></tr>
<tr><td rowspan="4">代收车牌税</td><td>整备质量</td><td colspan="2"></td><td>纳税人识别号</td><td colspan="3"></td></tr>
<tr><td>当年应缴</td><td>¥　元</td><td>往年补缴</td><td>¥　元</td><td>滞纳金</td><td colspan="2">¥　元</td></tr>
<tr><td colspan="7">合计(人民币大写)：　(¥　元)</td></tr>
<tr><td>完税凭证号(减免税证明号)</td><td colspan="2"></td><td>开具税务机关</td><td colspan="3"></td></tr>
<tr><td>特别约定</td><td colspan="7"></td></tr>
<tr><td>重要提示</td><td colspan="7">1.请详细阅读保险条款，将牌是责任免除和投错人，被保险人义务。
2.收到本保险单后，请立即核对，如有不符或疏漏，请及时通知保险人并办理变更或补充手续。
3.保险费应一次性交清，请您及时核对保险单和发票(收据)，如有不符，请及时与保险人联系。
4.设保人应如实告知对保险费计算有影响的或被保险机动车因改装，加装，改变使用性质等导致危险程度增加的重要事项，并及时通知保险人办理批改手续。
5.被保险人应当在交通事故发生后及时通知保险人。</td></tr>
<tr><td>保险人</td><td colspan="7">公司名称：
公司地址：
邮政编码：　服务电话：　签单日期：　(保险人签章)</td></tr>
</table>

第四联 交投保人

核保：　　制单：　　经办：

图 5.1　保单样张

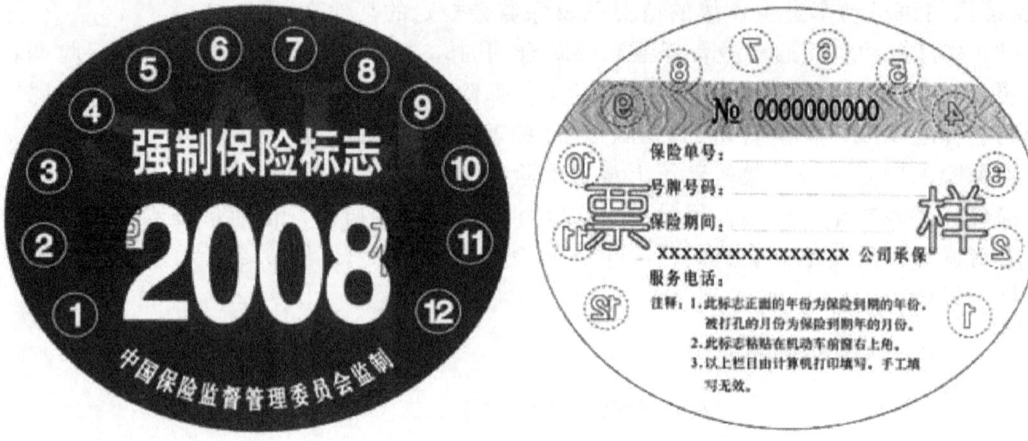

交通事故责任强制保险标志正面图片　　　　反面图片

图 5.2　机动车交通事故责任强制险保险标志图样

（9）签订机动车交通事故责任强制保险合同时，投保人不得在保险条款和保险费率之外，向保险公司提出附加其他条件的要求。

签订机动车交通事故责任强制保险合同时，保险公司不得强制投保人订立商业保险合同以及提出附加其他条件的要求。

（10）保险公司不得解除机动车交通事故责任强制保险合同；但是，投保人对重要事项未履行如实告知义务的除外。

投保人对重要事项未履行如实告知义务，保险公司解除合同前，应当书面通知投保人，投保人应当自收到通知之日起 5 日内履行如实告知义务；投保人在上述期限内履行如实告知义务的，保险公司不得解除合同。

（11）保险公司解除机动车交通事故责任强制保险合同的，应当收回保险单和保险标志，并书面通知机动车管理部门。

（12）投保人不得解除机动车交通事故责任强制保险合同，但有下列情形之一的除外。

① 被保险机动车被依法注销登记的。

② 被保险机动车办理停驶的。

③ 被保险机动车经公安机关证实丢失的。

（13）机动车交通事故责任强制保险合同解除前，保险公司应当按照合同承担保险责任。

合同解除时，保险公司可以收取自保险责任开始之日起至合同解除之日止的保险费，剩余部分的保险费退还投保人。

（14）被保险机动车所有权转移的，应当办理机动车交通事故责任强制保险合同变更手续。

（15）机动车交通事故责任强制保险合同期满，投保人应当及时续保，并提供上一年度的保险单。

（16）机动车交通事故责任强制保险的保险期间为 1 年，但有下列情形之一的，投保人可以投保短期机动车交通事故责任强制保险。

① 境外机动车临时入境的。
② 机动车临时上道路行驶的。
③ 机动车距规定的报废期限不足1年的。
④ 保监会规定的其他情形。

阅读材料5-1

国外的交强险

国外一些国家实行交强险时间较长、制度也较完善，从中不难得到“合情合理”的启发。

1. 高额赔付

德国赔偿金额最高可达1亿欧元，德国自1939年11月实行首部《车主赔偿责任保险法》，目前该法规已发展成为欧盟内部通用的交强险法规。德国交强险市场经过70多年的发展已相当完善。该法规规定，所有机动车的车主有缴纳赔偿责任险的义务，“车主不缴纳强制险是一种犯罪行为”，将受到刑事处罚。

德国法律规定，所有保险公司的交强险最高赔付额不得低于一定限额，如人身伤害不低于每人250万欧元，车辆损失最高标准不低于50万欧元。法律还规定，根据事故性质，总赔偿金额最高可达5000万到1亿欧元，单个人的人身伤害险最高赔偿可达800万欧元。

实际上，在大部分交通事故中赔偿金额都低于这些限额。在现实操作中，保险公司赔付金额基本涵盖了受害方全部人身医疗费用和车辆修理费以及由于事故造成的相关损失。

2. 竞争激烈

保险公司各具特色，车主可自由选择。

依据法律规定和各保险公司的操作办法，德国已经形成了一套完善的交强险费率核算办法。政府和保险公司网站均提供公开的费率计算软件，车主可根据自身状况估算相关费率，自主选择保险公司，并且与保险公司之间有相当大的谈判空间。德国交强险市场完全开放，只要是具备相应资质的保险公司，无论是本土公司还是国外公司都可经营交强险，各保险公司为争夺市场竞争激烈，同时也形成了各自鲜明的业务优势。例如，针对新手车主而言，根据一般规定均需要按照最高等级缴纳年费，费率都在240%左右。但一些公司对新手实行100%费率，受到新司机的欢迎，甚至在同一家保险公司的不同代理之间，交强险的费率、服务水平等都存在很大差异，这是市场激烈竞争的结果。在政府法规和行业协会的严格管理下，业内也并没有出现恶性竞争的现象。

3. 零利润

日本保费执行“成本价主义”。

1955年，日本通过《机动车第三者责任保险法》，开始实施交强险，保费执行“成本价主义”，实行“无损失、无利润”原则，不允许有盈利目的机构的介入，费率由中立组织财险费率算定机构估算后呈报金融厅，经过90天的审查后，才可使用该费率。费率的制定主要参考投保汽车数量、事故率、每件事故平均赔偿金额等情况。为了保证保险公司不亏损，规定另征收附加保险费作为手续费，对死亡事故车主还要追加保险费。

4. 跨国赔偿

欧盟绿卡轻松走“天下”。

1931年，英国开始正式实施交强险。在认定交通事故责任时，英国全面实行“过失责任制”，只有机动车驾驶员有过错或者过失时才依法承担民事赔偿责任。欧盟所属成员国建立了类似英国的保险制度，凡持有汽车保险局所属会员公司签发的绿卡者，在国外肇事造成赔偿责任时，可以通知当地汽车保险局根据强制保险内容支付赔款，而后再由该保险局向肇事汽车所属的汽车保险局追偿。此举大大减少了纠纷。

5. 透明核算

德国浮动费率分30个等级。

德国交强险实行浮动费率制，根据车主的不同情况，实际缴纳的年费从不足100欧元到超过2000欧元，差异很大。

据法律规定，德国交强险费率核算的依据包括硬性指标和软性指标两部分。一般先根据车主的不同硬性指标来统计交强险的大致数额，然后再根据软性指标进行相应调整。硬性指标包括开车年限、居住地区和车辆类型3个主要标准，软性指标则更体现出费率核算的个性化，如车辆使用人数、日常停车位置、驾车者年龄和性别、驾驶时间、车辆寿命，甚至包括车主是自有房屋还是租房生活，车主家庭是否有孩子等。这些都是核算车主潜在风险水平的重要指标。根据核算结果，不同车主将被归为不同等级，按照该等级相应标准确定保险年费，同时根据每年车主状况进行年度调整。总体而言，德国交强险基准年费在500～800欧元左右。法律规定，根据车主情况可以分为30个等级，实际费率为基准年费的30%～245%不等。其中，有26个等级费率在100%以下(含100%)，有4个等级费率超过100%。

6. 范围广泛

德国精神损失也能赔。

德国交强险赔付范围相当广泛，包括人身伤害、车辆和财产损失，甚至还包括误工损失、交通补贴、精神损失赔偿等。

美国“无过失赔偿”优先惠及伤员。

美国是世界“超级汽车大国”，为这个“汽车轮子上的国家”保驾护航的，正是历史悠久的美国汽车保险。1927年，美国马萨诸塞州颁布并开始实施《强制汽车责任保险法》，汽车强制保险开始在美国盛行。

美国汽车保险制度特色之一是无过失赔偿保险。这种保险是指在事故发生时，为了及时对受伤者进行治疗而不至于贻误伤情，当事双方暂时放弃对车祸责任的争议，而向自己保险公司请求赔付的一种保险。无过失赔付只针对车祸中车内的受伤人员，一旦发生车祸，双方无需证明责任归属，各方保险公司都可向投保人提供赔偿。

日本"任意保险"有益补充。

日本强制保险赔偿最高额有一定限度，从导致被害人死亡的判决案例来看，强制保险最高赔偿的4000万日元远远不够，实际判决中，2亿日元以上的案例可以说屡见不鲜，东京地方法院1995年判给一位因车祸留下后遗症的公司职员的赔偿额竟然高达2.9亿日元。如果遇上这种情况，仅仅依靠加入强制保险，责任人通常倾家荡产也赔不起。为了避免这种情况，除加入强制保险之外，很多人还会选择加入任意保险，每年保费为18万日元左右。任意保险的好处是，出现人身伤亡事故，加入任意保险不会倾家荡产，法院无论判多少都由保险公司支付，车辆损失也一样，不管是谁的责任，保险公司都负责赔偿。

5.2.3 赔偿

(1) 被保险机动车发生道路交通事故造成本车人员、被保险人以外的受害人人身伤亡、财产损失的，由保险公司依法在机动车交通事故责任强制保险责任限额范围内予以赔偿。

道路交通事故的损失是由受害人故意造成的，保险公司不予赔偿。

(2) 有下列情形之一的，保险公司在机动车交通事故责任强制保险责任限额范围内垫付抢救费用，并有权向致害人追偿。

① 驾驶人未取得驾驶资格或者醉酒的。

② 被保险机动车被盗抢期间肇事的。

③ 被保险人故意制造道路交通事故的。

有前款所列情形之一，发生道路交通事故的，造成受害人的财产损失，保险公司不承担赔偿责任。

(3) 机动车交通事故责任强制保险在全国范围内实行统一的责任限额。责任限额分为死亡伤残赔偿限额、医疗费用赔偿限额、财产损失赔偿限额以及被保险人在道路交通事故中无责任的赔偿限额。

机动车交通事故责任强制保险责任限额由保监会会同国务院公安部门、国务院卫生主管部门、国务院农业主管部门规定。

(4) 国家设立道路交通事故社会救助基金(以下简称救助基金)。有下列情形之一时，道路交通事故中受害人人身伤亡的丧葬费用、部分或者全部抢救费用，由救助基金先行垫付，救助基金管理机构有权向道路交通事故责任人追偿。

① 抢救费用超过机动车交通事故责任强制保险责任限额的。

② 肇事机动车未参加机动车交通事故责任强制保险的。

③ 机动车肇事后逃逸的。

(5) 救助基金的来源包括如下几个方面。

① 按照机动车交通事故责任强制保险的保险费的一定比例提取的资金。

② 对未按照规定投保机动车交通事故责任强制保险的机动车的所有人、管理人的罚款。

③ 救助基金管理机构依法向道路交通事故责任人追偿的资金。

④ 救助基金孳息。

⑤ 其他资金。

(6) 救助基金的具体管理办法，由国务院财政部门会同保监会、国务院公安部门、国务院卫生主管部门、国务院农业主管部门制定试行。

(7) 被保险机动车发生道路交通事故，被保险人或者受害人通知保险公司的，保险公司应当立即给予答复，告知被保险人或者受害人具体的赔偿程序等有关事项。

(8) 被保险机动车发生道路交通事故的，由被保险人向保险公司申请赔偿保险金。保险公司应当自收到赔偿申请之日起 1 日内，书面告知被保险人需要向保险公司提供的与赔偿有关的证明和资料。

(9) 保险公司应当自收到被保险人提供的证明和资料之日起 5 日内，对是否属于保险责任做出核定，并将结果通知被保险人；对不属于保险责任的，应当书面说明理由；对属于保险责任的，在与被保险人达成赔偿保险金的协议后 10 日内，赔偿保险金。

(10) 被保险人与保险公司对赔偿有争议的，可以依法申请仲裁或者向人民法院提起诉讼。

(11) 保险公司可以向被保险人赔偿保险金，也可以直接向受害人赔偿保险金。但是，因抢救受伤人员需要保险公司支付或者垫付抢救费用的，保险公司在接到公安机关交通管理部门通知后，经核对应当及时向医疗机构支付或者垫付抢救费用。

因抢救受伤人员需要救助基金管理机构垫付抢救费用的，救助基金管理机构在接到公安机关交通管理部门通知后，经核对应当及时向医疗机构垫付抢救费用。

(12) 医疗机构应当参照国务院卫生主管部门组织制定的有关临床诊疗指南，抢救、治疗道路交通事故中的受伤人员。

(13) 保险公司赔偿保险金或者垫付抢救费用，救助基金管理机构垫付抢救费用，需要向有关部门、医疗机构核实有关情况的，有关部门、医疗机构应当予以配合。

(14) 保险公司、救助基金管理机构的工作人员对当事人的个人隐私应当保密。

(15) 道路交通事故损害赔偿项目和标准依照有关法律的规定执行。

5.2.4 罚则

(1) 未经保监会批准，非法从事机动车交通事故责任强制保险业务的，由保监会予以取缔；构成犯罪的，依法追究刑事责任；尚不构成犯罪的，由保监会没收违法所得，违法所得 20 万元以上的，并处违法所得 1 倍以上 5 倍以下罚款；没有违法所得或者违法所得不足 20 万元的，处 20 万元以上 100 万元以下罚款。

(2) 保险公司未经保监会批准从事机动车交通事故责任强制保险业务的，由保监会责令改正，责令退还收取的保险费，没收违法所得，违法所得 10 万元以上的，并处违法所得 1 倍以上 5 倍以下罚款；没有违法所得或者违法所得不足 10 万元的，处 10 万元以上 50 万元以下罚款；逾期不改正或者造成严重后果的，责令停业整顿或者吊销经营保险业务许可证。

(3) 保险公司违反本条例规定，有下列行为之一的，由保监会责令改正，处5万元以上30万元以下罚款；情节严重的，可以限制业务范围、责令停止接受新业务或者吊销经营保险业务许可证。

① 拒绝或者拖延承保机动车交通事故责任强制保险的。

② 未按照统一的保险条款和基础保险费率从事机动车交通事故责任强制保险业务的。

③ 未将机动车交通事故责任强制保险业务和其他保险业务分开管理，单独核算的。

④ 强制投保人订立商业保险合同的。

⑤ 违反规定解除机动车交通事故责任强制保险合同的。

⑥ 拒不履行约定的赔偿保险金义务的。

⑦ 未按照规定及时支付或者垫付抢救费用的。

(4) 机动车所有人、管理人未按照规定投保机动车交通事故责任强制保险的，由公安机关交通管理部门扣留机动车，通知机动车所有人、管理人依照规定投保，处依照规定投保最低责任限额应缴纳的保险费的2倍罚款。

机动车所有人、管理人依照规定补办机动车交通事故责任强制保险的，应当及时退还机动车。

(5) 上道路行驶的机动车未放置保险标志的，公安机关交通管理部门应当扣留机动车，通知当事人提供保险标志或者补办相应手续，可以处警告或者20元以上200元以下罚款。

当事人提供保险标志或者补办相应手续的，应当及时退还机动车。

(6) 伪造、变造或者使用伪造、变造的保险标志，或者使用其他机动车的保险标志，由公安机关交通管理部门予以收缴，扣留该机动车，处200元以上2000元以下罚款；构成犯罪的，依法追究刑事责任。

当事人提供相应的合法证明或者补办相应手续的，应当及时退还机动车。

5.2.5 附则

(1) 本条例下列用语的含义。

① 投保人，是指与保险公司订立机动车交通事故责任强制保险合同，并按照合同负有支付保险费义务的机动车的所有人、管理人。

② 被保险人，是指投保人及其允许的合法驾驶人。

③ 抢救费用，是指机动车发生道路交通事故导致人员受伤时，医疗机构参照国务院卫生主管部门组织制定的有关临床诊疗指南，对生命体征不平稳和虽然生命体征平稳但如果不采取处理措施会产生生命危险，或者导致残疾、器官功能障碍，或者导致病程明显延长的受伤人员，采取必要的处理措施所发生的医疗费用。

(2) 机动车在道路以外的地方通行时发生事故，造成人身伤亡、财产损失的赔偿，比照适用本条例。

(3) 中国人民解放军和中国人民武装警察部队在编机动车参加机动车交通事故责任强制保险的办法，由中国人民解放军和中国人民武装警察部队另行规定。

(4) 机动车所有人、管理人自本条例施行之日起3个月内投保机动车交通事故责任强制保险；本条例施行前已经投保商业性机动车第三者责任保险的，保险期满，应当投保机动车交通事故责任强制保险。

（5）条例自2006年7月1日起施行。

5.3 机动车交通事故责任强制保险条款

5.3.1 总则

（1）根据《中华人民共和国道路交通安全法》《中华人民共和国保险法》《机动车交通事故责任强制保险条例》等法律、行政法规，制定本条款。

（2）机动车交通事故责任强制保险(以下简称交强险)合同由本条款与投保单、保险单、批单和特别约定共同组成。凡与交强险合同有关的约定，都应当采用书面形式。

（3）交强险费率实行与被保险机动车道路交通安全违法行为、交通事故记录相联系的浮动机制。

签订交强险合同时，投保人应当一次支付全部保险费。保险费按照中国保险监督管理委员会(以下简称保监会)批准的交强险费率计算。

5.3.2 定义

（1）交强险合同中的被保险人是指投保人及其允许的合法驾驶人。

投保人是指与保险人订立交强险合同，并按照合同负有支付保险费义务的机动车的所有人、管理人。

（2）交强险合同中的受害人是指因被保险机动车发生交通事故遭受人身伤亡或者财产损失的人，但不包括被保险机动车本车车上人员、被保险人。

（3）交强险合同中的责任限额是指被保险机动车发生交通事故，保险人对每次保险事故所有受害人的人身伤亡和财产损失所承担的最高赔偿金额。责任限额分为死亡伤残赔偿限额、医疗费用赔偿限额、财产损失赔偿限额以及被保险人在道路交通事故中无责任的赔偿限额。其中无责任的赔偿限额分为无责任死亡伤残赔偿限额、无责任医疗费用赔偿限额以及无责任财产损失赔偿限额。

（4）交强险合同中的抢救费用是指被保险机动车发生交通事故导致受害人受伤时，医疗机构对生命体征不平稳和虽然生命体征平稳但如果不采取处理措施会产生生命危险，或者导致残疾、器官功能障碍，或者导致病程明显延长的受害人，参照国务院卫生主管部门组织制定的交通事故人员创伤临床诊疗指南和国家基本医疗保险标准，采取必要的处理措施所发生的医疗费用。

5.3.3 保险责任

在中华人民共和国境内(不含港、澳、台地区)，被保险人在使用被保险机动车过程中发生交通事故，致使受害人遭受人身伤亡或者财产损失，依法应当由被保险人承担的损害赔偿责任，保险人按照交强险合同的约定对每次事故在下列赔偿限额内负责赔偿。

① 死亡伤残赔偿限额为110000元。

② 医疗费用赔偿限额为10000元。

③ 财产损失赔偿限额为2000元。

④ 被保险人无责任时，无责任死亡伤残赔偿限额为11000元；无责任医疗费用赔偿限额为1000元；无责任财产损失赔偿限额为100元。

死亡伤残赔偿限额和无责任死亡伤残赔偿限额项下负责赔偿丧葬费、死亡补偿费、受害人亲属办理丧葬事宜支出的交通费用、残疾赔偿金、残疾辅助器具费、护理费、康复费、交通费、被扶养人生活费、住宿费、误工费，被保险人依照法院判决或者调解承担的精神损害抚慰金。

医疗费用赔偿限额和无责任医疗费用赔偿限额项下负责赔偿医药费、诊疗费、住院费、住院伙食补助费，必要的、合理的后续治疗费、整容费、营养费。

5.3.4 垫付与追偿

被保险机动车在本条①至④之一的情形下发生交通事故，造成受害人受伤需要抢救的，保险人在接到公安机关交通管理部门的书面通知和医疗机构出具的抢救费用清单后，按照国务院卫生主管部门组织制定的交通事故人员创伤临床诊疗指南和国家基本医疗保险标准进行核实。对于符合规定的抢救费用，保险人在医疗费用赔偿限额内垫付。被保险人在交通事故中无责任的，保险人在无责任医疗费用赔偿限额内垫付。对于其他损失和费用，保险人不负责垫付和赔偿。

① 驾驶人未取得驾驶资格的。

② 驾驶人醉酒的。

③ 被保险机动车被盗抢期间肇事的。

④ 被保险人故意制造交通事故的。

对于垫付的抢救费用，保险人有权向致害人追偿。

5.3.5 责任免除

下列损失和费用，交强险不负责赔偿和垫付。

① 因受害人故意造成的交通事故的损失。

② 被保险人所有的财产及被保险机动车上的财产遭受的损失。

③ 被保险机动车发生交通事故，致使受害人停业、停驶、停电、停水、停气、停产、通讯或者网络中断、数据丢失、电压变化等造成的损失以及受害人财产因市场价格变动造成的贬值、修理后因价值降低造成的损失等其他各种间接损失。

④ 因交通事故产生的仲裁或者诉讼费用以及其他相关费用。

5.3.6 保险期间

除国家法律、行政法规另有规定外，交强险合同的保险期间为一年，以保险单载明的起止时间为准。

5.3.7 投保人、被保险人义务

(1) 投保人投保时，应当如实填写投保单，向保险人如实告知重要事项，并提供被保

险机动车的行驶证和驾驶证复印件。重要事项包括机动车的种类、厂牌型号、识别代码、号牌号码、使用性质和机动车所有人或者管理人的姓名(名称)、性别、年龄、住所、身份证或者驾驶证号码(组织机构代码)、续保前该机动车发生事故的情况以及保监会规定的其他事项。

投保人未如实告知重要事项，对保险费计算有影响的，保险人按照保单年度重新核定保险费计收。

(2) 签订交强险合同时，投保人不得在保险条款和保险费率之外，向保险人提出附加其他条件的要求。

(3) 投保人续保的，应当提供被保险机动车上一年度交强险的保险单。

(4) 在保险合同有效期内，被保险机动车因改装、加装、使用性质改变等导致危险程度增加的，被保险人应当及时通知保险人，并办理批改手续。否则，保险人按照保单年度重新核定保险费计收。

(5) 被保险机动车发生交通事故，被保险人应当及时采取合理、必要的施救和保护措施，并在事故发生后及时通知保险人。

(6) 发生保险事故后，被保险人应当积极协助保险人进行现场查勘和事故调查。

发生与保险赔偿有关的仲裁或者诉讼时，被保险人应当及时书面通知保险人。

5.3.8 赔偿处理

(1) 被保险机动车发生交通事故的，由被保险人向保险人申请赔偿保险金。被保险人索赔时，应当向保险人提供以下材料。

① 交强险的保险单。

② 被保险人出具的索赔申请书。

③ 被保险人和受害人的有效身份证明、被保险机动车行驶证和驾驶人的驾驶证。

④ 公安机关交通管理部门出具的事故证明，或者人民法院等机构出具的有关法律文书及其他证明。

⑤ 被保险人根据有关法律法规规定选择自行协商方式处理交通事故的，应当提供依照《交通事故处理程序规定》规定的记录交通事故情况的协议书。

⑥ 受害人财产损失程度证明、人身伤残程度证明、相关医疗证明以及有关损失清单和费用单据。

⑦ 其他与确认保险事故的性质、原因、损失程度等有关的证明和资料。

(2) 保险事故发生后，保险人按照国家有关法律法规规定的赔偿范围、项目和标准以及交强险合同的约定，并根据国务院卫生主管部门组织制定的交通事故人员创伤临床诊疗指南和国家基本医疗保险标准，在交强险的责任限额内核定人身伤亡的赔偿金额。

(3) 因保险事故造成受害人人身伤亡的，未经保险人书面同意，被保险人自行承诺或支付的赔偿金额，保险人在交强险责任限额内有权重新核定。

因保险事故损坏的受害人财产需要修理的，被保险人应当在修理前会同保险人检验，协商确定修理或者更换项目、方式和费用。否则，保险人在交强险责任限额内有权重新核定。

(4) 被保险机动车发生涉及受害人受伤的交通事故，因抢救受害人需要保险人支付抢救费用的，保险人在接到公安机关交通管理部门的书面通知和医疗机构出具的抢救费用清单后，按照国务院卫生主管部门组织制定的交通事故人员创伤临床诊疗指南和国家基本医疗保险标准进行核实。对于符合规定的抢救费用，保险人在医疗费用赔偿限额内支付。被保险人在交通事故中无责任的，保险人在无责任医疗费用赔偿限额内支付。

5.3.9 合同变更与终止

（1）在交强险合同有效期内，被保险机动车所有权发生转移的，投保人应当及时通知保险人，并办理交强险合同变更手续。

（2）在下列三种情况下，投保人可以要求解除交强险合同。

① 被保险机动车被依法注销登记的。

② 被保险机动车办理停驶的。

③ 被保险机动车经公安机关证实丢失的。

交强险合同解除后，投保人应当及时将保险单、保险标志交还保险人；无法交回保险标志的，应当向保险人说明情况，征得保险人同意。

（3）发生《机动车交通事故责任强制保险条例》所列明的投保人、保险人解除交强险合同的情况时，保险人按照日费率收取自保险责任开始之日起至合同解除之日止期间的保险费。

5.3.10 附则

（1）因履行交强险合同发生争议的，由合同当事人协商解决。

协商不成的，提交保险单载明的仲裁委员会仲裁。保险单未载明仲裁机构或者争议发生后未达成仲裁协议的，可以向人民法院起诉。

（2）交强险合同争议处理适用中华人民共和国法律。

（3）条款未尽事宜，按照《机动车交通事故责任强制保险条例》执行。

【关键术语】

交强险　保险责任　保险人　被保险人

【综合练习】

1. 什么是强制汽车保险责任？它具有哪些特征？
2. 交强险与第三者责任险有哪些区别？
3. 简述《机动车交通事故责任强制保险条例》的主要特点。
4. 交强险保险责任是如何规定的？
5. 《机动车交通事故责任强制保险条例》规定交强险不负责赔偿和垫付的损失和费用有哪些？

第6章
机动车商业保险

本章教学要点

知识要点	掌握程度	相关知识
机动车损失险	掌握机动车损失险的含义； 熟悉保险责任的范围； 熟悉保险的责任免除； 掌握机动车损失险保费的计算方法	机动车损失险的含义； 保险责任的范围； 保险的责任免除； 机动车损失险保费的计算方法
机动车第三者责任保险	熟悉此保险责任免除范围； 掌握交强险与第三者责任险的关系； 掌握机动车第三者责任险保费计算	保险责任免除范围； 交强险与第三者责任险的关系； 机动车第三者责任险保费计算
附加险及特约条款	掌握附加险各险种的含义及其相应保费计算方法； 熟悉附加险的责任免除	附加险的含义及其相应保费计算方法； 附加险的责任免除

导入案例

2014年6月18日下午14时50分，楼先生驾驶着心爱的宝马车在浙江省诸暨市某路段行驶，不想因倒车时的一时疏忽造成了交通事故。看到爱车“挂花”，楼先生心痛不已，立即向保险公司报案，保险公司表示由于交通事故发生地没有该公司的分支机构，故无法到场，要求楼先生直接在当地修理后回沪办理理赔。诸暨市交巡警大队也随即委托价格认证中心对车辆进行鉴定，确认维修费用共计1.27万余元，评估费400元。次日，诸暨市某修理厂对楼先生的宝马车进行了维修，修理厂应楼先生的请求还出具了证明材料，载明：“……该交通事故车辆修复前，应车主及保险公司要求，协助用数码相机拍出损坏部位照片，并发到保险公司提供的电子邮箱内。”

然而，当楼先生手持保险合同准备理赔时，保险公司却拒绝赔偿。楼先生一气之下将保险公司告上法庭，要求其赔偿修理费用。

保险公司答辩称，交通事故发生后，考虑到宝马车辆只有上海和杭州才有配件，公司曾经要求楼先生将车辆运回上海修理，但楼先生却私自在当地修理，导致损失的扩大。根据楼先生在交通事故后发给保险公司的车辆照片看，保险公司已于6月21日向车主出具了车损情况简易确认书，确认车辆损失2369.50元，与楼先生的修理支出相去甚远。所以保险公司不同意支付楼先生13120元的诉讼请求。保险公司向法院提供了宝马车特约维修商宝信公司的估价单，根据受损车辆的照片，宝信公司估价确认该车的各类维修费用合计为3765.75元。

法院经审理后认为：被告保险公司提供的宝信公司估价单是依据受损车辆照片所作的评估，并非现场查勘。而原告楼先生提交的价格认证中心鉴定结论书系权威机构做出，其可信性优于宝信公司的估价单。根据《机动车辆损失保险条款》的规定，保险人接到报案后48h内未进行查勘且未给予受理意见，造成财产损失无法确定的，以被保险人提供的财产损毁照片、损失清单、交通事故证明和修理发票作为赔付理算依据，原告现已提交相关的理赔材料，被告应当依此进行理赔，故法院支持了原告楼先生。

车辆碰撞的事件几乎每天都在发生，它会对汽车造成不同程度的损伤，与之相对应的就是上述案例所涉及的车损险。所谓车损险，是指保险车辆遭受保险责任范围内的自然灾害或意外事故，造成保险车辆本身损失，保险人依照保险合同的规定给予赔偿。车损险是商业险的一种，商业险还包括很多其他险种。

伴随着交强险的出台与正式实施，为了尽快完成商业车险与交强险的衔接，进一步规范车险经营，中国保险行业协会集中全行业精算力量于2006年制定了三套指导性条款，即机动车商业保险行业基本条款A款、B款和C款。这三套条款于交强险正式实施以前，获得了保监会批准，各家经营车险的保险公司都将从这三款商业车险中选择一款销售。这也就意味着随着交强险的推行，2003年车险改革以来各家公司独立设计推行的商业三者险、车损险等车险主要费率条款将终止，取而代之的是中国保险行业协会统一制定的条款费率。

保监会明确，行业的三套三者险条款是指令性条款，所有会员公司只能从中选择一套报经保监会批准后使用；而车辆损失险条款，是行业指导性条款，各公司可选择使用，也可不选择。这三套条款，每一款都有各自的保险条款和对应费率。就目前国内经营车险的保险公司来看，较多公司采用了A款。本章即以A款为例加以介绍。

阅读材料6-1

采取A、B、C款的保险公司

A款：阳光、人保、中华联合、大地、天安、永安、安邦、华泰、大众、国寿财险、东京海上等共11家，市场份额74.66%。

B款：平安、华安、太平、永诚、阳光农业、都邦、渤海、华农、民安、安诚、安联广州、美亚上海、利宝互助重庆等13家，市场份额13.72%。

C款：太保、安华农业、上海安信、三井住友上海、中银保险等5家，市场份额也为11.62%。

本章主要介绍机动车商业保险。

6.1 机动车损失险

关于机动车损失险，行业基本条款A款主要针对了汽车的三种不同情况予以区分，主要包括：家庭自用汽车损失保险、非营业用汽车损失保险和营业用汽车损失保险。本节主要针对家庭自用汽车损失保险加以介绍，并在当中指出非营业用汽车损失保险和营业用汽车损失保险与其的不同之处。

6.1.1 概述

家庭自用汽车损失保险保险合同中的家庭自用汽车是指在中华人民共和国境内(不含港、澳、台地区)行驶的家庭或个人所有，且用途为非营业性运输的核定座位在9座以下的客车(以下简称被保险机动车)。

家庭自用汽车损失保险保险合同为不定值保险合同。保险人按照承保险别承担保险责任，附加险不能单独承保。

6.1.2 保险责任

(1) 保险期间内，被保险人或其允许的合法驾驶人在使用被保险机动车过程中，因下列原因造成被保险机动车的损失，保险人依照本保险合同的约定负责赔偿。

① 碰撞、倾覆、坠落。

② 火灾、爆炸。

③ 外界物体坠落、倒塌。

④ 暴风、龙卷风。

⑤ 雷击、雹灾、暴雨、洪水、海啸。

⑥ 地陷、冰陷、崖崩、雪崩、泥石流、滑坡。

⑦ 载运被保险机动车的渡船遭受自然灾害(只限于驾驶人随船的情形)。

与家庭自用汽车损失保险相比，在非营业用汽车损失保险保险责任中，增加了“自燃”的内容，在营业用汽车损失保险保险责任中，去除了“火灾、爆炸”的责任范围。

(2) 发生保险事故时，被保险人为防止或者减少被保险机动车的损失所支付的必要的、合理的施救费用，由保险人承担，最高不超过保险金额的数额。

6.1.3 责任免除

(1) 下列情况下，不论任何原因造成被保险机动车损失，保险人均不负责赔偿。

① 地震。

② 战争、军事冲突、恐怖活动、暴乱、扣押、收缴、没收、政府征用。

③ 竞赛、测试，在营业性维修、养护场所修理、养护期间。

④ 利用被保险机动车从事违法活动。

⑤ 驾驶人饮酒、吸食或注射毒品、被药物麻醉后使用被保险机动车。

⑥ 事故发生后，被保险人或其允许的驾驶人在未依法采取措施的情况下驾驶被保险机动车或者遗弃被保险机动车逃离事故现场，或故意破坏、伪造现场、毁灭证据。

⑦ 驾驶人有下列情形之一者：无驾驶证或驾驶证有效期已届满；驾驶的被保险机动车与驾驶证载明的准驾车型不符；持未按规定审验的驾驶证，以及在暂扣、扣留、吊销、注销驾驶证期间驾驶被保险机动车；依照法律法规或公安机关交通管理部门有关规定不允许驾驶被保险机动车的其他情况下驾车。

⑧ 非被保险人允许的驾驶人使用被保险机动车。

⑨ 被保险机动车转让他人，未向保险人办理批改手续。

⑩ 除另有约定外，发生保险事故时被保险机动车无公安机关交通管理部门核发的行驶证和号牌，或未按规定检验或检验不合格。

与家庭自用汽车损失保险相比，在非营业用汽车损失保险责任免除对应内容中，分别增加了以下内容：“教练”“实习期内驾驶执行任务的警车、消防车、救护车、工程救险车以及载有爆炸物品、易燃易爆化学物品、剧毒或者放射性等危险物品的被保险机动车，实习期内驾驶的被保险机动车牵引挂车”“使用各种专用机械车、特种车的人员无国家有关部门核发的有效操作证”。

在营业用汽车损失保险责任免除对应内容中，分别增加了以下内容：“教练”“实习期内驾驶公共汽车、营运客车或者载有爆炸物品、易燃易爆化学物品、剧毒或者放射性等危险物品的被保险机动车，实习期内驾驶的被保险机动车牵引挂车”“使用各种专用机械车、特种车的人员无国家有关部门核发的有效操作证，驾驶营业性客车的驾驶人无国家有关部门核发的有效资格证书”。

(2) 被保险机动车的下列损失和费用，保险人不负责赔偿。

① 自然磨损、朽蚀、腐蚀、故障。

② 玻璃单独破碎，车轮单独损坏。

③ 无明显碰撞痕迹的车身划痕。

④ 人工直接供油、高温烘烤造成的损失。

⑤ 自燃以及不明原因火灾造成的损失。

⑥ 遭受保险责任范围内的损失后，未经必要修理继续使用被保险机动车，致使损失扩大的部分。

⑦ 因污染(含放射性污染)造成的损失。

⑧ 市场价格变动造成的贬值、修理后价值降低引起的损失。

⑨ 标准配置以外新增设备的损失。

⑩ 发动机进水后导致的发动机损坏。

⑪ 被保险机动车所载货物坠落、倒塌、撞击、泄漏造成的损失。

⑫ 被盗窃、抢劫、抢夺，以及因被盗窃、抢劫、抢夺受到损坏或车上零部件、附属设备丢失。

⑬ 被保险人或驾驶人的故意行为造成的损失。

⑭ 应当由机动车交通事故责任强制保险赔偿的金额。

与家庭自用汽车损失保险相比，在非营业用汽车损失保险责任免除对应内容中，去除了“自燃以及不明原因火灾造成的损失”内容，增加了“自燃仅造成电器、线路、供油系统、供气系统的损失”的内容。

在营业用汽车损失保险责任免除对应内容中，去除了“自燃以及不明原因火灾造成的损失”内容，增加了“火灾、爆炸、自燃造成的损失”的内容。

(3) 保险人在依据本保险合同约定计算赔款的基础上，按照下列免赔率免赔。

① 负次要事故责任的免赔率为5%，负同等事故责任的免赔率为8%，负主要事故责任的免赔率为10%，负全部事故责任或单方肇事事故的免赔率为15%。

② 被保险机动车的损失应当由第三方负责赔偿的，无法找到第三方时，免赔率为30%。

③ 被保险人根据有关法律法规规定选择自行协商方式处理交通事故，不能证明事故原因的，免赔率为20%。

④ 投保时指定驾驶人，保险事故发生时为非指定驾驶人使用被保险机动车的，增加免赔率10%。

⑤ 投保时约定行驶区域，保险事故发生在约定行驶区域以外的，增加免赔率10%。

与家庭自用汽车损失保险相比，在非营业用汽车损失保险责任免除对应内容中，去除了“投保时指定驾驶人，保险事故发生时为非指定驾驶人使用被保险机动车的，增加免赔率10%”的内容。

在营业用汽车损失保险责任免除对应内容中，去除了“投保时指定驾驶人，保险事故发生时为非指定驾驶人使用被保险机动车的，增加免赔率10%”内容，增加了“违反安全装载规定的，增加免赔率5%；因违反安全装载规定导致保险事故发生的，保险人不承担赔偿责任”以及“保险期间内发生多次保险事故的，免赔率从第三次开始每次增加5%。但自然灾害引起的事故除外”的内容。

(4) 其他不属于保险责任范围内的损失和费用。

6.1.4 保险金额

保险金额由投保人和保险人从下列三种方式中选择确定，保险人根据确定保险金额的不同方式承担相应的赔偿责任。

(1) 按投保时被保险机动车的新车购置价确定。本保险合同中的新车购置价是指在保险合同签订地购置与被保险机动车同类型新车(含车辆购置税)的价格。投保时的新车购置价根据投保时保险合同签订地同类型新车的市场销售价格确定，并在保险单中载明，无同类型新车市场销售价格的，由投保人与保险人协商确定。

(2) 按投保时被保险机动车的实际价值确定。本保险合同中的实际价值是指新车购置价减去折旧金额后的价格。被保险机动车的折旧按月折旧率0.6%计算，不足一个月的部分，不计折旧。最高折旧金额不超过投保时被保险机动车新车购置价的80%。

折旧金额＝投保时的新车购置价×被保险机动车已使用月数×0.6%

在非营业用汽车损失保险和营业用汽车损失保险中，其折旧率并不是固定不变的，其折旧率分别见表6-1和表6-2。

表6-1　非营业用汽车折旧率

车辆种类	月折旧率
9座以下客车	0.60%
农用运输车	1.10%
其他车辆	0.90%

表6-2　营业用汽车折旧率

车辆种类	月折旧率	
	出租	其他
客车	1.10%	0.90%
微型载货汽车	1.10%	1.10%
带拖挂的载货汽车	1.10%	1.10%
低速载货汽车	1.40%	1.40%
其他车辆	1.10%	0.90%

折旧按月计算，不足一个月的部分，不计折旧。最高折旧金额不超过投保时被保险机动车新车购置价的80%。

折旧金额＝投保时的新车购置价×被保险机动车已使用月数×月折旧率

(3) 在投保时被保险机动车的新车购置价内协商确定。

6.1.5　保险期间

除另有约定外，保险期间为一年，以保险单载明的起讫时间为准。

6.1.6　保险人义务

(1) 保险人在承保时，应向投保人说明投保险种的保险责任、责任免除、保险期间、保险费及支付办法、投保人和被保险人义务等内容。

(2) 保险人应及时受理被保险人的事故报案，并尽快进行查勘。

保险人接到报案后48小时内未进行查勘且未给予受理意见，造成财产损失无法确定的，以被保险人提供的财产损毁照片、损失清单、事故证明和修理发票作为赔付理算依据。

(3) 保险人收到被保险人的索赔请求后，应当及时做出核定。

① 保险人应根据事故性质、损失情况，及时向被保险人提供索赔须知；审核索赔材

料后认为有关的证明和资料不完整的，应当及时通知被保险人补充提供有关的证明和资料。

② 在被保险人提供了各种必要单证后，保险人应当迅速审查核定，并将核定结果及时通知被保险人。

③ 对属于保险责任的，保险人应在与被保险人达成赔偿协议后 10 日内支付赔款。

(4) 保险人对在办理保险业务中知道的投保人、被保险人的业务和财产情况及个人隐私，负有保密的义务。

6.1.7 投保人、被保险人义务

(1) 投保人应如实填写投保单并回答保险人提出的询问，履行如实告知义务，并提供被保险机动车行驶证复印件、机动车登记证书复印件，如指定驾驶人的，应当同时提供被指定驾驶人的驾驶证复印件。

在保险期间内，被保险机动车改装、加装或从事营业运输等，导致被保险机动车危险程度增加的，应当及时书面通知保险人。否则，因被保险机动车危险程度增加而发生的保险事故，保险人不承担赔偿责任。

(2) 投保人应当在本保险合同成立时交清保险费；保险费交清前发生的保险事故，保险人不承担赔偿责任。

(3) 发生保险事故时，被保险人应当及时采取合理的、必要的施救和保护措施，防止或者减少损失，并在保险事故发生后 48 小时内通知保险人。否则，造成损失无法确定或扩大的部分，保险人不承担赔偿责任。

(4) 发生保险事故后，被保险人应当积极协助保险人进行现场查勘。

被保险人在索赔时应当提供有关证明和资料。

发生与保险赔偿有关的仲裁或者诉讼时，被保险人应当及时书面通知保险人。

(5) 因第三方对被保险机动车的损害而造成保险事故的，保险人自向被保险人赔偿保险金之日起，在赔偿金额范围内代位行使被保险人对第三方请求赔偿的权利，但被保险人必须协助保险人向第三方追偿。

由于被保险人放弃对第三方的请求赔偿的权利或过错致使保险人不能行使代位追偿权利的，保险人不承担赔偿责任或相应扣减保险赔偿金。

6.1.8 赔偿处理

(1) 被保险人索赔时，应当向保险人提供与确认保险事故的性质、原因、损失程度等有关的证明和资料。

被保险人应当提供保险单、损失清单、有关费用单据、被保险机动车行驶证和发生事故时驾驶人的驾驶证。

属于道路交通事故的，被保险人应当提供公安机关交通管理部门或法院等机构出具的事故证明、有关的法律文书(判决书、调解书、裁定书、裁决书等)和通过机动车交通事故责任强制保险获得赔偿金额的证明材料。

属于非道路交通事故的，应提供相关的事故证明。

(2) 被保险人或被保险机动车驾驶人根据有关法律法规规定选择自行协商方式处理交通事故的，应当立即通知保险人，协助保险人勘验事故各方车辆、核实事故责任，并依照

《交通事故处理程序规定》签订记录交通事故情况的协议书。

(3) 因保险事故损坏的被保险机动车，应当尽量修复。修理前被保险人应当会同保险人检验，协商确定修理项目、方式和费用。否则，保险人有权重新核定；无法重新核定的，保险人有权拒绝赔偿。

(4) 投保人在投保时选择专修厂的，保险事故发生后，保险人推荐具有被保险机动车专修资格的修理厂进行修理；投保人在投保时未选择专修厂的，保险事故发生后，保险人推荐修理资质不低于二级的修理厂进行修理。

(5) 被保险机动车遭受损失后的残余部分由保险人、被保险人协商处理。

(6) 保险人依据被保险机动车驾驶人在事故中所负的事故责任比例，承担相应的赔偿责任。

被保险人或被保险机动车驾驶人根据有关法律法规规定选择自行协商或由公安机关交通管理部门处理事故未确定事故责任比例的，按照下列规定确定事故责任比例。

① 被保险机动车方负主要事故责任的，事故责任比例为70%。

② 被保险机动车方负同等事故责任的，事故责任比例为50%。

③ 被保险机动车方负次要事故责任的，事故责任比例为30%。

(7) 保险人按下列方式赔偿。

① 按投保时被保险机动车的新车购置价确定保险金额的。

发生全部损失时，在保险金额内计算赔偿，保险金额高于保险事故发生时被保险机动车实际价值的，按保险事故发生时被保险机动车的实际价值计算赔偿。

保险事故发生时被保险机动车的实际价值根据保险事故发生时的新车购置价减去折旧金额后的价格确定。

保险事故发生时的新车购置价根据保险事故发生时保险合同签订地同类型新车的市场销售价格确定，无同类型新车市场销售价格的，由被保险人与保险人协商确定。

折旧金额＝保险事故发生时的新车购置价×被保险机动车已使用月数×0.6%

在非营业用汽车损失保险和营业用汽车损失保险中：

折旧金额＝保险事故发生时的新车购置价×被保险机动车已使用月数×月折旧率

其中，折旧率分别按照其折旧率表规定计算。

发生部分损失时，按核定修理费用计算赔偿，但不得超过保险事故发生时被保险机动车的实际价值。

② 按投保时被保险机动车的实际价值确定保险金额或协商确定保险金额的。

发生全部损失时，保险金额高于保险事故发生时被保险机动车实际价值的，以保险事故发生时被保险机动车的实际价值计算赔偿；保险金额等于或低于保险事故发生时被保险机动车实际价值的，按保险金额计算赔偿。

发生部分损失时，按保险金额与投保时被保险机动车的新车购置价的比例计算赔偿，但不得超过保险事故发生时被保险机动车的实际价值。

③ 施救费用赔偿的计算方式同①、②，在被保险机动车损失赔偿金额以外另行计算，最高不超过保险金额的数额。被施救的财产中，含有本保险合同未承保财产的，按被保险机动车与被施救财产价值的比例分摊施救费用。

(8) 被保险机动车重复保险的，保险人按照本保险合同的保险金额与各保险合同保险金额的总和的比例承担赔偿责任。

其他保险人应承担的赔偿金额，保险人不负责赔偿和垫付。

(9) 保险人受理报案、现场查勘、参与诉讼、进行抗辩、向被保险人提供专业建议等行为，均不构成保险人对赔偿责任的承诺。

(10) 下列情况下，保险人支付赔款后，本保险合同终止，保险人不退还家庭自用汽车损失保险及其附加险的保险费。

① 被保险机动车发生全部损失。

② 按投保时被保险机动车的实际价值确定保险金额的，一次赔款金额与免赔金额之和(不含施救费)达到保险事故发生时被保险机动车的实际价值。

③ 保险金额低于投保时被保险机动车的实际价值的，一次赔款金额与免赔金额之和(不含施救费)达到保险金额。

6.1.9 保险费调整

保险费调整的比例和方式以保险监管部门批准的机动车保险费率方案的规定为准。

本保险及其附加险根据上一保险期间发生保险赔偿的次数，在续保时实行保险费浮动。

6.1.10 合同变更与终止

(1) 本保险合同的内容如需变更，须经保险人与投保人书面协商一致。

(2) 在保险期间内，被保险机动车转让他人的，投保人应当书面通知保险人并办理批改手续。

(3) 保险责任开始前，投保人要求解除本保险合同的，应当向保险人支付应交保险费5%的退保手续费，保险人应当退还保险费。

保险责任开始后，投保人要求解除本保险合同的，自通知保险人之日起，本保险合同解除。保险人按短期月费率收取自保险责任开始之日起至合同解除之日止期间的保险费，并退还剩余部分保险费。短期月费率见表6-3。

表6-3 短期月费率

保险期间/月	1	2	3	4	5	6	7	8	9	10	11	12
短期月费率/%	10	20	30	40	50	60	70	80	85	90	95	100

注：保险期间不足一个月的部分，按一个月计算。

6.1.11 争议处理

因履行本保险合同发生的争议，由当事人协商解决。协商不成的，提交保险单载明的仲裁机构仲裁。保险单未载明仲裁机构或者争议发生后未达成仲裁协议的，可向人民法院起诉。

保险合同争议处理适用中华人民共和国法律。

6.1.12 其他

(1) 有关术语。

① 不定值保险合同：指双方当事人在订立保险合同时不预先确定保险标的的保险价

值，而是按照保险事故发生时保险标的的实际价值确定保险价值的保险合同。

② 碰撞：指被保险机动车与外界物体直接接触并发生意外撞击、产生撞击痕迹的现象。包括被保险机动车按规定载运货物时，所载货物与外界物体的意外撞击。

③ 倾覆：指意外事故导致被保险机动车翻倒(两轮以上离地、车体触地)，处于失去正常状态和行驶能力、不经施救不能恢复行驶的状态。

④ 坠落：指被保险机动车在行驶中发生意外事故，整车腾空后下落，造成本车损失的情况。非整车腾空，仅由于颠簸造成被保险机动车损失的，不属坠落责任。

⑤ 火灾：指被保险机动车本身以外的火源引起的、在时间或空间上失去控制的燃烧(即有热、有光、有火焰的剧烈的氧化反应)所造成的灾害。

⑥ 暴风：指风速在28.5m/s(相当于11级大风)以上的大风。风速以气象部门公布的数据为准。

⑦ 地陷：指地壳因为自然变异、地层收缩而发生突然塌陷以及海潮、河流、大雨侵蚀时，地下有孔穴、矿穴，以致地面突然塌陷。

⑧ 玻璃单独破碎：指未发生被保险机动车其他部位的损坏，仅发生被保险机动车前后风挡玻璃和左右车窗玻璃的损坏。

⑨ 车轮单独损坏：指未发生被保险机动车其他部位的损坏，仅发生轮胎、轮辋、轮毂罩的分别单独损坏，或上述三者之中任意二者的共同损坏，或三者的共同损坏。

⑩ 竞赛：指被保险机动车作为赛车参加车辆比赛活动，包括以参加比赛为目的进行的训练活动。

⑪ 测试：指对被保险机动车的性能和技术参数进行测量或试验。

⑫ 教练：指尚未取得合法机动车驾驶证，但已通过合法教练机构办理正式学车手续的学员，在固定练习场所或指定路线，并有合格教练随车指导的情况下驾驶被保险机动车。

⑬ 自燃：指在没有外界火源的情况下，由于本车电器、线路、供油系统、供气系统等被保险机动车自身原因发生故障或所载货物自身原因起火燃烧。

⑭ 污染：指被保险机动车正常使用过程中或发生事故时，由于油料、尾气、货物或其他污染物的泄漏、飞溅、排放、散落等造成被保险机动车污损或状况恶化。

⑮ 营业运输：指经由交通运输管理部门核发营运证书，被保险人或其允许的驾驶人利用被保险机动车从事旅客运输、货物运输的行为。未经交通运输管理部门核发营运证书，被保险人或其允许的驾驶人以牟利为目的，利用被保险机动车从事旅客运输、货物运输的，视为营业运输。

⑯ 单方肇事事故：指不涉及与第三方有关的损害赔偿的事故，但不包括因自然灾害引起的事故。

⑰ 转让：指以转移所有权为目的，处分被保险机动车的行为。被保险人以转移所有权为目的，将被保险机动车交付他人，但未按规定办理转移(过户)登记的，视为转让。

(2) 保险人按照保险监管部门批准的机动车保险费率方案计算保险费。

(3) 在投保家庭自用汽车损失保险的基础上，投保人可投保附加险。

6.2 机动车第三者责任险

6.2.1 概述

机动车第三者责任险保险合同中的机动车是指在中华人民共和国境内(不含港、澳、台地区)行驶，以动力装置驱动或者牵引，上道路行驶的供人员乘用或者用于运送物品以及进行专项作业的轮式车辆(含挂车)、履带式车辆和其他运载工具(以下简称被保险机动车)，但不包括摩托车、拖拉机和特种车。

保险合同中的第三者是指因被保险机动车发生意外事故遭受人身伤亡或者财产损失的人，但不包括被保险机动车本车上人员、投保人、被保险人和保险人。

6.2.2 保险责任

被保险人或其允许的合法驾驶人在使用被保险机动车过程中发生意外事故，致使第三者遭受人身伤亡或财产直接损毁，依法应当由被保险人承担的损害赔偿责任，保险人依照本保险合同的约定，对于超过机动车交通事故责任强制保险各分项赔偿限额以上的部分负责赔偿。

6.2.3 责任免除

(1) 被保险机动车造成下列人身伤亡或财产损失，不论在法律上是否应当由被保险人承担赔偿责任，保险人均不负责赔偿。

① 被保险人及其家庭成员的人身伤亡、所有或代管的财产的损失。

② 被保险机动车本车驾驶人及其家庭成员的人身伤亡、所有或代管的财产的损失。

③ 被保险机动车本车上其他人员的人身伤亡或财产损失。

(2) 下列情况下，不论任何原因造成的对第三者的损害赔偿责任，保险人均不负责赔偿。

① 地震、战争、军事冲突、恐怖活动、暴乱、扣押、收缴、没收、政府征用。

② 竞赛、测试、教练，在营业性维修、养护场所修理、养护期间。

③ 利用被保险机动车从事违法活动。

④ 驾驶人饮酒、吸食或注射毒品、被药物麻醉后使用被保险机动车。

⑤ 事故发生后，被保险人或其允许的驾驶人在未依法采取措施的情况下驾驶被保险机动车或者遗弃被保险机动车逃离事故现场，或故意破坏、伪造现场、毁灭证据。

⑥ 驾驶人有下列情形之一者：无驾驶证或驾驶证有效期已届满；驾驶的被保险机动车与驾驶证载明的准驾车型不符；实习期内驾驶公共汽车、营运客车或者载有爆炸物品、易燃易爆化学物品、剧毒或者放射性等危险物品的被保险机动车，实习期内驾驶的被保险机动车牵引挂车；持未按规定审验的驾驶证，以及在暂扣、扣留、吊销、注销驾驶证期间驾驶被保险机动车；使用各种专用机械车、特种车的人员无国家有关部门核发的有效操作证，驾驶营业性客车的驾驶人无国家有关部门核发的有效资格证书；依照法律法规或公安机关交通管理部门有关规定不允许驾驶被保险机动车的其他情况下驾车；

非被保险人允许的驾驶人使用被保险机动车；被保险机动车转让他人，未向保险人办理批改手续；除另有约定外，发生保险事故时被保险机动车无公安机关交通管理部门核发的行驶证和号牌，或未按规定检验或检验不合格；被保险机动车拖带未投保机动车交通事故责任强制保险的机动车(含挂车)或被未投保机动车交通事故责任强制保险的其他机动车拖带。

(3) 下列损失和费用，保险人不负责赔偿。

① 被保险机动车发生意外事故，致使第三者停业、停驶、停电、停水、停气、停产、通讯或者网络中断、数据丢失、电压变化等造成的损失以及其他各种间接损失。

② 精神损害赔偿。

③ 因污染(含放射性污染)造成的损失。

④ 第三者财产因市场价格变动造成的贬值、修理后因价值降低引起的损失。

⑤ 被保险机动车被盗窃、抢劫、抢夺期间造成第三者人身伤亡或财产损失。

⑥ 被保险人或驾驶人的故意行为造成的损失。

⑦ 仲裁或者诉讼费用以及其他相关费用。

⑧ 应当由机动车交通事故责任强制保险赔偿的损失和费用，保险人不负责赔偿。

保险事故发生时，被保险机动车未投保机动车交通事故责任强制保险或机动车交通事故责任强制保险合同已经失效的，对于机动车交通事故责任强制保险各分项赔偿限额以内的损失和费用，保险人不负责赔偿。

⑨ 保险人在依据本保险合同约定计算赔款的基础上，在保险单载明的责任限额内，按下列免赔率免赔。

负次要事故责任的免赔率为5%，负同等事故责任的免赔率为10%，负主要事故责任的免赔率为15%，负全部事故责任的免赔率为20%；违反安全装载规定的，增加免赔率10%；投保时指定驾驶人，保险事故发生时为非指定驾驶人使用被保险机动车的，增加免赔率10%；投保时约定行驶区域，保险事故发生在约定行驶区域以外的，增加免赔率10%。

⑩ 其他不属于保险责任范围内的损失和费用。

6.2.4 责任限额

(1) 每次事故的责任限额，由投保人和保险人在签订本保险合同时按保险监管部门批准的限额档次协商确定。

(2) 主车和挂车连接使用时视为一体，发生保险事故时，由主车保险人和挂车保险人按照保险单上载明的机动车第三者责任保险责任限额的比例，在各自的责任限额内承担赔偿责任，但赔偿金额总和以主车的责任限额为限。

6.2.5 保险期间

除另有约定外，保险期间为一年，以保险单载明的起讫时间为准。

6.2.6 保险人义务

(1) 保险人在承保时，应向投保人说明投保险种的保险责任、责任免除、保险期间、保险费及支付办法、投保人和被保险人义务等内容。

(2) 保险人应及时受理被保险人的事故报案，并尽快进行查勘。

保险人接到报案后48小时内未进行查勘且未给予受理意见，造成财产损失无法确定的，以被保险人提供的财产损毁照片、损失清单、事故证明和修理发票作为赔付理算依据。

(3) 保险人收到被保险人的索赔请求后，应当及时做出核定。

① 保险人应根据事故性质、损失情况，及时向被保险人提供索赔须知。审核索赔材料后认为有关的证明和资料不完整的，应当及时通知被保险人补充提供有关的证明和资料。

② 在被保险人提供了各种必要单证后，保险人应当迅速审查核定，并将核定结果及时通知被保险人。

③ 对属于保险责任的，保险人应在与被保险人达成赔偿协议后10日内支付赔款。

(4) 保险人对在办理保险业务中知道的投保人、被保险人的业务和财产情况及个人隐私，负有保密的义务。

6.2.7 投保人、被保险人义务

(1) 投保人应如实填写投保单并回答保险人提出的询问，履行如实告知义务，并提供被保险机动车行驶证复印件、机动车登记证书复印件，如指定驾驶人的，应当同时提供被指定驾驶人的驾驶证复印件。

在保险期间内，被保险机动车改装、加装或者被保险家庭自用汽车、非营业用汽车从事营业运输等，导致被保险机动车危险程度增加的，被保险人应当及时书面通知保险人。否则，因被保险机动车危险程度增加而发生的保险事故，保险人不承担赔偿责任。

(2) 除另有约定外，投保人应当在本保险合同成立时交清保险费。保险费交清前发生的保险事故，保险人不承担赔偿责任。

(3) 发生保险事故时，被保险人应当及时采取合理的、必要的施救和保护措施，防止或者减少损失，并在保险事故发生后48小时内通知保险人。否则，造成损失无法确定或扩大的部分，保险人不承担赔偿责任。

(4) 发生保险事故后，被保险人应当积极协助保险人进行现场查勘。被保险人在索赔时应当提供有关证明和资料。引起与保险赔偿有关的仲裁或者诉讼时，被保险人应当及时书面通知保险人。

6.2.8 赔偿处理

(1) 被保险人索赔时，应当向保险人提供与确认保险事故的性质、原因、损失程度等有关的证明和资料。

被保险人应当提供保险单、损失清单、有关费用单据、被保险机动车行驶证和发生事故时驾驶人的驾驶证。

属于道路交通事故的，被保险人应当提供公安机关交通管理部门或法院等机构出具的事故证明、有关的法律文书(判决书、调解书、裁定书、裁决书等)及其他证明。

属于非道路交通事故的，应提供相关的事故证明。

(2) 因保险事故损坏的第三者财产，应当尽量修复。修理前被保险人应当会同保险人检验，协商确定修理项目、方式和费用。否则，保险人有权重新核定或拒绝赔偿。

(3) 保险人依据被保险机动车驾驶人在事故中所负的事故责任比例，承担相应的赔偿责任。

被保险人或被保险机动车驾驶人根据有关法律、法规的规定选择自行协商，或者公安机关交通管理部门未确定交通事故责任比例的，保险人按照下列规定确定事故责任比例。

① 被保险机动车驾驶人负主要事故责任的，事故责任比例为70%。

② 被保险机动车驾驶人负同等事故责任的，事故责任比例为50%。

③ 被保险机动车驾驶人负次要事故责任的，事故责任比例为30%。

(4) 保险事故发生后，保险人按照国家有关法律、法规规定的赔偿范围、项目和标准以及本保险合同的约定，在保险单载明的责任限额内核定赔偿金额。

保险人按照国家基本医疗保险的标准核定医疗费用的赔偿金额。

未经保险人书面同意，被保险人自行承诺或支付的赔偿金额，保险人有权重新核定。不属于保险人赔偿范围或超出保险人应赔偿金额的，保险人不承担赔偿责任。

(5) 被保险机动车重复保险的，保险人按照本保险合同的责任限额与各保险合同责任限额的总和的比例承担赔偿责任。

其他保险人应承担的赔偿金额，保险人不负责赔偿和垫付。

(6) 保险人受理报案、现场查勘、参与诉讼、进行抗辩、向被保险人提供专业建议等行为，均不构成保险人对赔偿责任的承诺。

(7) 保险人支付赔款后，对被保险人追加的索赔请求，保险人不承担赔偿责任。

(8) 被保险人获得赔偿后，本保险合同继续有效，直至保险期间届满。

6.2.9 保险费调整

保险费调整的比例和方式以保险监管部门批准的机动车保险费率方案的规定为准。

本保险及其附加险根据上一保险期间发生保险赔偿的次数，在续保时实行保险费浮动。

6.2.10 合同变更和终止

(1) 本保险合同的内容如需变更，须经保险人与投保人书面协商一致。

(2) 在保险期间内，被保险机动车转让他人的，投保人应当书面通知保险人并办理批改手续。

(3) 保险责任开始前，投保人要求解除本保险合同的，应当向保险人支付应交保险费5%的退保手续费，保险人应当退还保险费。

保险责任开始后，投保人要求解除本保险合同的，自通知保险人之日起，本保险合同解除。保险人按短期月费率收取自保险责任开始之日起至合同解除之日止期间的保险费，并退还剩余部分保险费。短期月费率见表6-4。

表6-4 短期月费率

保险期间/月	1	2	3	4	5	6	7	8	9	10	11	12
短期月费率/%	10	20	30	40	50	60	70	80	85	90	95	100

注：保险期间不足一个月的部分，按一个月计算。

6.2.11 争议处理

(1) 因履行本保险合同发生的争议，由当事人协商解决。

协商不成的，提交保险单载明的仲裁机构仲裁。保险单未载明仲裁机构或者争议发生后未达成仲裁协议的，可向人民法院起诉。

(2) 本保险合同争议处理适用中华人民共和国法律。

6.2.12 其他

(1) 有关术语。

① 竞赛：指被保险机动车作为赛车参加车辆比赛活动，包括以参加比赛为目的进行的训练活动。

② 测试：指对被保险机动车的性能和技术参数进行测量或试验。

③ 教练：指尚未取得合法机动车驾驶证，但已通过合法教练机构办理正式学车手续的学员，在固定练习场所或指定路线，并有合格教练随车指导的情况下驾驶被保险机动车。

④ 污染：指被保险机动车正常使用过程中或发生事故时，由于油料、尾气、货物或其他污染物的泄漏、飞溅、排放、散落等造成被保险机动车污损或状况恶化。

⑤ 家庭自用汽车：指在中华人民共和国境内(不含港、澳、台地区)行驶的家庭或个人所有，且用途为非营业性运输的核定座位在9座以下的客车。

⑥ 非营业用汽车：指在中华人民共和国境内(不含港、澳、台地区)行驶的党政机关、企事业单位、社会团体、使领馆等机构从事公务或在生产经营活动中不以直接或间接方式收取运费或租金的自用汽车，包括客车、货车、客货两用车。

⑦ 营业运输：指经由交通运输管理部门核发营运证书，被保险人或其允许的驾驶人利用被保险机动车从事旅客运输、货物运输的行为。未经交通运输管理部门核发营运证书，被保险人或其允许的驾驶人以牟利为目的，利用被保险机动车从事旅客运输、货物运输的，视为营业运输。

⑧ 转让：指以转移所有权为目的，处分被保险机动车的行为。被保险人以转移所有权为目的，将被保险机动车交付他人，但未按规定办理转移(过户)登记的，视为转让。

(2) 保险人按照保险监管部门批准的机动车保险费率方案计算保险费。

(3) 在投保机动车第三者责任保险的基础上，投保人可投保附加险。

附加险条款未尽事宜，以本条款为准。

6.3 附加险及特约条款

6.3.1 机动车车上人员责任保险

机动车车上人员责任保险保险合同中的车上人员是指保险事故发生时在被保险机动车上的自然人。

1. 保险责任

保险期间内，被保险机动车发生意外事故造成车上人员的人身伤亡，依法应当由被保险人承担的损害赔偿责任，保险人依照本保险合同的约定负责赔偿。

2. 责任免除

(1)被保险机动车造成下列人身伤亡，不论在法律上是否应当由被保险人承担赔偿责任，保险人均不负责赔偿。

① 被保险人或驾驶人的故意行为造成的人身伤亡。

② 被保险人及驾驶人以外的其他车上人员的故意、重大过失行为造成的自身伤亡。

③ 违法、违章搭乘人员的人身伤亡。

④ 车上人员因疾病、分娩、自残、斗殴、自杀、犯罪行为造成的自身伤亡。

⑤ 车上人员在被保险机动车车下时遭受的人身伤亡。

(2)下列情况下，不论任何原因造成的对车上人员的损害赔偿责任，保险人均不负责赔偿。

① 地震、战争、军事冲突、恐怖活动、暴乱、扣押、收缴、没收、政府征用。

② 竞赛、测试、教练，在营业性维修、养护场所修理、养护期间。

③ 利用被保险机动车从事违法活动。

④ 驾驶人饮酒、吸食或注射毒品、被药物麻醉后使用被保险机动车。

⑤ 事故发生后，被保险人或其允许的驾驶人在未依法采取措施的情况下驾驶被保险机动车或者遗弃被保险机动车离开事故现场，或故意破坏、伪造现场、毁灭证据。

⑥ 驾驶人有下列情形之一者：无驾驶证或驾驶证有效期已届满；驾驶的被保险机动车与驾驶证载明的准驾车型不符；实习期内驾驶公共汽车、营运客车或者载有爆炸物品、易燃易爆化学物品、剧毒或者放射性等危险物品的被保险机动车，实习期内驾驶的被保险机动车牵引挂车；持未按规定审验的驾驶证，以及在暂扣、扣留、吊销、注销驾驶证期间驾驶被保险机动车；使用各种专用机械车、特种车的人员无国家有关部门核发的有效操作证，驾驶营业性客车的驾驶人无国家有关部门核发的有效资格证书；依照法律法规或公安机关交通管理部门有关规定不允许驾驶被保险机动车的其他情况下驾车。

⑦ 非被保险人允许的驾驶人驾驶被保险机动车。

⑧ 被保险机动车转让他人，未向保险人办理批改手续。

⑨ 除另有约定外，发生保险事故时被保险机动车无公安机关交通管理部门核发的行驶证和号牌，或未按规定检验或检验不合格。

(3)下列损失和费用，保险人不负责赔偿。

① 精神损害赔偿。

② 因污染(含放射性污染)造成的人身伤亡。

③ 仲裁或者诉讼费用以及其他相关费用。

④ 应当由机动车交通事故责任强制保险赔偿的损失和费用。

(4) 保险人在依据本保险合同约定计算赔款的基础上，在保险单载明的责任限额内，按下列免赔率免赔。

① 投保时指定驾驶人，保险事故发生时为非指定驾驶人使用被保险机动车的，增加免赔率10%。

② 投保时约定行驶区域，保险事故发生在约定行驶区域以外的，增加免赔率10%。

(5) 其他不属于保险责任范围内的损失和费用。

3. 责任限额

车上人员每次事故每人限额和投保座位数由投保人和保险人在投保时协商确定。投保座位数以被保险机动车的核定载客数为限。

4. 保险期间

除另有约定外，保险期间为1年，以保险单载明的起讫时间为准。

5. 保险人义务

(1) 保险人在承保时，应向投保人说明投保险种的保险责任、责任免除、保险期间、保险费及支付办法、投保人和被保险人义务等内容。

(2) 保险人应及时受理被保险人的事故报案，并尽快进行查勘。

(3) 保险人收到被保险人的索赔请求后，应当及时做出核定。

① 保险人应根据事故性质、损失情况，及时向被保险人提供索赔须知。审核索赔材料后认为有关的证明和资料不完整的，应当及时通知被保险人补充提供有关的证明和资料。

② 在被保险人提供了各种必要单证后，保险人应当迅速审查核定，并将核定结果及时通知被保险人。

③ 对属于保险责任的，保险人应在与被保险人达成赔偿协议后10日内支付赔款。

(4) 保险人对在办理保险业务中知道的投保人、被保险人的业务和财产情况及个人隐私，负有保密的义务。

6. 投保人、被保险人义务

(1) 投保人应如实填写投保单并回答保险人提出的询问，履行如实告知义务，并提供被保险机动车行驶证复印件、机动车登记证书复印件，如指定驾驶人的，应当同时提供被指定驾驶人的驾驶证复印件。

在保险期间内，被保险机动车改装、加装，或者被保险家庭自用汽车、非营业用汽车从事营业运输，导致被保险机动车危险程度增加的，应当及时书面通知保险人。否则，因被保险机动车危险程度增加而发生的保险事故，保险人不承担赔偿责任。

(2) 除另有约定外，投保人应当在本保险合同成立时交清保险费。保险费交清前发生的保险事故，保险人不承担赔偿责任。

(3) 发生保险事故时，被保险人应当及时采取合理的、必要的施救和保护措施，防止或者减少损失；在保险事故发生后48小时内通知保险人，并积极协助保险人进行查勘。否则，造成损失无法确定或扩大的部分，保险人不承担赔偿责任。

(4) 被保险人在索赔时应当提供有关的证明和资料。

引起与保险赔偿有关的仲裁或者诉讼时，被保险人应当及时书面通知保险人。

7. 赔偿处理

(1) 被保险人索赔时，应当向保险人提供与确认保险事故的性质、原因、损失程度等有关的证明和资料。

被保险人应当提供保险单、损失清单、有关费用单据、被保险机动车行驶证和发生事故时驾驶人的驾驶证。

属于道路交通事故的，被保险人应当提供公安机关交通管理部门或法院等机构出具的事故证明、有关的法律文书(判决书、调解书、裁定书、裁决书等)和通过机动车交通事故责任强制保险获得赔偿金额的证明材料。

属于非道路交通事故的，应提供相关的事故证明。

(2) 被保险机动车与其他机动车之间发生交通事故的，保险人依据被保险机动车驾驶人在事故中所负的责任比例，承担相应的赔偿责任。

公安机关交通管理部门处理事故未确定事故责任比例的，保险人按照下列规定确定事故责任比例。

① 被保险机动车方负主要事故责任的，事故责任比例为70%。

② 被保险机动车方负同等事故责任的，事故责任比例为50%。

③ 被保险机动车方负次要事故责任的，事故责任比例为30%。

(3) 车上人员的人身伤亡按照国家有关法律、法规规定的赔偿范围、项目和标准以及本保险合同的约定进行赔偿，车上人员的每人赔偿金额不超过保险单载明的每人责任限额，赔偿人数以投保座位数为限。

保险人按照国家基本医疗保险的标准核定医疗费用的赔偿金额。

未经保险人书面同意，被保险人自行承诺或支付的赔偿金额，保险人有权重新核定。不属于保险人赔偿范围或超出保险人应赔偿金额的，保险人不承担赔偿责任。

(4) 被保险机动车重复保险的，保险人按照本保险合同的责任限额与各保险合同责任限额的总和的比例承担赔偿责任。

其他保险人应承担的赔偿金额，保险人不负责赔偿和垫付。

(5) 保险人受理报案、现场查勘、参与诉讼、进行抗辩、向被保险人提供专业建议、要求提供证明资料等行为，均不构成保险人对赔偿责任的承诺。

(6) 保险人支付赔款后，对被保险人追加的索赔请求，保险人不承担赔偿责任。

(7) 被保险人获得赔偿后，本保险合同继续有效，直至保险期间届满。

8. 保险费调整

保险费调整的比例和方式以保险监管部门批准的机动车保险费率方案的规定为准。

本保险及其附加险根据上一保险期间发生保险赔偿的次数，在续保时实行保险费浮动。

9. 合同变更和终止

(1) 本保险合同的内容如需变更，须经保险人与投保人书面协商一致。

(2) 本保险合同生效后，被保险机动车转让他人的，被保险人应当书面通知保险人并办理批改手续。

(3) 保险责任开始前，投保人要求解除本保险合同的，应当向保险人支付应交保险费5%的退保手续费，保险人应当退还保险费。

保险责任开始后，投保人要求解除本保险合同的，自通知保险人之日起，本保险合同解除。保险人按短期月费率收取自保险责任开始之日起至合同解除之日止期间的保险费，并退还剩余部分保险费。短期月费率见表6-5。

表 6-5 短期月费率

保险期间/月	1	2	3	4	5	6	7	8	9	10	11	12
短期月费率/%	10	20	30	40	50	60	70	80	85	90	95	100

注：保险期间不足一个月的部分，按一个月计算。

10. 争议处理

因履行本保险合同发生的争议，由当事人协商解决。协商不成的，提交保险单载明的仲裁机构仲裁。保险单未载明仲裁机构或者争议发生后未达成仲裁协议的，可向人民法院起诉。

本保险合同争议处理适用中华人民共和国法律。

6.3.2 附加随车行李物品损失保险

投保了家庭自用汽车损失保险或非营业用汽车损失保险的机动车，可附加本特约条款。

1. 保险责任

投保了本附加险的机动车因发生机动车损失保险责任范围内的事故，造成车上所载行李物品的直接损毁，保险人在保险单载明的本附加险的保险金额内，对实际损失依据被保险机动车驾驶人在事故中所负责任比例，承担相应的赔偿责任。

2. 责任免除

(1) 下列财产的损失，保险人不负责赔偿。

① 金银、珠宝、钻石及制品、玉器、水晶制品、首饰、古币、古玩、字画、邮票、艺术品、稀有金属等珍贵财物。

② 货币、票证、有价证券、文件、书籍、账册、图表、技术资料、电脑资料、枪支弹药以及无法鉴定价值的物品。

③ 电话、电视、音像设备及制品、电脑及软件。

④ 国家明文规定的违禁物品、易燃、易爆以及其他危险物品。

⑤ 动物、植物。

⑥ 用于商业和贸易目的的货物或样品。

(2) 行李物品丢失、被盗窃、抢劫、抢夺，以及因丢失、被盗窃、抢劫、抢夺受到的损坏，保险人不负责赔偿。

3. 保险金额

本附加险的保险金额由保险人和投保人在投保时协商确定，并在保险单中载明。

4. 赔偿处理

(1) 被保险人向保险人申请索赔时，应提供证明损失物品价值的相关凭据和残骸以及其他与确认保险事故的性质、原因、损失程度等有关的证明和资料。

(2) 在保险期间内，赔款金额累计达到保险单载明的本附加险的保险金额，本附加险保险责任终止。

6.3.3 附加拖车服务特约条款

投保了家庭自用汽车损失保险或非营业用汽车损失保险的机动车，可附加本特约条款。

1. 保险责任

在约定区域内，被保险机动车因发生意外事故或故障而丧失行驶能力，经被保险人请求，保险人或其受托人向被保险人提供将被保险机动车拖至上述约定区域内修理场所的拖车服务；因此产生的服务费用，由保险人依照本特约条款的约定承担。

2. 责任免除

(1) 非保险人或其受托人提供拖车服务所产生的费用，保险人不负责赔偿。

(2) 法律或国家有关部门规定不允许进入的区域，保险人不提供服务并不承担相关费用。

(3) 其他不属于本特约条款第一条约定的保险责任范围内的损失和费用，保险人不负责赔偿。

6.3.4 附加送油、充电服务特约条款

投保了家庭自用汽车损失保险或非营业用汽车损失保险的机动车，可附加本特约条款。

1. 保险责任

在约定区域内，被保险机动车因缺油、缺电而无法行驶，经被保险人请求，由保险人或其受托人提供送油(每次以10L为限)、充电服务；因此产生的服务费用，由保险人依照本特约条款的约定承担。

2. 责任免除

(1) 非保险人或其受托人提供送油、充电服务所产生的费用，保险人不负责赔偿。

(2) 油料的成本费用，保险人不负责赔偿。

(3) 所更换的蓄电池或其他零部件的成本费用，保险人不负责赔偿。

(4) 法律或国家有关部门规定不允许进入的区域，保险人不提供服务并不承担相关费用。

(5) 其他不属于本特约条款第一条约定的保险责任范围内的损失和费用，保险人不负责赔偿。

6.3.5 更换轮胎服务特约条款

投保了家庭自用汽车损失保险或非营业用汽车损失保险的机动车，可附加本特约条款。

1. 保险责任

在约定区域内，被保险机动车因轮胎损坏而无法行驶，经被保险人请求，由保险人或其受托人提供更换轮胎服务；因此产生的服务费用，由保险人依照本特约条款的约定承担。

2. 责任免除

(1) 非保险人或其受托人提供更换轮胎服务所产生的费用，保险人不负责赔偿。

(2) 所更换的轮胎的成本费用，保险人不负责赔偿。

(3) 法律或国家有关部门规定不允许进入的区域，保险人不提供服务并不承担相关费用。

(4) 其他不属于本特约条款第一条约定的保险责任范围内的损失和费用，保险人不负责赔偿。

6.3.6 附加代步机动车服务特约条款

投保了家庭自用汽车损失保险或非营业用汽车损失保险的 9 座以下客车，可附加本特约条款。

1. 保险责任

被保险机动车因遭受机动车损失保险合同约定的保险事故而修理，且被保险人在修理期限内需要代步机动车并提出请求的，保险人依照本特约条款的约定提供代步机动车。

2. 责任免除

具有下列情形之一的，保险人不负责提供代步机动车。

(1) 被保险机动车处于查封、扣押期间的。

(2) 被保险机动车因修理质量不合格，处于返修期间的。

(3) 被保险人或驾驶人未及时将被保险机动车送修或拖延修理时间的。

(4) 被保险机动车发生全部损失或推定全损的。

(5) 机动车损失保险合同约定的保险事故以外的原因造成被保险机动车损失的。

3. 服务期限

(1) 被保险人依照本特约条款要求提供代步机动车服务的，应当在保险事故发生后及时向保险人提出请求，与保险人协商确定事故机动车的修理期限。

(2) 保险人提供代步机动车服务的期限与修理期限一致。实际修理期限少于协商确定的修理期限的，以实际修理期限为准；实际修理期限超过协商确定的修理期限的，以协商确定的修理期限为准。

(3) 保险人对每次提供代步机动车服务的期限进行累计计算，累计服务期限最长为 60 日。

4. 责任终止

具有下列情形之一的，本特约条款的保险责任终止。

(1) 机动车损失保险合同终止的。

(2) 保险人提供代步机动车的累计服务期限达到 60 日的。

(3) 本特约条款依照法律、行政法规规定或投保人与保险人的约定终止的。

5. 其他事项

(1) 保险人提供的代步机动车仅满足被保险人基本的日常代步需要，具体机动车的品牌型号由保险人确定。

(2) 被保险人使用保险人提供的代步机动车期间，除代步机动车租金以外的一切费用、责任或损失，保险人均不负责承担。

6.3.7 附加机动车停驶损失险

投保了机动车损失保险的机动车，可投保本附加险。

1. 保险责任

因发生机动车损失保险的保险事故，致使被保险机动车停驶，保险人在保险单载明的保险金额内承担赔偿责任。

2. 责任免除

下列情况导致被保险机动车停驶的，保险人不承担赔偿责任。

(1) 被保险人或驾驶人未及时将被保险机动车送修或拖延修理时间。

(2) 因修理质量不合格重新返修。

3. 保险金额

保险金额按照投保时约定的日赔偿金额乘以约定的赔偿天数确定；约定的日赔偿金额最高为300元，约定的赔偿天数最长为60天。

4. 赔偿处理

全车损失，按保险单载明的保险金额计算赔偿；部分损失，在保险金额内按约定的日赔偿金额乘以从送修之日起至修复之日止的实际天数计算赔偿，实际天数超过双方约定修理天数的，以双方约定的修理天数为准。

在保险期间内，赔款金额累计达到保险单载明的保险金额，本附加险保险责任终止。

6.3.8 附加发动机特别损失险

投保了家庭自用汽车损失保险或非营业用汽车损失保险的机动车，可投保本附加险。

1. 保险责任

投保了本附加险的被保险机动车在使用过程中，因下列原因导致发动机进水而造成发动机的直接损毁，保险人负责赔偿。

(1) 被保险机动车在积水路面涉水行驶。

(2) 被保险机动车在水中起动。

(3) 发生上述保险事故时被保险人或其允许的驾驶人对被保险机动车采取施救、保护措施所支出的合理费用。

2. 赔偿处理

(1) 在发生保险事故时被保险机动车的实际价值内计算赔偿，但不超过被保险机动车的保险金额。

(2) 本保险每次赔偿均实行20%的免赔率。

6.3.9 附加新增加设备损失保险

投保了机动车损失保险的机动车，可投保本附加险。

1. 保险责任

投保了本附加险的被保险机动车因发生机动车损失保险责任范围内的事故，造成车上新增加设备的直接损毁，保险人在保险单载明的本附加险的保险金额内，按照实际损失计算赔偿。

2. 保险金额

保险金额根据新增加设备的实际价值确定。新增加设备的实际价值是指新增加设备的购置价减去折旧金额后的金额。

新增设备的折旧率以本条款所对应的主险条款规定为准。

3. 赔偿处理

每次赔偿的免赔率以本条款所对应的主险条款规定为准。

4. 其他事项

本保险所指新增加设备，是指被保险机动车出厂时原有各项设备以外，被保险人加装的设备及设施。投保时，应当列明车上新增加设备明细表及价格。

6.3.10 附加可选免赔额特约条款

投保了机动车损失保险的机动车可附加本特约条款。保险人按投保人选择的免赔额给予相应的保险费优惠。

被保险机动车发生机动车损失保险合同约定的保险事故，保险人在按照机动车损失保险合同的约定计算赔款后，扣减本特约条款约定的免赔额。

6.3.11 附加自燃损失险

投保了家庭自用汽车损失保险的机动车，可投保本附加险。

1. 保险责任

(1) 因被保险机动车电器、线路、供油系统、供气系统发生故障或所载货物自身原因起火燃烧造成本车的损失。

(2) 发生保险事故时，被保险人为防止或者减少被保险机动车的损失所支付的必要的、合理的施救费用。

2. 责任免除

(1) 自燃仅造成电器、线路、供油系统、供气系统的损失。

(2) 所载货物自身的损失。

3. 保险金额

保险金额由投保人和保险人在投保时被保险机动车的实际价值内协商确定。

4. 赔偿处理

(1) 全部损失，在保险金额内计算赔偿；部分损失，在保险金额内按实际修理费用计算赔偿。

(2) 每次赔偿实行20%的免赔率。

6.3.12 附加火灾、爆炸、自燃损失险

投保了营业用汽车损失保险的机动车，可投保本附加险。

1. 保险责任

(1) 火灾、爆炸、自燃造成被保险机动车的损失。

(2) 发生保险事故时，被保险人为防止或者减少被保险机动车的损失所支付的必要的、合理的施救费用。

2. 责任免除

(1) 自燃仅造成电器、线路、供油系统、供气系统的损失。

(2) 所载货物自身的损失。

(3) 轮胎爆裂的损失。

(4) 人工直接供油、高温烘烤造成的损失。

3. 保险金额

保险金额由投保人和保险人在投保时被保险机动车的实际价值内协商确定。

4. 赔偿处理

(1) 全部损失，在保险金额内计算赔偿；部分损失，在保险金额内按实际修理费用计算赔偿。

(2) 每次赔偿实行20%的免赔率。

6.3.13 附加玻璃单独破碎险

投保了机动车损失保险的机动车，可投保本附加险。

1. 保险责任

被保险机动车风挡玻璃或车窗玻璃的单独破碎，保险人负责赔偿。玻璃单独破碎保险费率见表6-6。

表6-6 玻璃单独破碎保险费率

车辆用途	车辆规格	国产玻璃	进口玻璃
家庭自用汽车	6座以下客车	0.19%	0.31%
企业非营业客车	6～10座客车	0.19%	0.30%
	6座以下客车	0.13%	0.24%
	6～10座客车	0.13%	0.24%

2. 投保方式

投保人与保险人可协商选择按进口或国产玻璃投保。保险人根据协商选择的投保方式承担相应的赔偿责任。

3. 责任免除

安装、维修机动车过程中造成的玻璃单独破碎。

6.3.14 附加盗抢险

投保了机动车损失保险的机动车，可投保本附加险。

1. 保险责任

(1) 被保险机动车被盗窃、抢劫、抢夺，经出险当地县级以上公安刑侦部门立案证明，满60天未查明下落的全车损失。

(2) 被保险机动车全车被盗窃、抢劫、抢夺后，受到损坏或车上零部件、附属设备丢失需要修复的合理费用。

(3) 被保险机动车在被抢劫、抢夺过程中，受到损坏需要修复的合理费用。

2. 责任免除

(1) 非全车遭盗窃，仅车上零部件或附属设备被盗窃或损坏。

(2) 被保险机动车被诈骗、收缴、没收、扣押造成的损失。

(3) 被保险人因民事、经济纠纷而导致被保险机动车被抢劫、抢夺。

(4) 租赁机动车与承租人同时失踪。

(5) 全车被盗窃、抢劫、抢夺期间，被保险机动车造成第三者人身伤亡或财产损失。

(6) 被保险人及其家庭成员、被保险人允许的驾驶人的故意行为或违法行为造成的损失。

(7) 被保险人索赔时，未能提供机动车停驶手续或出险当地县级以上公安刑侦部门出具的盗抢立案证明。

3. 保险金额

保险金额由投保人和保险人在投保时被保险机动车的实际价值内协商确定。

4. 赔偿处理

(1) 被保险人知道被保险机动车被盗窃、抢劫、抢夺后，应在24h内向出险当地公安刑侦部门报案，并通知保险人。

(2) 被保险人索赔时，须提供保险单、机动车行驶证、机动车登记证书、机动车来历凭证、车辆购置税完税证明(车辆购置附加费缴费证明)或免税证明、机动车停驶手续以及出险当地县级以上公安刑侦部门出具的盗抢立案证明。

(3) 全车损失，在保险金额内计算赔偿，并实行20%的免赔率。被保险人未能提供机动车行驶证、机动车登记证书、机动车来历凭证、车辆购置税完税证明(车辆购置附加费缴费证明)或免税证明的，每缺少一项，增加1%的免赔率。

部分损失，在保险金额内按实际修复费用计算赔偿。

(4) 保险人确认索赔单证齐全、有效后，被保险人签具权益转让书，保险人赔付结案。

(5) 被保险机动车全车被盗窃、抢劫、抢夺后被找回的。

① 保险人尚未支付赔款的，被保险机动车应归还被保险人。

② 保险人已支付赔款的，被保险机动车应归还被保险人，被保险人应将赔款返还给保险人；被保险人不同意收回被保险机动车，被保险机动车的所有权归保险人，被保险人应协助保险人办理有关手续。

6.3.15 附加机动车出境保险

投保人在同时投保了机动车损失保险和机动车第三者责任保险的基础上，可投保本附加险。

1. 保险责任

经双方同意并在保险单上载明，保险人已承保的机动车损失保险、机动车第三者责任保险的保险责任扩展至香港、澳门或与中华人民共和国接壤的其他国家和地区。

扩展区域从出境处起算，由投保人和保险人按照200km、500km和1000km的半径范围来确定。

2. 责任免除

出境后，在非约定区域内被保险机动车发生事故造成的损失，保险人不负责赔偿。

3. 其他

本附加险生效后，投保人不得退保。

6.3.16 附加油污污染责任保险

投保人在同时投保了机动车损失保险和机动车第三者责任保险的基础上，可投保本附加险。

1. 保险责任

在保险期间内，被保险机动车在使用过程中发生意外事故，由于被保险机动车或第三方机动车自身油料或所载油料泄漏造成道路的污染损失及清理费用，依法应由被保险人承担的损害赔偿责任，保险人依照合同约定负责赔偿。

2. 责任免除

(1) 道路以外的损失。

(2) 由于污染所导致的罚款及任何间接损失。

(3) 应当由机动车交通事故责任强制保险赔偿的损失和费用。

3. 责任限额

每次事故责任限额由投保人和保险人按5万元、10万元、20万元、30万元、50万元的档次协商确定。

4. 赔偿处理

(1) 保险事故发生后，根据法院、仲裁机构依法判决、裁定、裁决或调解，或者经事故双方当事人协商一致并经保险人书面同意的，应由被保险人承担的损害赔偿责任，保险人在保险单载明的本附加险责任限额内给予赔偿。

(2) 被保险人索赔时，应提供公安机关交通管理部门、交通行政管理部门等出具的事故证明、事故现场记录以及其他与确认保险事故的性质、原因、损失程度等有关的证明和资料。

(3) 每次事故赔偿实行20%的免赔率。

6.3.17 异地出险住宿费特约条款

投保人在同时投保了机动车损失保险和第三者责任保险的基础上，可附加本特约条款。

1. 保险责任

保险期间内，被保险机动车在保险合同签订地的地市级行政区域外发生机动车损失保险或第三者责任保险合同约定的保险事故，因在事故发生地修理被保险机动车或处理保险事故，被保险人或其受托人在事故发生地所在地市级行政区域内发生的必要的、合理的住宿费，保险人依照本特约条款的约定负责赔偿。

2. 保险金额

保险金额由投保人和保险人在签订保险合同时按500元、800元和1000元的档次协商确定。

3. 责任免除

(1) 被保险人或其受托人在事故发生地所在的地市级行政区域以外的地点发生的住宿费，保险人不负责赔偿。事故发生地为直辖市的，对被保险人或其受托人在直辖市行政区域以外的地点发生的住宿费，保险人不负责赔偿。

(2) 被保险人不能提供本特约条款约定的住宿费发票或住宿时间证明的，保险人不负责赔偿。

4. 赔偿处理

(1) 被保险人索赔时应提供住宿费发票及住宿旅馆出具的住宿时间证明。

(2) 保险人在保险金额内按每日住宿费之和计算赔偿。每日住宿费按以下方式确定：每日住宿费按同一旅馆的住宿费发票总金额除以住宿天数计算，超过200元的，按200元计算。居住不同旅馆的，每日住宿费按前述方式分别计算。

(3) 保险期间内，赔款金额累计达到保险金额的，本特约条款保险责任终止。

6.3.18 新车特约条款

1. 适用范围

(1) 本特约条款适用于已投保家庭自用汽车损失保险条款和不计免赔率特约条款，或者投保非营业用汽车损失保险条款和不计免赔率特约条款的核定座位在9座以下的客车，且机动车损失保险应满足以下条件。

① 保险金额按照新车购置价确定。

② 保险期间届满之日在被保险机动车初次登记之日起37个月之内。

(2) 下列机动车，不适用本特约条款。

① 贷款所购的机动车。

② 设置抵押权的机动车。

③ 用于租赁或营业运输的机动车。

2. 责任免除

(1) 因下列人员的故意或重大过失导致被保险机动车的损失，保险人不负责赔偿。

① 投保人、被保险人以及其家庭成员。

② 被保险机动车驾驶人。

③ 被保险人的代理人和雇员。

(2) 贷款所购机动车、设置抵押权的机动车以及用于租赁或营业运输的机动车发生的损失，保险人不负责赔偿。

3. 赔偿处理

(1) 被保险机动车在一次保险事故中，造成被保险机动车全部损失或部分损失且核定修理费用达到协定金额，保险人选择以下方式负责赔偿。

① 置换新车。以相同品牌、型号的车辆替换受损被保险机动车的方式予以赔偿。置换新车的购置价以保险金额为限。如国内市场上无相同品牌、型号车辆，则以相近型号或相同规格、配置的车辆予以赔偿。

② 支付赔款。在保险金额内按保险事故发生时被保险机动车的新车购置价支付赔款。

协定金额指保险金额和协定比例的乘积。协定比例由投保人和保险人在签订保险合同时按照50%、60%和70%的档次协商确定，并在保险单中载明。

(2) 保险人履行赔偿义务后，被保险机动车的所有权归保险人，被保险人应协助保险人办理有关手续。

4. 其他

保险人以置换新车或者支付赔款的方式予以赔偿后，保险合同终止，保险人不退还机动车损失保险及其附加险的保险费。

【关键术语】

保险人　被保险人　责任免除　机动车第三者责任险　车损险　附加险

【综合练习】

1. 请列出家庭自用汽车车损险的保险责任。
2. 简述汽车损失险的附加险。
3. 简述第三者责任险的保险责任。

第7章

汽车保险承保实务

本章教学要点

知识要点	掌握程度	相关知识
汽车保险承保	掌握承保的概念； 熟悉承保的流程及其注意事项； 了解承保过程中存在的问题及解决办法	承保的概念； 承保的流程及其注意事项； 承保过程中存在的问题及解决办法

导入案例

王先生的车险2014年11月初即将到期，新一年的车险却还没着落。上一年投保的A保险公司嫌他出险次数太多，理赔额高于保费，已对其明确表示只可以上交强险和商业三者险，其他商业车险续不了。对于A保险公司的行为，李先生也没表现出太多的愤怒，按照往年的惯例，这家不保投另一家。于是他来到了B保险公司，该公司工作人员要求李先生提供上一年的旧保单，以便查上一年的出险情况，查询的结果是，李先生被告知："您的车辆上一年出了6次险，已经超出本公司承保规定，因此不能接受您投保商业险。"李先生的车还是被拒保了。

买保险经常会碰到许多保险概念，案例中所提到的"承保"是其中最为重要的概念。简单来说，承保就是保险公司对想购买保险的人的投保请求进行选择，做出是否同意接受以及如何接受的一个过程。承保是保险合同成立的前提条件。而实际上，进入承保环节，就进入了保险合同双方就保险条款进行实质性谈判的阶段。

本章主要介绍汽车保险承保实务。

7.1 汽车保险承保概述

生产力水平的提高，科学技术的发展，使人类社会走向文明，汽车文明在给人类生活以交通便利的同时，也给人类带来了因汽车运输中的碰撞、倾覆等意外事故造成的财产损失和人身伤亡。不仅如此，随着生产力水平的提高，科学技术的进步，风险事故所造成的损失也越来越大，对人类社会的危害也越来越严重。机动车辆在使用过程中遭受自然灾害风险和发生意外事故的概率较大，特别是在发生第三者责任的事故中，其损失赔偿是难以通过自我补偿的。

机动车辆使用过程中的各种风险及风险损失是难以通过对风险的避免、预防、分散、抑制以及风险自留解决，必须或最好通过保险转嫁方式将其中的风险及风险损失得以在全社会范围内分散和转移，以最大限度地抵御风险。汽车用户以缴纳保险费为条件，将自己可能遭受的风险成本全部或部分转嫁给保险人。机动车辆保险是一种重要的风险转嫁方式，在大量的风险单位集合的基础上，将少数被保险人可能遭受的损失后果转嫁到全体被保险人身上，而保险人作为被保险人之间的中介对其实行经济补偿。通过机动车辆保险，将拥有机动车辆的企业、家庭和个人所面临的种种风险及其损失后果得以在全社会范围内分散与转嫁。

机动车辆保险是现代社会处理风险的一种非常重要的手段，是风险转嫁中一种最重要、最有效的技术，是不可缺少的经济补偿制度。

汽车保险业务经营的好坏，不仅事关保险公司自身的经济效益和发展，也影响保险职能作用的发挥及社会效益的实现，对保障社会稳定和人民的安居乐业发挥着积极的作用。承保作为汽车保险经营过程中重要的环节，发挥着不可替代的作用。承保能力的扩大能够保证保险人经营的稳定性，保证承保的质量能够使保险人获取最大的经济收益。

7.1.1 可承保风险

面对诸多的风险，保险只能承保其中的一部分，风险要得到承保就必须符合以下的一般条件。

(1) 损失必须具有偶然性(不可预见性)。预期损失或者有意造成的损失均不适合保险。因为这类风险无法用额外合理数额的保费抵消。

(2) 损失不能过多。为数众多的人可能会同时面临遭受重大损失的风险(例如战争所造成的损失),保费分摊不可能足以支付如此众多的人所遭受的损失数额。在这种情况下,常常会由政府承担这类风险责任。

(3) 损失不能有悖于公共利益。例如,原则上不能把保险当作对付依法裁定的罚款和处罚的手段。

(4) 必须存在足够的数目。必须存在大量的数目单位,分担法则才能成立。只有对大量的事件进行历时性研究,才有可能预测损失数。这样,才有可能计算出所需的保费数额,使保费总额能够包括损失数额和资金的管理费用。

(5) 损失几率必须能够评估。保险人必须能够计算出损失发生的几率。保险需收取足够保费,才能支付所预计的损失的。

(6) 应该有金钱(财务)损失。个人仅仅需要证明在损失发生时,蒙受了保单中涉及的经济损失。

对于机动车所面临的风险有财产损失风险和人员伤亡风险。

7.1.2 承保实务介绍

1. 承保实质

承保实质上是保险双方订立合同的过程。即指保险人在投保人提出投保请求时,其投保内容经审核后,同意接受其投保申请,并负责按照有关保险条款承担保险责任的过程。一般先由从事保险展业的人员进行展业宣传,为客户设计保险方案,客户提出投保申请后填写投保单,业务人员验车、验证、复核后提请核保人员核保,经核保同意承保的,当事双方订立保险合同,保险公司缮制签发保险单、证。核保后需要调整部分项目承保的,核保人员通知业务人员与投保人协商,投保人同意按核保人提出的承保条件投保的,由投保人重新填写投保单重复上述过程。

承保的含义是对保险标的的信息进行审核并对保险合同的内容做进一步控制以保证每笔业务都符合保险人经营方向和原则。

2. 承保工作内容

1) 业务争取

争取汽车保险业务,不断扩大承保面,是每一个经营汽车保险的保险公司的客观要求,也是发挥保险企业的作用,为社会提供安全保障的必要条件。根据大数法则要求,承保面越大危险就越分散,经济也就越趋于稳定,因此汽车保险人要重视业务的争取。

2) 业务选择

保险业务的选择即对保险业务进行核保。保险公司通过各种努力,不断提高业务"量"的同时,也要重视业务"质"的选择。提高承保质量,保持经营稳定,追求经济效益是保险公司经营的要则。只承保那些"只收取保费,不必履行给付义务"的保险是不现实的想法,也不是保险人经营的宗旨。对保险业务进行核保的目的是为了使保险人在承担危险责任的时候主动、有利。所以核保对汽车保险业务来说是至关重要的环节。

3）做出承保决策

保险承保人员对通过一定途径收集的核保资料加以整理，并对这些住处经过承保选择和承保控制之后，做出以下承保决策。

(1) 正常承保。对于属于标准风险类别的保险标的，保险公司按标准费予以承保。

(2) 优惠承保。对于属于优质风险类别的保险标的，保险公司按低于标准费率的优惠费率予以承保。

(3) 有条件地承保。对于低于正常承保标准但又不构成拒保条件的保险标的，保险公司通过增加限制性条件或加收附加保费的方式予以承保。

(4) 拒保。如果投保人投保条件明显低于保险人的承保标准，保险人就会拒绝承保。对于拒绝承保的保险标的，要及时向投保人发出拒保通知。

4）收取保费

交付保险费是投保人的基本义务，向投保人及时足额收取保险费是保险承保中的一个重要环节。为了防止保险事故发生后的纠纷，在签订保险合同中要对保险费交纳的相关事宜予以明确，包括保险费交纳的金额及交付时间以及未按时交费的责任。

5）出具保单

承保人做出承保决策后，对于同意承保的投保申请，由签单人员缮制保险。

7.2 汽车保险承保流程

汽车保险承保流程如图7.1所示。

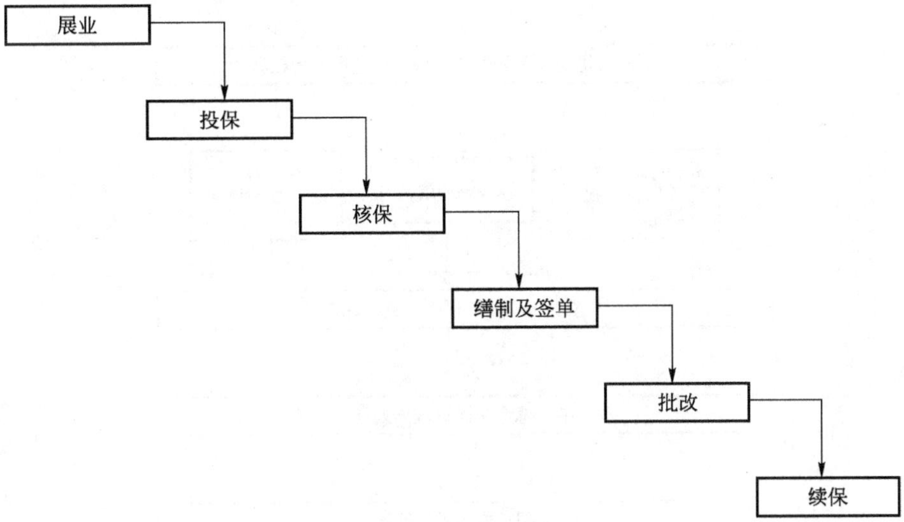

图7.1 汽车保险承保流程

汽车承保工作的流程具体包括以下步骤。

(1) 保险人向投保人介绍条款、履行明确说明义务。

(2) 协助投保人计算保险费、制定保险方案。

(3) 提醒投保人履行如实告知义务。

(4) 投保人填写投保单。

(5) 业务人员验车、验证，确保保险标的真实性。

(6) 将投保信息录入业务系统(系统产生投保单号)，复核后利用网络提交核保人员核保。

(7) 核保人员根据公司核保规定，并通过网络将核保意见反馈给承保公司，核保通过时，业务人员收取保费、出具保险单，需要送单的由送单人员递送保险单及相关单证。

(8) 承保完成后，进行数据处理和客服人员进行客户回访。

汽车保险承保具体操作流程如图 7.2 所示。

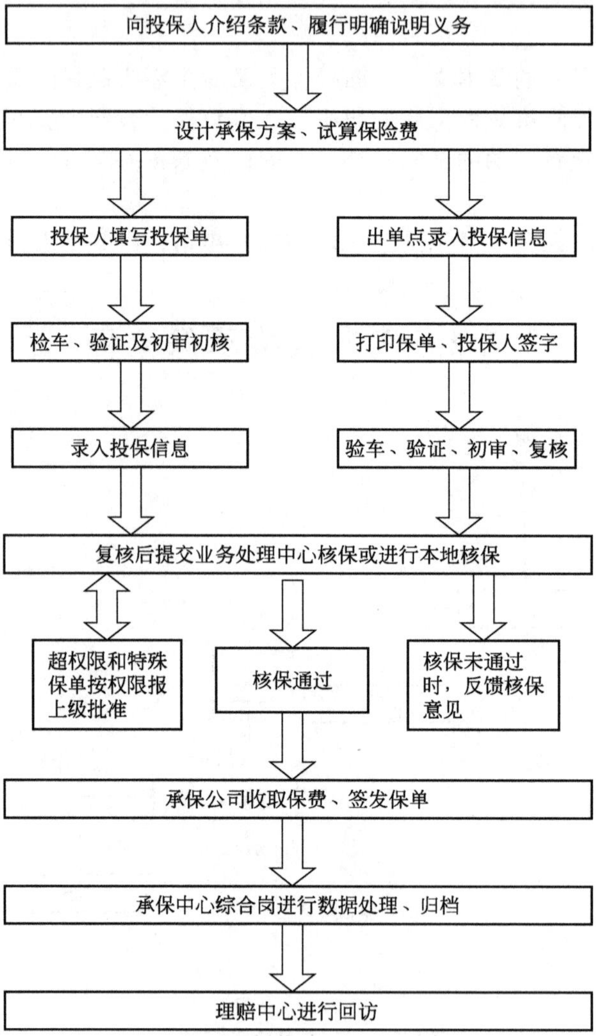

图 7.2 汽车保险承保操作流程

7.2.1 保险展业

保险展业是保险公司进行市场营销的过程，即向客户提供保险商品的服务。从事展业的人员可以是保险公司的员工，也可以是中介机构的代理人或经纪人。保险展业是保险业务经营过程中的第一步，展业工作做得如何，直接影响保险人的业务经营量。

1. 展业准备

1）理论知识

（1）了解《保险法》《合同法》等与机动车辆保险、交通事故处理、机动车辆管理等有关的法律、法规和政策；了解本公司对机动车辆保险经营管理的规定与要求。

（2）掌握保险的基本原理、基础知识和机动车辆保险主险及附加险条款、费率规章、承保规定、理赔流程；熟知保险金额的确定方法、保险责任、责任免除、赔偿方式等。

（3）掌握机动车辆基本知识；熟悉其结构、常见风险、预防方法等。

2）市场情况

（1）调查所辖区域的汽车拥有量、新增汽车信息、年检车辆数量、各类车型所占比例、承保情况、历年事故发生频率、事故规律和出险赔付等，同时，要掌握本地区的市场动态和竞争对手的业务发展重点、展业方向及手段。

（2）了解本地区客户拥有的车型、用途、目前的承保公司、保险期限及客户与标的利益关系，做好各类客户的公关工作，了解客户的心理动态、需求和选择取向，确定有无可保利益。对一些大的客户，如大型企业，必须对其做好调查工作。

3）制定展业计划和目标

（1）制定月、季、年度展业计划和策略，确定展业目标、展业重点，定期分析展业情况，合理安排展业时间。展业计划应符合实际，展业目标应明确。

（2）做好续保工作。根据数据库资料制定续保工作计划，对续保业务做到心中有数。保险期满前一个月主动和投保人联系，协商续保事宜。同时，要注意客户信息的保密，避免被竞争对手获取。

2. 开展保险宣传

保险宣传对保险业务的开展和国民保险意识的增强具有重要作用。由于我国保险业务中断过20多年，导致国民保险意识淡薄。保险要为社会所接受，就得加大宣传力度。宣传方式多种多样，可通过电视、电影、广播、报纸、网络、杂志等多种媒体，利用广告、新闻、保险知识讲座、大型事件理赔处理等方式，对公司及产品进行宣传，还可利用召开座谈会、开展公益活动、开展保险咨询活动以及发放宣传资料、进行电话公关等方式进行。

宣传内容主要是本公司车险名优品牌、机构网络、偿付能力、服务优势、保险产品的保险责任、责任免除、投保人义务、保险人义务及承保和理赔手续等。

3. 提升展业绩效

提升保险展业绩效的渠道主要有三种：一是努力提高业务人员素质，依靠业务员去尽量多地争取业务；二是广设代理机构，建立广阔的服务网络；三是充分发挥保险经纪人的作用，积极开展大型客户业务、跨地区业务。

4. 制定保险方案

保险方案是在对投保人的风险进行评估基础上提出的保险建议书。为提高保险公司服务水平，各保险公司一般都要求展业人员在开展业务时应向投保人或被保险人提供完善的保险方案。由于投保人所面临的风险种类、风险程度不同，因而对保险需求也不尽相同，这就需要展业人员为投保人设计最佳的投保方案。

1）保险方案制定原则

（1）充分保障原则。展业人员应从专业角度对投保人可能面临的风险进行充分识别和评估，制定相应的保险方案，争取用最小成本实现最大安全，防止提供不必要的保障。

（2）充分披露原则。保险人应依据《保险法》及监管部门的有关要求，明确说明投保险种的保障范围，正确解释责任免除条款、容易发生歧义的条款及投保人、被保险人义务条款等含义，不得曲解、隐瞒或误导。

2）保险方案主要内容

保险方案的内容主要包括：保险人情况介绍；投保标的风险评估；保险方案总体建议；保险条款及解释；保险金额和赔偿限额确定；免赔额及适用情况；赔偿处理程序及要求；服务体系及承诺；相关附件。

阅读材料7-1

保险销售

保险销售是将保险产品的功能充分向销售对象进行说明，并引导销售对象与保险机构达成保险合同的一种行为，涉及保险、金融相关专业。

保险销售员在销售过程中提供相关的资讯服务。一般来讲，保险公司通过媒体主要宣传企业形象等信息，而具体的险种方面的信息需要借助于保险营销员等具体人员来完成。顾客无法完全了解保险性质，更难以理解保险的有关术语，顾客需要一对一的说明保险条款内容。保险销售能够：① 帮助顾客识别家庭风险。② 帮助企业识别风险。③ 帮助顾客做好家庭财务计划。④ 帮助企业进行风险防范。

保险销售禁忌有如下几方面。

（1）忌争辩：营销员在与顾客沟通时，营销员首先要理解客户对保险的不同认识和见解，容许人家讲话，发表不同的意见；如果您刻意地去和顾客发生激烈的争论，即使您占了上风，赢得了胜利，把顾客驳得哑口无言、面红耳赤、无地自容，您快活了、高兴了，但您得到的是什么呢？是失去了顾客、丢掉了生意。时刻不要忘记您的职业、您的身份是做什么的。忌讳争辩。

（2）忌质问：营销员与顾客沟通时，要理解并尊重顾客的思想与观点，要知道人各有志不能强求，他买保险，说明他有钱并有保险意识；他不买保险，说明他有原因，切不可采取质问的方式与顾客谈话。如营销员所言：① 您为什么不买保险？② 您为什么对保险有成见？③ 您凭什么讲保险公司是骗人的？④ 您有什么理由说保险公司交费容易，赔钱难？

（3）忌命令：营销员在与顾客交谈时，微笑再展露一点，态度要和蔼一点，语气要柔和一点，要采取征询、协商或者请教的口气与顾客交流，切不可采取命令和批示的口吻与人交谈。

（4）忌炫耀：与顾客沟通谈到自己时，要实事求是地介绍自己，稍加赞美即可，万万不可忘乎所以、得意忘形地自吹自擂、自我炫耀自己的出身、学识、财富、地位以及业绩和收入等。这样就会人为地造成双方的隔阂和距离。

(5) 忌直白：营销员要掌握与人沟通的艺术，顾客成千上万、千差万别，有各个阶层、各个方面的群体，他们的知识和见解上都不尽相同。我们在与其沟通时，如果发现他在认识上有不妥的地方，也不要直截了当地指出，说他这也不是，那也不对。一般的人最忌讳在众人面前丢脸、难堪，俗语道："打人不打脸，揭人不揭短"，要忌讳直白。

(6) 忌批评：我们在与顾客沟通时，如果发现他身上有些缺点，我们也不要当面批评和教育他，更不要大声地指责他。要知道批评与指责解决不了任何问题，只会招致对方的怨恨与反感。与人交谈要多用感谢词、赞美语；要多言赞美，少说批评，要掌握赞美的尺度和批评的分寸，要巧妙批评，旁敲侧击。

(7) 忌专业：在推销保险产品时，一定不要用专业术语，因为保险产品有特殊性，在我们每一个保险合同中，都有死亡或者是残疾的专业术语，中国的老百姓大多忌讳谈到死亡或者残疾等，如果您不加顾忌地与顾客这样去讲，肯定招致对方的不快。

(8) 忌独白：与顾客谈话，就是与客户沟通思想的过程，这种沟通是双向的。不但我们自己要说，同时也要鼓励对方讲话，通过他的说话，我们可以了解顾客个人基本情况，双向沟通是了解对方有效的工具，切忌营销员一个人独白。切记不要独占任何一次讲话。

(9) 忌冷淡：与顾客谈话，态度一定要热情，语言一定要真诚，言谈举止都要流露出真情实感，要热情奔放、情真意切。在谈话中，冷淡必然带来冷场，冷场必定带来业务泡汤，要忌讳冷淡。

(10) 忌生硬：营销员在与顾客说话时，声音要淡亮、语言要优美，要抑扬顿挫、节奏鲜明，语音有厚有薄；语速有快有慢；语调有高有低；语气有重有轻。要有声有色，有张有弛，声情并茂，生动活泼。我们要切忌说话没有高低、快慢之分，没有节奏与停顿，生硬呆板，没有朝气与活力。

7.2.2 投保

汽车保险的投保是指对保险车辆有保险利益的一方如汽车的所有者等，购买汽车保险的保险单的过程。投保单是投保人向保险人要约意思表示的书面文件，也是投保人要求投保的书面凭证，为保险合同的要件之一。保险人接受了投保单，投保单就成为保险合同的要件之一。

一般从车主义的汽车保险投保单包括被保险人基本情况、保险汽车基本情况、投保险种及保险期限以及投保人签章等内容。采用从人主义的汽车保险投保单比采用从车主义的汽车保险投保单增加了驾驶员的基本情况内容，多数发达国家，如美国、英国采纳的都是从人主义的汽车保险。我国目前采纳的是从车主义的汽车保险。

1. 投保人和被保险人的基本情况

1）投保人与被保险人的姓名

投保人是指与保险人订立保险合同并按照保险合同负有支付保险费义务的人，他是任何保险合同不可缺少的当事人。如果投保人为自己投保，保险合同签订后，投保人即成为被保险人。投保人除了应当具有相应的权利能力和行为能力之外，对保险标的必须具有保险利益。因此，投保人应当在投保单上填具自己的姓名，以便保险人核实其资格，避免出现保险纠纷。

被保险人是指其财产或者人身受保险合同保障，享有保险金请求权的人。首先，被保险人必须是保险事故发生时遭受损失的人，即受保障的人；其次，被保险人必须是享有保险金请求权的人。因此，投保单上必须注明被保险人的姓名。

2）被保险人的地址

投保单上需要填具被保险人的详细地址、邮编、电话以及联系人，以便于联系和作为确定保险费率的参考因素。首先，保险人接到投保人填写的投保单后需要进行核保。保险合同生效后，保险人需要定期或不定期地向客户调研自身的服务质量或通知被保险人有关信息，为便于及时联系，需要填具被保险人的准确地址、邮编、电话及联系人等信息。其次，不同地区的汽车保有量、道路状况、治安状况都不尽相同，危险因素也不一样，这是厘定保险费率的重要依据，因此，也需要被保险人的详细地址和邮编的信息。

2. 驾驶员的基本情况

我国现行的汽车保险以从车主义为主，投保单没有要求填具驾驶员基本情况的内容。采用从人主义为主的汽车保险，投保单需要提供驾驶员的基本情况，如驾驶员的住址、性别、年龄与婚姻状况、健康状况、驾龄、违章情况等，这是确定保险费的重要依据。

3. 保险汽车基本情况

1）保险汽车有关资料

无论是采用从车主义保险，还是采用从人主义的保险，投保单要求说明保险汽车的有关情况，一般包括号牌号码、厂牌型号、发动机号、车架号、座位/吨位、车辆特征（车门数、颜色）等内容。我国的汽车保险的投保单要提供车辆的号牌号码、厂牌型号、发动机号、车架号、车辆种类、座位/吨位、车辆颜色、初次登记年月等资料信息。

因在从车主义保险制度下，车辆价值对保险费影响较大，所以较为详细的保险汽车有关资料可以帮助保险人核实保险汽车的价值如何，保险金额是否符合规定。如我国的《机动车辆保险条款》规定："保险金额不能超过同类型的新车购置价，超过部分无效。"显然，提供上述保险汽车的基本资料为保险人核保提供了依据。

2）汽车的所有与使用情况

大多数投保单都会有下述类似的问题。

(1) 该汽车所属性质是什么?

(2) 该汽车是否为分期付款购买的? 如果是,卖方是谁?

(3) 该汽车的行驶证所列明的车主是谁?

(4) 该汽车的使用性质是什么? 行驶区域如何?

提出上述问题主要是为保险人核保时确定保险标的的保险利益和保险费率提供依据,以免日后发生不必要的纠纷。

如果是分期付款购买的汽车,保险人一般会要求投保人选择保险范围较宽的险种,以保障财产的安全。在美国,分期付款的汽车必须购买包括汽车损失险在内的综合险。

一般情况下,营业用和非营业用汽车的保险费率差别较大,如我国现行的保险规定的10t及以上货车的保险费率为:营业用1.6%,非营业用1.2%。在汽车保险发达的国家和地区,行驶区域不同,保险费率不同。我国由于汽车保险起步较晚,尚处于完善发展阶段,除了深圳地区以外,全国仍执行统一的费率标准。

4. 投保险种及保险期限

在投保单上需要选择投保险种,填具保险金额或赔偿限额,这是保险人在核保时确定保险费的基本依据。

保险期限一般为半年或一年。在美国,一般情况下规定保险期限为半年,除了一次交清保险费外,也可以采用按月交付。而我国规定的保险期限一般为一年。

5. 投保人签章

投保单必须由投保人亲笔签名认可方能生效,其主要作用如下所述。

1) 提供保险凭证所需要的信息

投保人签章就视同其确认了投保单上所提供的信息,保险人在签发保险证和保险单时,可以依据这些信息填写。

2) 便于保险人核保

保险人在核保时,需要甄别承保风险和确定保险适合的条款。只有投保人签章后,才能确认投保单所提供的信息,便于保险人核保。

3) 获得投保人对保险合同信息的确认

投保人在投保单上签字后,保险人受理同意,投保单就构成保险合同的要件。如果核保后所填信息没有变化,保险人据此认为投保人已经确认了保险合同的信息。

7.2.3 我国机动车辆保险的投保实务

1. 告知

投保时,保险人需要履行告知义务,其告知内容主要包括以下几个方面。

(1) 依据《中华人民共和国保险法》和《机动车辆保险条款》以及保监会的有关要求,向投保人告知保险险种的保障范围,特别要明示责任免除及被保险人义务等条款内容。

(2) 对车辆基本险和附加险条款解释产生异议时,特别是对保险责任免除部分的异议,应通过书面或其他方式给予明确说明。当保险条款发生变更时,应及时明确地说明。

(3) 应主动提醒投保人履行如实告知义务,尤其对涉及保险人是否同意承保、承保时的特别约定、可能的费率变化等情况要如实告知，不能为了争取保险业务故意误导投保人。

(4) 对于摩托车与拖拉机保险，应向投保人解释采用定额保单与采用普通保单承保的不同之处。

2. 车辆检验

各保险公司对此规定不一，有的将车辆检验过程与投保单填写工作同时进行，属于承保阶段的实务。有的则将其放在核保阶段与查验车辆一起进行。

1) 车辆行驶证检验

投保时，应检验车辆行驶证或临时牌照是否与投保标的相符，车辆是否为已经办理有效年检的合格车辆，核实投保车辆的使用性质和车辆初次登记日期等。

2) 车辆检验

针对投保时的车辆检验，要重点检验下述车辆。

(1) 首次投保的车辆。

(2) 未按期续保的车辆。

(3) 在投保第三者责任险后，又申请加保车辆损失险的车辆。

(4) 申请增加投保附加险，如盗抢险、自燃损失险及玻璃单独破碎险的车辆。

(5) 使用年限较长且接近报废年限的车辆。

(6) 特种车辆。

(7) 发生重大交通事故后修复的车辆。

车辆检验时，应重点检查车辆的牌照号码、发动机号和车架号是否与车辆行驶证的记录一致，车辆技术状况是否适合运行，消防装备配备是否齐全。投保盗抢险的汽车要拓印车架与发动机号码并将其附在保险单的正面或拓印牌照留底并将照片贴在保险单背面，查验保险汽车是否装有防盗装置等。

3. 投保单的填写

保险业务人员应指导投保人正确填写《机动车辆保险投保单》。如果投保车辆较多，投保单容纳不下，则应填写《机动车辆投保单附表》。填写时，应字迹清楚，如有更改，需要投保人或其代表人在更正处签章。

7.2.4 投保注意事项

(1) 投保时应如实告知。投保人无论投保交强险还是投保商业机动车保险都应当如实告知。否则，机动车辆发生保险事故时，保险公司将不负责赔偿。

(2) 投保后应及时交纳保险费。保险合同成立后，投保人应及时交付保险费，以保障自身权益。根据规定，保险费交付前发生的保险事故，保险人不承担赔偿责任。

(3) 不重复投保。重复保险而出险时，各保险公司一般是按其保险金额与保险金额总和的比例承担赔偿责任，不存在重复保险重复赔偿的问题，只能是多付保费。

(4) 不超额投保。投保时，超过保险价值的，超过部分无效。因此，投保人不要超额投保，避免浪费保费。

(5) 了解保险责任开始时间。保险责任开始时间应由双方在保险合同中约定。投保人必须清楚合同生效时间，合同生效才对自己有保障，否则，保险公司不承担赔偿责任。

7.2.5 核保

核保工作的基本流程：投保申请→个人投保或单位投保→车辆检验→风险评估→制订保险方案→填投保单→标准业务→三级核保→二级核保→一级核保→出具保险单。

1. 核保工作

核保基本流程没有统一的方案，各公司根据核保制度的精神，结合自身业务和经营特点确定合适的方案，其核心是体现权限管理和过程控制。

核保工作的主要依据是核保手册。核保手册已经将机动车辆保险业务核保过程中可能涉及的文件、条款、费率、规定、程序、权限等全部包含其中。

但是，由于环境的变化、标的的异同，核保过程中有可能出现一些新问题，而核保手册对此没有明确规定。此种情况下，二级和一级核保人应注意运用保险的基本原理、相关的法律法规和自己的经验，通过研究分析来解决，必要时应请示上级核保部门。

核保的具体方式应当根据公司的组织结构和经营情况进行选择和确定，通常将核保的方式分为标准业务核保和非标准业务核保、计算机智能核保和人工核保、集中核保和远程核保、事先核保和事后核保等。

1）标准业务核保和非标准业务核保

标准业务是指常规风险的业务，这类风险的特点是其基本符合机动车辆保险险种设计所设定的风险情况，按照核保手册就能进行核保。通常由三级核保人完成标准业务的核保工作。非标准业务是指风险较大的业务，如保险价值浮动超过核保手册规定范围的业务、特殊车型业务、军车和外地车业务、高档车盗抢险业务等，而核保手册对于这类业务没有明确规定，无法完全依据核保手册进行核保，此时，应由二级或者一级核保人进行核保，必要时核保人应当向上级核保部门进行请示。

2）计算机智能核保和人工核保

计算机核保可极大缓解人工核保的压力，提高效率和准确性，减少核保过程中的人为负面因素。但是，计算机不可能解决所有核保问题，对一些非程序化的、非常规业务的核保，仍离不开人员的参与。计算机智能核保与人工核保需要共存。

3）集中核保和远程核保

集中核保可有效解决统一标准和规范业务的问题，实现技术和经验最大限度地共享。但是，集中核保的困难是经营网点分散，缺乏便捷和高效的沟通渠道。远程核保就是建立区域性的核保中心，利用互联网等现代通信技术，对辖区内的所有业务进行集中核保。这种方式不仅可以利用核保中心人员技术的优势，还可利用中心庞大的数据库，实现资源共享，同时还有利于对经营过程中的管理疏忽及道德风险实行有效防范。

4）事先核保与事后核保

事先核保是指投保人提出申请后，核保人员在接受承保之前对投保人、被保险人以及保险标的的风险进行评估和分析，决定是否承保，在决定承保的基础上，对承保标的的风险状况，运用保险技术手段，控制自身的责任和风险，以合适的条件予以承保。

事后核保是保险人承保后发觉保险标的风险超出核保标准规定而对保险合同做出淘汰的选择，或对标的金额较小、风险较低、承保业务技术比较简单、经营机构或者代理机构偏远、保险公司从人力和经济的角度难以做到事先核保的业务给予先行承保，然后再采用事后核保的方式。事后核保的结果表现为：继续承保；保险合同期满后不再续保；发现被保险人申报的重要事实有错误或欺诈行为后解除合同；行使合同的终止权终止合同效力等。

2. 核保的主要内容

1）审查投保单

投保单的审查分形式审查和内容审查。形式审查主要是看所填写的各项内容是否完整、清楚。内容审查是看所填写的各项内容是否准确。判断准确与否主要是根据各种有效证件。

2）验证

结合投保车辆的有关证明(如车辆行驶证、介绍信等)，进行详细审核。首先检查投保人称谓与其签章是否一致，以认定投保人对保险标的是否拥有保险利益，如果不一致，投保人需提供其对投保车辆拥有可保利益的书面证明。其次，检验投保车辆的行驶证是否与保险标的相符，投保车辆是否年检合格，以核实投保车辆的合法性，确定其使用性质。可以通过检验车辆的牌照号码、发动机号码是否与行驶证一致等方式来验证。

3）查验车辆

根据投保单、投保单附表和车辆行驶证，对投保车辆进行实际查验。查验内容主要包括如下几个方面。

(1) 确定车辆是否受损，是否有消防和防盗设备等。

(2) 车辆的实际牌照号码、车型及发动机号、车身颜色等是否与行驶证一致。

(3) 车辆的操纵安全性与可靠性是否符合要求，重点检查转向、制动、灯光、喇叭、刮雨器等涉及操纵安全性的内容。

(4) 检查发动机、车身、底盘、电气等部分的技术状况。

根据检验结果，确定整车的新旧成数。对于私家车，一般需填具验车单，附于保险单副本上。

由于车辆需查验的项目较多，并且由于机动车辆数量太多，所以车辆查验工作的业务量太大，此时，可对一些重点车辆或重点项目进行检查。

重点车辆包括：首次投保车辆；未按期续保车辆；投保第三者责任险后，又加保车辆损失险的车辆；申请增加附加险的；接近报废的车辆；特种车辆；重大事故后修复的车辆等。

重点项目包括：牌照、车型、发动机号、车架号、车身颜色是否与行驶证一致——目的是避免拼装车；是否按期年检——目的是避免报废车或不合格车；设备的齐全性：消防配备、防盗装置等——目的是控制风险；车辆技术状况、车辆有无受损、转向性能、制动性能等——目的是确定车辆新旧及车况。

4）核定保险费率

应根据投保单上所列车辆情况和保险公司的《机动车辆保险费率标准》以及费率规章，逐辆确定投保车辆的保险费率。确定保险费率时，主要依据车辆的使用性质、车辆种类、价格、车龄、驾驶员相关信息等。

5）保费计算

依据各险种保险费的计算公式进行。核保的要点是保费计算是否正确。

(1) 一年期保险费计算。各种险别的一年期保险费按照下列公式计算。

车辆损失险保险费=基本保险费+保险金额×费率 (7-1)

第三者责任险保险费=相应档次固定保险费 (7-2)

盗抢险保险费=盗抢险保险金额×费率 (7-3)

车上人员责任险保险费=每座赔偿限额×投保座位数×费率 (7-4)

车上货物责任险保险费=货损限额×费率 (7-5)

无过失责任险保险费=第三者责任险保险费×费率 (7-6)

车载货物掉落责任险保险费=此险赔偿限额×费率 (7-7)

玻璃单独破碎险保险费=车辆保险价值×费率 (7-8)

车辆停驶损失险保险费=日赔偿金额×约定的最高赔偿天数×费率 (7-9)

自燃损失险保险费=此险保险金额×费率 (7-10)

新增设备损失险保险费=此险保险金额×车辆损失险费率 (7-11)

不计免赔特约险保险费=(车辆损失险保险费+第三者责任险保险费)×费率 (7-12)

(2) 短期保险费计算。保险期限不足一年，按照短期费率计算保险费。

① 按日计算保险费。此种计费办法适用于已参加保险的被保险人新增车辆的投保或同意保险车辆新增其他险种，为了统一终止时间而签订的短期保险合同。其计算方法为

短期保险费=年保险费×保险天数/365 (7-13)

② 按月计算保险费。此种计费办法适用于应投保人要求签订的短期保险合同。保险期限不足一个月的按照整月计算。其计算方法为

短期保险费=年保险费×短期月费率 (7-14)

(3) 合同解除时的保险费计算。

① 保险合同生效后，且未发生保险事故的情况下，被保险人要求解除保险合同的，则保险人应按照下述方式计算日费率，收取保险合同生效日起至保险合同解除日止期间的保险费，并退还剩余部分保险费。

a. 保险合同有效期不足或等于8个月的，按年费率的1/300计算日费率。

b. 保险合同有效期超过8个月且不足一年的，按年费率的1/365计算日费率。

② 除法律另有规定或合同另有特别约定外，保险车辆发生车辆损失险保险事故，被保险人获取部分保险赔偿后一个月内提出解除合同的，则保险人应当根据保险合同有效期的长短，按第(1)项所列方法计算日费率，并将保险金额扣除保险赔款和免赔金额后的未了责任部分的剩余保险费退还被保险人。

③ 被保险人在单独投保第三者责任险时，因保险车辆发生灭失，且保险人未支付任何保险赔款情况下，保险人应按年费率的1/365计算日费率，并退还未了保险责任部分的保险费。

④ 因保险赔偿致使保险合同终止时，保险人不退还保险费。

(4) 机动车辆提车暂保单承保的机动车辆，新车购置价在10万元以内的，固定保险费为300元；新车购置价在10万元以上，30万元以内的，固定保险费为400元；新车购置价在30万元以上的，固定保险费为500元。

6) 核保的重点项目

(1) 审核投保单是否按照规定内容与要求填写，有无错漏；审核保险价值与保险金额是否合理。对不符合要求的，退给业务人员指导投保人进行相应更正。

（2）审核业务人员或代理人是否验证和查验车辆，是否按照要求向投保人履行了告知义务，对特别约定的事项是否在特约栏内注明。

（3）审核费率标准和计收保险费是否正确。

（4）对于高保额和投保盗抢险的车辆，审核有关证件，查验实际情况是否与投保单的填写一致，是否按照规定拓印牌照存档。

（5）对高发事故和风险集中的投保单位，提出限制性承保条件。

（6）对费率表中没有列明的车辆，视风险情况提出厘定费率的意见。

（7）审核其他相关情况。核保完毕后，核保人在投保单上签署意见。对超出本级核保权限的，应上报上级公司核保。核保结束后，核保人将投保单、核保意见一并转业务内勤据以缮制保险单证。

图 7.3 所示为核保工作基本流程。

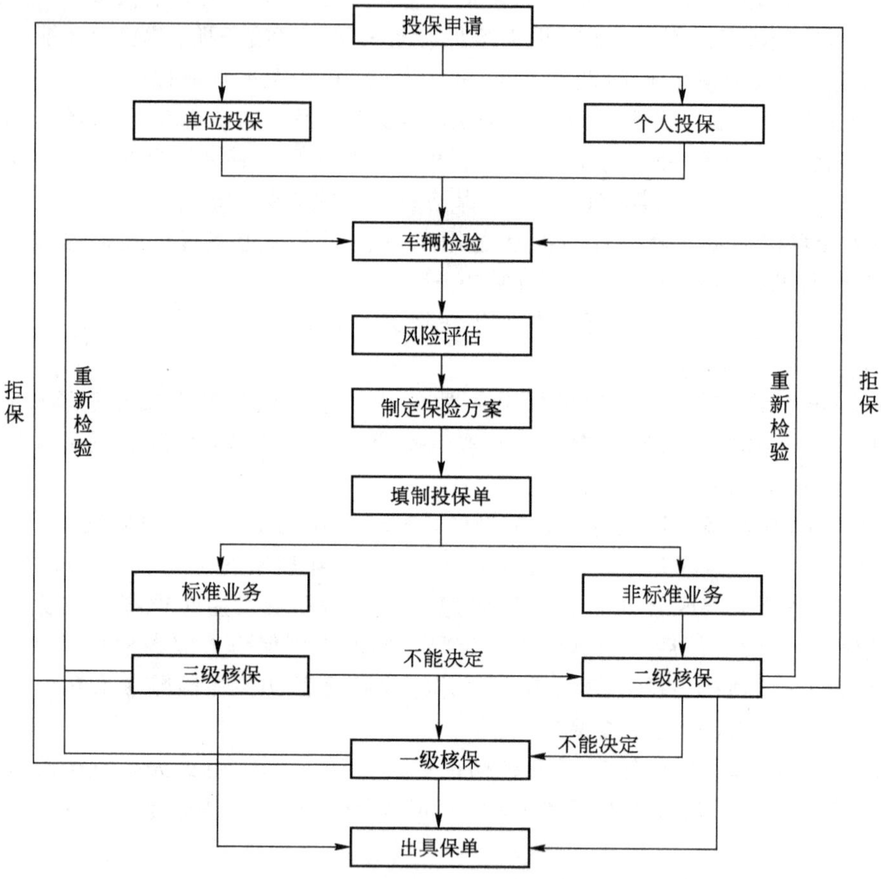

图 7.3 核保工作基本流程

7.2.6 缮制和签发保险单证

缮制和签发保险单证的流程为：缮制保险单→复核保险单→收取保险费→签发保险单、保险证→清分单证→单证归档。

1. 缮制保险单

业务内勤接到投保单及其附表以后，根据核保人员签署的意见，即可开展缮制保险单工作。

保险单原则上应由计算机出具，暂无计算机设备而只能由手工出具的营业单位，必须得到上级公司的书面同意。

计算机制单的，将投保单有关内容输入到保险单对应栏目内，在保险单“被保险人”和“厂牌型号”栏内登录统一规定的代码。录入完毕检查无误后，打印出保险单。

手工填写的保险单必须是保监会统一监制的保险单，保险单上的印制流水号码即为保险单号码。将投保单的有关内容填写在保险单对应栏内，要求字迹清晰、单面整洁。如有涂改，涂改处必须有制单人签章，但涂改不能超过3处。制单完毕后，制单人应在“制单”处签章。

此外，缮制保险单时应注意以下事项。

(1) 双方协商并在投保单上填写的特别约定内容应完整地载明到保险单对应栏目内，如果核保有新的意见应该根据核保意见修改或增加。

(2) 无论是主车和挂车一起投保，还是挂车单独投保，挂车都必须单独出具具有独立保险单号码的保险单。在填制挂车的保险单时，“发动机号码”栏统一填写“无”。当主车和挂车一起投保时，可以按照多车承保方式处理，给予一个合同号，以方便调阅。

(3) 特约条款和附加条款应印在或加贴在保险单正本背面，加贴的条款应加盖骑逢章。应注意，责任免除、被保险人义务和免赔等规定的印刷字体应该与其他内容的字体不同，以提醒被保险人注意阅读。

保险单缮制完毕后，制单人应将保险单、投保单及其附表一起送复核人员复核。

2. 复核保险单

复核中尤其应当认真审核特别约定的内容、保险责任起止时间以及保险金额的确定是符合规定，费率厘定是否合理、保险费计算是否正确等内容。

3. 收取保险费

保险费收据上的收款金额应与保险单上的总保险费一致，但分期交费的按实际收费数填写。投保人凭保险费收据办理交费手续。

4. 签发保险单、保险证

投保人交纳保险费后，业务人员签发保险单并根据保险单填制《机动车辆保险证》。

5. 清分单证

(1) 及时清分归类。对已填具的投保单及其附表、保险单及其附表、保险费收据、保险证等，业务人员应及时进行清分、归类。

(2) 清分单、证时按下列要求进行分类。

① 清分给投保人的单、证有：保险单正本及其附表、保险费收据、保险证。

② 财务部门留存的单、证有：保险单副本及其附表(财务留存联)、保险费收据。

③ 业务部门留存的单、证有：保险单副本及其附表(业务留存联)、投保单及其附表、保险费收据(财务留存联)。

7.2.7　批改

在保险单证签发后，对保险合同内容进行修改、补充或增删所进行的一系列作业称为批改，经批改所签发的一种书面证明称为批单。

1. 批改的内容

根据《保险法》和各公司机动车辆保险条款的规定，在保险合同有效期内，合同主体、客体与内容变更时，被保险人应事先书面通知保险人申请办理批改手续，具体内容包括如下几个方面。

(1) 被保险人变更。

(2) 保险车辆增、减危险程度。

(3) 保险车辆变更使用性质。

(4) 所有险种提前退保。

(5) 保险金额增减。

(6) 加保或退保部分险种。

(7) 增加或减少或变更约定驾驶员。

(8) 保险费变更。

(9) 保险期间变更。

(10) 变更其他事项。

以上这些情况变化时，被保险人都需申请办理批改手续。为提醒被保险人注意，一般汽车保险单上都有如下的字样："本保险单所载事项如有变更，被保险人应立即向本公司办理批改手续，否则，如有任何意外事故发生，本公司不负赔偿责任。"

2. 批改的程序

首先由被保险人填具批改申请书，明确提出要求修改保险合同的项目和原因。其次，保险公司审核同意后，出具批单给投保人存执，存执粘贴于保险单正本背面，同时批改变动保险证上的有关内容，并在变动处加盖保险人业务专用章。最后，新的保险合同生效。

3. 批改的方式

根据我国《保险法》的规定，保险单的批改有两种方式：一是在原保险合同上进行批改；二是另外出具批单附贴在原保险单正本、副本上并加盖骑缝章，使其成为保险合同的一部分。在实际工作中大都采用出具批单的方式，批单应采用统一和标准的格式。

4. 批单的措辞

批单的措辞通常包括：批改申请人、批改的要求、批改前的内容、批改后的内容、是否增加保险费、增加保险费的计算方式、增加的保险费，并明确除本批改外原保险合同的其他内容不变。

5. 批改的效力

有关批改的效力一般规定为：批改的效力优于原文。如存在多次批改，最近一次批改的效力优于之前的批改，手写批改的效力优于打印的批改。

图 7.4 所示为某财险公司批单图样。

中国保险监督管理委员会监制

机动车交通事故责任强制保险批单（副本）

限在 省销售

财产保险股份有限公司

DCDZAA2013Z00

78804

批单号：

被保险人：

保险单号：

批文：

第 联 业务留存

保险人签章：

年 月 日

备 注：

核保： 制单： 经办：

图 7.4 批单图样

7.2.8 续保

1. 定义

续保是指在原有的保险合同即将期满时，投保人在原有保险合同的基础上向保险人提出继续投保的申请，保险人根据投保人的实际情况，对原有合同条件稍加修改而继续签约承保的行为。

2. 意义

对投保人来说，通过及时续保，一方面可以从保险人那里得到连续不断的、可靠的保险保障与服务；另一方面，作为公司的老客户，可以在保险费率方面享受续保优惠。对保险人来说，老客户的及时续保，可以稳定业务量，同时还能利用与投保人建立起来的关系，减少许多展业工作量与费用。因此，续保是一项双方“双赢”的活动。

3. 注意事项

(1) 续保业务一般在原保险期到期前一个月开始办理。为防止续保后至原保险单到期这段时间发生保险责任事故，在续保通知书内应注明：“出单前，如有保险责任事故发生，应重新计算保险费；全年无保险责任事故发生，可享受无赔款优待”等字样。

(2) 及时对保险标的进行再次审核，以避免保险期间中断。

(3) 如果保险标的的危险程度有变化，应对保险费率做出相应调整。

(4) 保险人应根据上一年的经营状况，对承保条件与费率进行适当调整。

7.3 承保过程中存在的问题及分析

我国的汽车保险行业起步较晚，在承保过程中还存在着较多问题，主要有承保风险控制水平低，承保过程中存在众多的违规操作，风险评估制度不健全，信用体系不完善。

1. 违背保险基本原理和规律

很多保险公司在承保中过分强调盈利，对于出租车、货运车、拖拉机及摩托车等“高风险”车辆投保难的问题，通过调查核实发现，个别地区的个别公司对上述车辆简单拒保或仅承保部分险种；对出租车、运输企业挂靠车等营运车辆不区分具体情况，违规使用费率调节因子等。这种违背保险基本原理和规律，简单拒保“高风险”业务，片面强调经营效益的做法，严重损害了投保人、被保险人利益和行业形象，最终会动摇公司和行业长远发展的根基。最大限度满足投保人的保险需求，为被保险人提供优质服务，是保险经营的根本出发点和落脚点，是行业生存发展的前提和基础，是规范市场的主要目标和任务。

保险业已经站在新的发展起点，进入新的发展阶段，越来越融入经济社会生活的各个方面。保险业要按照经济社会发展对保险提出的新要求，在发展的道路上应牢牢把握方向，突出行业特点，充分发挥风险保障功能，不断提高保险业在经济社会发展中的覆盖面和渗透度。

保险业的经营管理有其自身的发展规律，违背发展规律就会受到惩罚，不仅会对公司的持续稳定经营带来较大风险，甚至会影响到整个行业的健康发展。保险业要深入研究行业发展的客观规律，特别是盈利周期规律，增强盈利能力。

2. 承保技术不够先进

从车辆承保方式上分析，我国现行的车辆承保方式在实际操作中存在诱发争议的可能。我国保险公司在承保时一般要求客户按新车的价值确定车辆的保险价值，可以说是一种定值保险的思路。当实际保险事故发生的时候，如果是部分损失，采用修复或更换零部件方式理赔，保险公司一般不考虑汽车当时的实际市场价值，为客户直接更新和修复零部件，这时保险公司理赔做法与承保时的定值保险一脉相承，客户完全可以接受，很少发生争议。可是一旦发生车辆全部损失时，保险公司需要遵循财产保险的补偿原则，一般要确定出险当时机动车辆的实际价值，除新车外，保险公司确定的理赔数额一定会低于保单中确定的新车购置价，这时保险公司采用的是基于不定值保险基础上的赔偿方式。这样运作的结果是，一个保险产品同时内含两种不同承保方式对应的补偿方式，非常不利于保险客户理解和接受，最终极易诱发争议和纠纷。伴随我国保险业全面对外开放，必然要面临国外保险公司先进技术和产品的冲击，因此我国的汽车费率制订应借鉴国外先进的技术，尽快变更并使之更加完善。

3. 机构管理不规范

（1）在经营理念上，发展和管理、速度和效益的矛盾突出。风险管理意识和风险控制水平不高，部分业务质量较差，为完成保费任务不计成本地承保一些赔付率高、连年亏损的业务，经营效益水平低，制约了保险公司的快速健康发展和壮大。

（2）在市场开拓思路上，业务领域狭窄，产品创新力度小，销售渠道管理不完善。随着我国汽车行业的高速发展，人们对汽车保险的需求在不断升高，要求也在不断变化，但是基层公司对新产品开发推广的积极性不高，工作力度太小，在销售渠道上，虽然扩大了营销业务和专、兼职代理业务，但在管理上没有建立落实相应的制度，比较混乱。

（3）在服务水平上，技术含量较低，仍然存在过分依赖关系和人情的现象。基层公司在展业过程中，主要依靠业务人员的“关系网”拉业务，或者是通过大量招聘营销员的“人海战术”开拓市场，保险从业人员素质参差不齐，误导消费、坑害被保险人利益等行为时有发生，部分业务人员忽视消费者心理状态而采取死缠烂打的推销方式。

(4) 承保过程操作不规范，核保人员对于车辆的查验不全面，造成风险的增加。展业人员、保险代理人在初步核保是为了扩大业务量，对于不具备承保条件的车辆进行承保，造成复核人员的工作量加大。

4. 我国的社会诚信体系不健全

最大诚信原则是保险的第一原则，只有诚信，才能让社会和人民群众接受，人民群众才能最大程度地支持保险业的发展。然而，我国保险业诚信环境不是十分理想。首先，保险公司信用度低，投保非常容易，有些素质较低的业务员为了业绩，不惜欺骗隐瞒客户，损害保险业的形象；更有甚者在机动车辆发生保险事故后，业务人员为客户进行承保再报案索赔，骗取保险公司赔款。其次，投保人也存在诚信问题，其中尤为严重的就是欺诈。投保人为了自身的利益，不惜一切条件，制造出险来欺骗保险公司。保险欺诈行为不仅是保险业健康发展的主要障碍，而且已经成为保险人最重要的经营风险之一。

阅读材料7-2

识别保险欺诈

机动车保险欺诈的因子主要有以下一些情况。

①小碰撞，却产生大的修理成本；②车辆的损失与报告的交通事故无关；③车辆被盗，后找回，但发现已严重损毁；④被保险人购买的是最新型的汽车；⑤出险的车辆是破旧的老车；⑥出险之前，被保险人曾反复找机动车保险代理人确认该车的承保范围；⑦产险公司的代理人没有见过该投保车辆；⑧被保险人投保时或者出险时处于经济困难阶段；⑨被保险人的职业、收入与车辆的价值不符合；⑩被保险人申请机动车保险索赔的态度急切；⑪被保险人愿意接受比损失金额小的理赔数额；⑫被保险人急切要求保险公司快速理赔；⑬被保险人对车辆的维修知识非常了解；⑭对于出险或者交通事故，被保险人急切接受指责；⑮索赔的机动车保险是刚注册或者刚投保的车辆；⑯索赔单据或证明材料中有伪造痕迹；⑰被保险人曾经有过往的犯罪记录；⑱被保险车辆的前任车主无法确认；⑲索赔是第三方报案；⑳保险公司理赔人员没有现场查勘的案件；㉑出险车辆被快速修理完毕；㉒出险时没有目击证人、目击证人的证明与索赔相反；㉓被保险车辆单方肇事；㉔出险事故涉及身份不明的第三方；㉕被保险车辆已过保修期；㉖被保险车辆属于高额租赁；㉗被保险车辆属于贷款购买；㉘被保险人失业、从事不景气行业或者居住在穷人区；㉙失窃车辆被被保险人自己找回；㉚被保险车辆进行重复保险；㉛被保险人亲自现金缴纳保费；㉜被保险人提出威胁性索赔；㉝被保险人拒绝回答细节问题；㉞事故调查期间，被保险人神经紧张；㉟被保险人曾有大量索赔记录。

5. 缺乏高素质的保险人才

保险承保是一项专业性很强的工作，保险标的涉及面广，而且标的风险的组成因素十分复杂，所以对于保险标的的风险管控很困难，这就要求保险承保人员，应具有较强的专业知识。而现有部分承包人员不具备这种知识和能力，使得在理赔过程中无能为力，办事效率很低。另外，《保险法》规定：保险公司在订立保险合同时，应当向投保人说明保险合同的条款内容和责任免除的情况。但是，部分业务员在展业时，没有履行详细的解释说明义务，有的更误导投保人投保，只说明保险事故发生后投保人或被保险人会得到多少赔偿，而对一些限制性条款及责任免除条款则讲解很少，甚至不提。一旦发生保险事故，实际赔付往往达不到投保人的预期，产生矛盾，为后续的理赔工作制造困难。

7.4 承保过程中存在问题的策略研究

1. 完善社会信用体系

诚信是市场秩序的支柱，是市场繁荣的基石。保险产品是一种以信用为基础、以法律为保障的承诺，保险经营具有长期性的特点，这些因素决定了保险业比其他行业对诚信的要求更高，可以说诚信是保险业的生命线。因此，政府、监管机构要切实肩负起营造社会诚信环境的责任。一是制定切实可行的市场行为规则，规范保险市场竞争秩序，监督和促进各保险公司的合作，共同抵制不诚信的行为；二是实施社会教育，构建企业诚信文化，高度重视诚信建设，对其员工进行诚信教育，并建立有效的激励惩处机制，树立起保险企业形象；三是建立奖惩机制，建立保险行业荣誉体系，定期进行考核评比，隆重表彰全国范围内的诚信建设的先进单位和个人，弘扬诚信文化。同时建立保险从业人员和被保险人诚信信息查询网络，对有不良记录的保险公司、代理人名单和恶意骗保骗赔被保险人名单进行公布。这样可对那些诚信缺失的业务员起到警示教育的作用，还可以从最大限度地消除保险诈骗，使那些恶意骗保的投保人难以得逞。

2. 建立健全保险法律法规，加大监管力度

保险行业的健康发展都必须要有健全的法律制度去规范和保护。由于现阶段我国并没有制定约束保险承保的新的法律法规，保险公司的承保基本上还是沿用以前的规定，使得在承保方面的漏洞越来越多，出现了许多逆选择和道德风险，导致保险公司的承保风险增加。另外，保险公司以及相关从业人员法制观念比较薄弱，为了提升业务量，在展业时夸大宣传保险作用，欺骗误导客户等违法违规、失信行为时有发生，在一定程度上损害了客户、公司乃至保险销售人员自身的利益，损害了保险行业的社会形象，对保险业的健康发展产生了消极影响。所以，相关部门应该加大监管力度，对于保险公司在承保过程中出现的有悖于法律法规的现象加大处罚力度。

3. 培养高水平、高素质保险从业人员

保险业要发展，保险从业人员的素质是很关键的因素。保险监管机构要在业内深入有效地开展职业道德教育，树立为人民服务的战略经营理念。要完善准入制度，广泛推行行业及岗位标准，包括文化素质、基本技能、从业经历等，实行定期的考核与岗位轮换、淘汰与晋级机制。还要启动社会监督机制，建立执业诚信档案，定期进行评价，提高理赔人员素质。

目前，我国的教育培训资源相对少，职业教育落后于学历教育，学历教育落后于行业发展。对于仍处于发展初级阶段的中国保险业而言，保险教育培训更是处于初级阶段。因此，《国务院关于保险业改革发展的若干意见》提出，要实施人才兴业战略，深化人才体制改革，优化人才结构，建立一支高素质人才队伍。人才作为最富能动性和创造性的资源，已成为保险业发展的第一资源。拥有一支数量充裕、素质较高、结构合理的人才队伍，是保险业实现又快又好发展的重要保证。

(1) 从培训入手，加强和改善保险业人才队伍建设要缓解当前我国保险人才供需紧张的矛盾，促进保险业的快速发展，必须加快我国保险业人才队伍建设，建立起保险监管部门倡导推动、保险业界积极参与、社会力量努力配合的三位一体的保险人才建设体系。

① 发挥高校作用，培养高层次专业人才，实现保险理论与实践的有机结合，学历教育与继续教育的有效衔接，保险企业应加强与高等院校的合作，建设高水平的培训基地和保险科技研究实验基地。

② 发挥企业作用，加快建立与企业发展相适应的人才培育体系。

③ 发挥保险监管部门、行业协会职能作用，逐步建立标准化的教育培训体系。首先，保险监管部门要把好入门关，坚持完善《从业资格证书制度》《执业资格证书制度》，建立有中国特色的保险业专业资格认证体系。其次，保险行业协会要发挥桥梁纽带作用，整合市场资源，规范完善职业继续教育制度，制定统一的职业继续教育衡量标准，从规范化、专业化、规模化三个方面确保行业继续教育顺利开展。最后，逐步建立保险公司、保险行业协会、保险学会以及保险监管部门结合的保险培训和学术研究基地，协调解决保险培训的相关问题。

(2) 从制度入手，建立和完善保险业人才管理体制。主要可以从以下两方面入手。

① 树立正确的人才观，完善选人、用人制度。保险行业应树立正确的人才观，坚持公开、平等、竞争、择优的原则，建立有利于优秀人才脱颖而出，充分施展才能的选人用人制度，破除“以保费论英雄”“重展业、轻管理”等观念，不以“学历”论高低、不以“职称”论短长，把品德、知识、能力和业绩作为衡量人才的主要标准，以此提高企业核心竞争力。

② 加快人事制度改革，建立有效的人才激励机制。有效的激励能够不断增强人才的成就感和责任感，激发其进取精神和竞争意识。

4. 规范管理改进承保技术

保险公司对于承保流程的规范化管理程度直接影响保险公司承包的品质。保险公司内部的管理混乱一直是制约保险行业发展的瓶颈之一，保险公司在加大管理力度的同时更应该改进管理模式。首先，要建立严格的承保操作规程，让承保的流程制度化，统一承保品质的管控。其次，人员管理上建立相应的激励制度，激发从业人员的积极性，从而提高承保效率。

在承保技术方面应该引进国外先进的技术与理念，在保险公司内营造优良的保险承保文化，不断开发更多的汽车保险业务，来满足汽车保险行业发展的要求。

【关键术语】

承保 核保 投保 保险单

【综合练习】

1. 什么是核保？核保工作具体有哪些？
2. 核保的程序有哪些？
3. 什么是投保？
4. 什么叫保险单？填写保险单需要填写哪些项目？
5. 什么是承保？承保的流程如何？
6. 简述核保的意义。

第8章 汽车保险理赔实务

本章教学要点

知识要点	掌握程度	相关知识
汽车保险理赔	掌握汽车保险理赔的含义； 熟悉汽车保险理赔的流程； 了解现场查勘的程序与方法	汽车保险理赔的含义； 汽车保险理赔的流程； 现场查勘的程序与方法

导入案例

发生事故未报警，掉头回家惹麻烦

2014年2月，夏先生将其名下的小客车向北京某保险公司投保了机动车商业险，保险期限为一年。2014年9月11日凌晨3时许，夏先生驾驶被保险车辆行驶时，因采取措施不当与路基转盘相撞，致车辆损坏。据夏先生称，事故发生后，当时觉得交通事故并未撞伤他人，因此认为事情不大，未及时报警，而是驾车驶离了事故现场，回家睡觉。直到第二天，夏先生才向交警报案。之后，夏先生向保险公司报案，但保险公司拒绝定损和理赔。夏先生诉至法院，请求判令保险公司支付投保车辆维修费27420元以及拒赔期间的交通费用4800元。

保险公司辩称，夏先生在事故发生后驾车逃跑，事故的性质和原因无法确认，无证驾驶和醉酒驾驶都不能赔偿，在无法排除醉酒和实际驾驶人的情况下，不同意赔付。此外，保险公司还向法院提交事故现场查勘询问笔录，用以证明夏先生本人在交通事故发生后擅自驾车逃跑。

法院审理后认为，在保险事故发生后，夏先生并未及时履行通知义务，并驾车擅自驶离事故现场，导致保险公司无法核实事故发生的性质及原因，故保险公司有权依照双方保险条款的约定，拒绝赔付车辆财产损失保险保险金。据此，夏先生的诉讼请求没有得到法院支持。

法官提示说，实践中，保险事故发生后，首先要确定事故责任以及车辆损坏程度与事故发生是否存在直接因果关系，这些都需要投保人在事故发生后及时向公安交警部门以及保险公司进行报案，积极配合他们进行事故调查。一旦投保人像本案夏先生那样，图一时省事，怠于履行自身义务，驾车驶离，导致事故责任或车辆损失无法查清时，将承担相应的不利后果。如果肇事车辆造成损害后果特别严重，因其行为还有可能被定性为刑事犯罪，将承担相应刑事责任。

保险为人们的生活提供了一份保障，但是保险的赔偿是有范围的，是属于保险责任，还是除外风险？要想清楚地分清所发生的事故是否属于保险责任，这就要求保险人员熟知保险责任范围，以便更好地处理事故赔偿，即理赔。

本章主要介绍汽车保险理赔实务。

8.1 汽车保险理赔概述

8.1.1 汽车保险理赔的含义

汽车保险理赔是指保险汽车在发生保险责任范围内的损失后，保险人依据保险合同的约定解决保险赔偿问题的过程。

对于人员伤亡较为严重或财产损失较大的交通事故，一般保险理赔手续较复杂，历来是保险人与被保险人之间十分敏感的问题，易引发保险双方的纠纷。汽车保险理赔的质量取决于保险人赔案处理的效率和是否履行了保险合同的约定，关系到保险人的成本与信誉，也关系到被保险人的切身利益。所以，汽车保险理赔是整个汽车保险过程中非常重要的一个环节，保险人应当谨慎处理汽车保险理赔事宜。

近年来，由于汽车设计技术、制造技术的发展完善，加之以电子技术为主的高新技术在汽车上的普及应用，使得现代汽车的结构性能日趋合理，因车辆本身原因导致的交通事故比例呈现出下降的趋势，而由人为因素引起的交通事故则在迅速增加。由于人为因素极其复杂难辨，这种变化无疑增加了汽车保险理赔工作的难度。

8.1.2 汽车保险理赔的特点

汽车保险与其他保险不同，其理赔工作也具有显著的特点。理赔工作人员必须对这些特点有一个清醒和系统的认识，了解和掌握这些特点是做好汽车理赔工作的前提和关键。

1. 被保险人的公众性

我国的汽车保险的被保险人曾经是以单位、企业为主，但是，随着个人拥有车辆数量的增加，被保险人中单一车主的比例将逐步增加。这些被保险人的特点是他们购买保险具有较大的被动色彩，加上文化、知识和修养的局限，他们对保险、交通事故处理、车辆修理等知之甚少。另一方面，由于利益的驱动，检验和理算人员在理赔过程中与其在交流过程中存在较大的障碍。

2. 损失率高且损失幅度较小

汽车保险的另一个特征是保险事故虽然损失金额一般不大，但是事故发生的频率高。保险公司在经营过程中需要投入较大的精力和费用，有的事故金额不大，但是仍然涉及对被保险人的服务质量问题，保险公司同样应予以足够的重视。另一方面，从个案的角度看赔偿的金额不大，但是，积少成多也将对保险公司的经营产生重要影响。

3. 受汽车修理厂限制较大

修理厂在汽车保险的理赔中具有重要意义。它决定着修理价格、工期和质量。因而，保险公司必须拥有优良的修理部门。

4. 标的流动性大

由于汽车的功能特点，决定了其具有相当大的流动性。车辆发生事故的地点和时间不确定，要求保险公司必须拥有一个运作良好的服务体系来支持理赔服务，主体是一个全天候的报案受理机制和庞大而高效的检验网络。

8.1.3 汽车保险理赔工作基本原则

为确保汽车保险理赔的快捷与高效，在汽车保险的理赔时应遵循如下原则。

1. 满意性原则

在保险事故发生后，被保险人往往因惊恐而处于心理上的失衡状态。而被保险人对保险理赔工作的处理方式和处理意见是否满意直接关系到保险人的信誉和经营效果。如果被保险人对理赔过程和处理结果满意，则有助于通过被保险人的宣传扩大保险经营的规模；

如果被保险人对此不满，往往会导致当事双方诉诸法律。保险人败诉会导致诋毁其经营信誉的结果，对保险人的后续经营造成不利的社会影响。即使保险人胜诉，也难免会导致当事双方伤了和气，被保险人另寻其他保险人投保，从而也影响到保险人的经营。所以保险人理赔时所采取的处理方式和处理态度非常重要，保险理赔工作应首先遵循满意性原则。

2. 迅速性原则

从保险功效来说，保险的作用在于使被保险人在损失发生后能尽快恢复到损失发生前的状况，从而确保其经济生活的安定。因此，汽车保险理赔的速度直接关系到被保险人能否获得及时的补偿。所以，保险人在汽车保险理赔时应遵循迅速性原则。保险人接到被保险人的事故报案以后，应该迅速做出反应。这种迅速体现为两个方面：一方面，查勘定损应力求迅速，以确保保险人掌握第一手的事故资料，防止被保险人为利益而隐瞒实情、实施欺骗；另一方面，案件处理应迅速。如果案件清楚明了，就应该迅速支付赔款结案；如果案情复杂但可确定属于保险责任且符合预付赔款要求的，现场查勘之后应预付部分赔款以解被保险人的燃眉之急；如果事故确属于责任免除范畴，应有理有据地出具拒赔通知书，并做好安抚工作。

3. 准确性原则

涉及责任免除的确定、被保险人义务的遵守、免赔的计算方法等许多有关保险合同的专业性问题，并不是每一个被保险人都清楚无误，所以需要保险人在计算赔付时应力求准确，遵循准确性原则，不能因保险人具有专业知识而刻意压低赔款或欺骗被保险人。因此，在汽车保险理赔时，应对事故导致的直接损失费用计算准确，依据保险合同的约定，合理地确定各项损失费用，这是确保被保险人满意的基础。

4. 公平性原则

根据保险分摊性质，如果赔付过多，虽然个别被保险人受益，将导致广大被保险人承担过多的保险费，同时也会影响到保险人的偿付能力。如果赔付过低，虽然保险人暂时受益，但因被保险人不满意将导致保险人的保险信誉下降，从而影响到保险的经营稳定性。所以，在保险理赔时，应遵循公平性原则，尽量做到理赔结果对保险当事双方都公平。对于不应赔付的案件，一定不赔付；对于应赔付的，不可多赔，亦不可少赔。

8.2 汽车保险理赔流程

汽车保险的理赔工作过程是从接受被保险人的出险报案开始，通过现场查勘，确定保险责任和赔偿金额，直至给付赔款的整个过程，是一项复杂而繁重的工作。理赔人员不仅需要有较强的专业技术知识、相应的业务知识和政策水平，而且还要有高度的事业心、责任心和实事求是的工作作风。汽车保险理赔的处理程序包括受理案件、现场查勘与定损、赔付结案等三个主要过程。在理赔时，根据保险合同的约定，始终贯彻“满意性、迅速性、准确性、公平性”的理赔原则，严格按照理赔的处理程序认真办案。

8.2.1 受理案件

1. 接受报案

保险汽车出险后，被保险人一般是先以口头或电话、电报等方式向保险人报案，然后再补交书面的出险通知。

1）报案记录

理赔人员在接到报案时，应详细询问报案人姓名及联系方式、被保险人名称、驾驶员情况、厂牌车型、牌照号码、保险单号码、出险险别、出险日期、出险地点、出险原因和预估损失金额等情况，并进行报案记录，迅速通知业务人员。同时指导被保险人尽快填报“出险通知书”。如果是电话报案，则要求其事后补填出险通知书。出险通知书样式见表8－1。

表8－1 出险通知书

<table>
<tr><td>被保险人</td><td></td><td>保险单号</td><td></td></tr>
<tr><td>保险险种</td><td></td><td>保险标的</td><td></td></tr>
<tr><td>批单号码</td><td></td><td>保险期限</td><td></td></tr>
<tr><td>出险地点</td><td></td><td>出险日期</td><td></td></tr>
<tr><td colspan="4">出险情况，主要原因及施救经过：</td></tr>
<tr><td colspan="4">损失项目、数量、程度及估损金额：</td></tr>
<tr><td colspan="2">报案人：
联系电话：
联系地址：
报案日期：</td><td colspan="2">保险公司意见：
经办：
年 月 日</td></tr>
</table>

本通知书由报案人自行如实填写，盖章后交保险公司。

2）出险通知

一般来说，出险通知应包括如下内容。

(1) 保险单证号码。

(2) 被保险人名称、地址及电话号码。

(3) 保险汽车的种类及厂牌型号、生产日期、第一次申领牌照日期、牌照号码、发动机号码等。

(4) 驾驶员情况，包括姓名、住址、年龄、婚否、驾驶证号码、驾龄和与被保险人的关系等。

(5) 出险时间、地点。

(6) 出险原因及经过，包括事故形态，如正面碰撞、侧面碰撞、追尾碰撞、倾覆、火灾、失窃等；事故原因，如超速、逆向行车、倒车不当等；发生事故前车辆的动态，如行驶方向、行驶速度、超车、转弯等；撞击部位，如车头、车中、车尾等。

(7) 涉及的第三者情况。第三者的财产损失包括其姓名、住址、电话号码，以及第三者车辆损失情况(车牌号码、保险单号码、受损情形及承修场所)或其他财产损失情况；涉及第三者伤亡的，包括伤亡者姓名、性别、受伤情形和所救治的医院名称、地址等。

(8) 处理的交通管理部门名称，经办人姓名及电话号码等。

(9) 被保险人签章与日期。

2. 单证查核

业务人员根据出险通知书，尽快查抄出险车辆的保险单和批单，根据保险单上载明的被保险人情况、保险车辆情况、投保内容等进行查核，然后办理立案手续。

查核的内容主要包括如下几方面。

(1) 出险通知书是否加盖收件章并载明时间。

(2) 核对保险单证、行车执照和驾驶执照等。

(3) 查核承保内容。

(4) 编制理赔案号。

(5) 依保险条款初步判定是否应负赔偿责任，若事故原因不属于承保范围应拒赔并以书面形式说明理由。

3. 立案

(1) 对于在承保范围且属于保险责任的理赔案件，业务人员应进行理赔登记。

(2) 对于不在保险有效期或明显不属于承保责任的理赔案件，应在出险通知书和立案登记簿上签注“因×××原因不予立案”的字样，并向报案人做出耐心解释。

(3) 承保车辆在外地出险，需要代查勘的，应立即安排代查勘公司，并将其名称登载在立案登记簿上。

受理案件结束后，由查勘定损人员进行现场查勘与定损。

8.2.2 现场查勘与定损

1. 现场查勘

现场查勘是指用科学的方法和现代技术手段，对交通事故现场进行实地验证和查询，将所得的结果完整而准确地记录下来的工作过程。现场查勘是查明交通事故真相的根本措施，是分析事故原因、认定事故责任的基本依据，也为事故损害赔偿提供证据。所以，现场查勘应公正、客观、严密地进行。

查勘定损人员接案后，应迅速做好查勘准备，尽快赶赴事故现场，会同被保险人及有关部门进行现场查勘工作。现场查勘工作必须由两位以上查勘定损人员参加，尽量查勘第一现场。如果第一现场已经清理，必须查勘第二现场，调查了解有关情况。现场查勘的主要内容如下。

1）查验客户提供的保险证或保险单

查验客户提供的保险证或保险单即进行保险情况的确认。

2）查明出险时间

确切查明出险时间是否在保险期范围内。对接近保险起止时间的案件应特别注意查实。为核实出险时间，应详细了解车辆启程或返回的时间、行驶路线、伤者住院治疗的时间，如果涉及车辆装载货物出险的，还要了解委托运输单位的装卸货物时间等。

3）查明出险地点

要准确地查明出险地点。对擅自移动出险地点或谎报出险地点的，要查明原因。

4）查明出险车辆情况

查明出险车辆的车型、牌照号码、发动机号码、车架号码、行驶证，并与保险单或批单核对是否相符，查实车辆的使用性质是否与保险单记载的一致；如果与第三方车辆发生事故，应查明第三方车辆的基本情况，如图8.1、图8.2所示。

图8.1 车辆VIN码

图8.2 拍照取证

5）查清驾驶员情况

查清驾驶员姓名、驾驶证号码、准驾车型、初次领证时间等。注意检查驾驶证的有效性，是否为被保险人或其允许的驾驶员等，如图 8.3 所示。

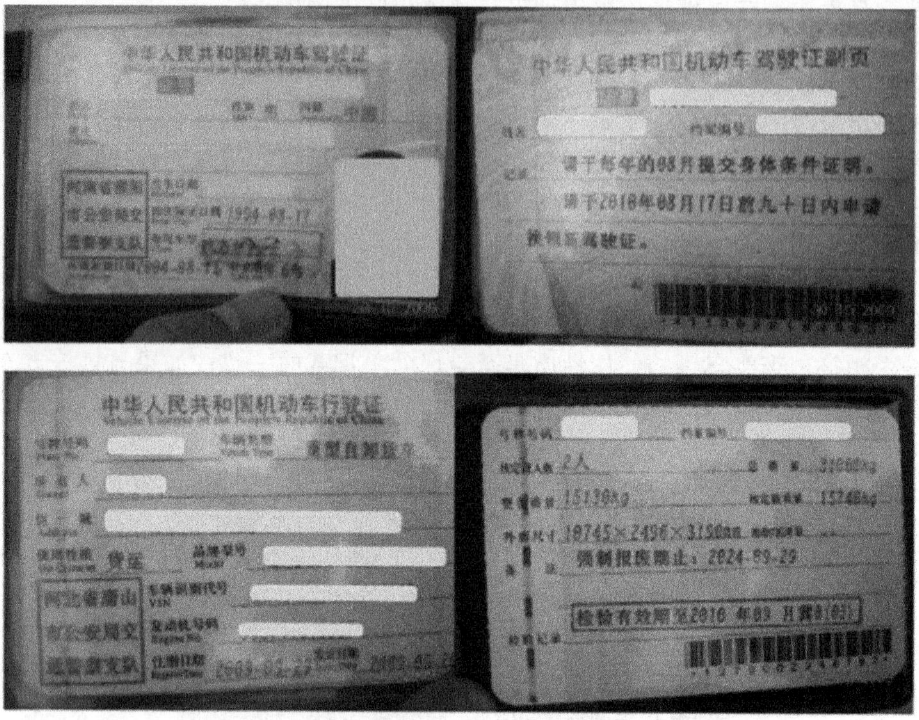

图 8.3　证件类照片

6）查明事故原因

查明事故原因是现场查勘的重点。要深入调查，根据现场查勘技术进行现场查勘，索取证明，收集证据，全面分析。凡是与事故有关的重要情节，都要尽量收集以反映事故全貌。当发现有酒后驾车、驾驶证与所驾车型不符等嫌疑时，应立即协同公安交通管理部门获取相应证人证言和检验证明等。

对于重大复杂或有疑问的理赔案件，要走访有关现场见证人或知情人，了解事故真相，做出询问记录，载明询问日期和被询问人地址，并由被询问人确认签字。

对于所查明的事故原因，应说明是客观因素还是人为因素，是车辆自身因素还是车辆自身以外的因素，是违章行驶还是故意违法行为。

对于造成重大损失的保险事故，如果事故原因存在疑点难以断定的，应要求被保险人、造成事故的驾驶员、受损方对现场查勘记录内容确认并签字。

7）查明车辆的使用性质

查明车辆出险时使用性质和保单载明的是否相符以及是否运载危险物品。车辆结构有无改装或加装。

8）施救整理受损财产

（1）现场查勘人员到达事故现场后，如果险情尚未控制，应立即会同保险人及其有关部门共同研究，确定施救方案，采取合理的措施实施施救，以防损失进一步扩大。

(2) 保险车辆受损后，如果当地的修理价格合理，应安排就地修理，不得带故障行驶。如果当地修理费用过高需要拖回本地修理的，应采取防护措施，拖拽牢固，以防再次发生事故。如果无法修复的，应妥善处理汽车的残值部分。

9) 核实损失情况

查清受损车辆、承运货物和其他财产的损失情况及人员伤亡情况，查清事故各方所承担的事故责任比例，确定损失程度。同时应核查保险车辆有无重复保险情况，以便理赔计算时分摊赔款。

现场查勘结束后，查勘人员应按照上述内容及要求认真填写现场查勘记录。如果可能，应力争让被保险人或驾驶员确认签字。

2. 代查勘

代查勘限于本保险公司各分支机构所承保的汽车在异地出险的情形，出险当地的保险分支机构均有代查勘并提供各种协助的义务。具体程序如下。

(1) 出险地保险公司业务人员接到外地保险车辆在本地出险的通知以后，应查验保险证或保险单。确认是本公司承保的车辆后，询问并记录报案日期、报案人、保险单号、保险类别、被保险人、承保公司、出险时间、地点、原因、牌照号码等。同时向报案人出示出险通知书并交代填写事项，督促其按期交回。

(2) 应立即安排现场查勘，并尽快通知承保公司。

(3) 查勘人员到达事故现场以后，应视同本公司的赔案处理，认真开展现场查勘工作，按照要求填写查勘记录并由代查勘的公司领导签章。

(4) 业务人员应将该案登录代查勘登记簿，并按照规定开具代查勘收据一式两联。一联连同出险通知书、查勘记录及现场照片、草图、询问记录及有关证明材料等发送承保公司，一联连同出险通知书、查勘记录等材料在代查勘公司留存备查。

此外，如果承保公司同意并委托进行代定损，应按照规定的定损程序处理。处理完毕后，应将全部案件材料移交承保公司并在代查勘登记簿上注明移交时间。

3. 审定保险责任

审定保险责任是理赔过程中一项十分谨慎的工作，关系到被保险人的切身利益和保险人的信誉。所以，在审定保险责任时，业务人员应根据现场查勘记录、事故证明、事故调解书等有关材料，结合机动车辆保险条款及其解释等有关文件，全面分析事故的主客观原因。

审定保险责任应注意以下事项。

(1) 业务部门对于现场查勘记录及其相关材料应进行初审，按照规定的核赔权限，召集相关人员会议，听取查勘定损人员的详细汇报及其分析意见，研究审定保险责任。

(2) 审定保险责任一定要以机动车辆保险条款及其解释为依据，领会条款精神，尊重客观事实，掌握案情的关键。尤其对不属于保险责任的案件，要认真讨论，反复推敲。对于属于责任范围的，应进一步确定被保险人对事故承担的责任和有无代位追偿的问题。认为是责任免除范畴应拒赔的案件，要有充分的、有说服力的依据和理由。拒赔前，应向被保险人耐心解释，倾听意见。

(3) 当赔偿责任确定后，对被保险人所报的损失清单及其费用单证，应根据现场查勘的实际损失记录，逐项进行审核，确定赔偿项目和赔付范围。

(4) 应妥善处理疑难案件。对于责任界限不明，难以掌握的疑难案件和拒赔后可能引起诉讼的或经反复研究仍无法定论的理赔案件，应将《拒赔案件报告书》连同有关材料报上级公司审定。经上级公司批准后，应填具《拒赔通知书》送交被保险人并进行耐心解释。

对于确定无异议属于保险责任的理赔案件，应立即开展定损和计算赔款工作。

4. 确定损失与赔款

定损流程如图 8.4 所示。

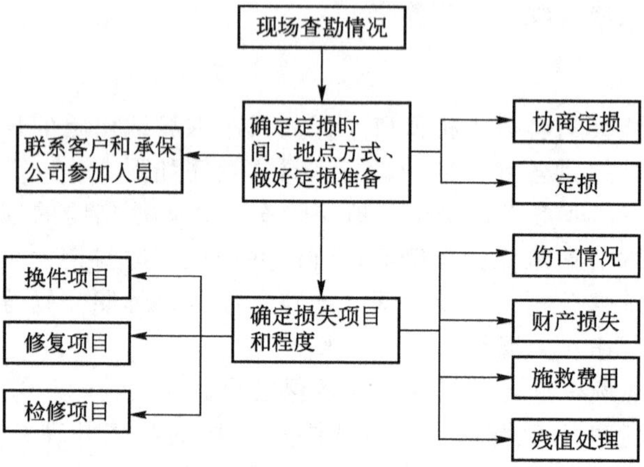

图 8.4　定损流程

1) 确定损失

(1) 车辆定损。保险人应会同被保险人和第三者车损方一起进行车辆定损。车辆定损的基本程序包括以下内容。

① 保险人必须指派两名定损员一起参与定损。定损时，根据现场勘察记录，详细核对本次事故造成的损失部位和修理项目，逐项列明修理工时费、换件项目及金额。

② 对更换的零部件属于本级公司询价、报价范围的，要将换件项目清单交报价员进行审核，报价员应根据标准价或参考价核定所更换的配件价格；对于估损金额超过本级处理权限的，应及时报上级公司并协助定损。首先按照《汽车零配件报价实务》规定缮制询价单，通过传真或计算机网络向上级公司询价。其次，上级公司接到下级公司询价单后应立即查询，对询价金额在本身权限范围的，进行核准操作。对询价金额高于本身报价金额的，上级公司应逐项报价并将核准的报价单或询价单传递给询价公司。

③ 定损员接到核准的报价单后，再与被保险人和第三者车损方协商修理、换件项目和费用。协商一致后，三方共同签订《汽车保险定损确认书》。

④ 受损车辆原则上应一次定损。定损完毕后，由被保险人自选修理厂修理或到保险人推荐的修理厂修理。保险车辆修复后，保险人可根据被保险人的委托与修理厂结算修理费用，明确区分应由被保险人自己负担的部分费用，并在《汽车保险定损确认书》上注明，并由被保险人、保险人和修理厂签字认可。

⑤ 对损失金额较大，双方难以定损的或受损车辆技术要求高，难以确定损失的，可聘请专家或委托公估机构定损。

⑥ 车辆定损时应注意：经保险公司书面同意。对保险事故车辆损失原因进行鉴定的费用可以负责赔偿。

近年来，有些保险公司为了适应形势的发展，通过严格审查与筛选，在本地区修理行业确定了许多保险定点修理单位。保险车辆发生事故受损后，必须到这类定点修理单位修理才能定损，否则不予受理。在这种情况下，修理的部位、工时与换件的费用由承修方和保险人协商确定。定损时，按照双方的约定核实。

车辆定损应注意以下问题。

① 应注意本次事故造成的损失和非本次事故造成的损失、正常维护与事故损失的界限，对确定的事故损失应首先坚持尽量修复的原则。如果被保险人或第三者提出扩大修理范围或应修理而要求更换的，超出部分的费用应由其自行承担并在定损确认书上明确注明。

② 经保险人同意，对事故车辆损失原因进行鉴定的费用应负责赔偿。

③ 受损车辆解体后，如发现尚有因本次事故损失的部位没有定损的，经定损员核实后，可追加修理项目和费用。

④ 受损车辆未经保险人同意而由被保险人自行送修的，保险人有权重新核定修理费用或拒绝赔偿。在重新核定时，应对照现场查勘记录，逐项核对修理费用，剔除其扩大修理的费用或其他不合理的项目和费用。

⑤ 换件残值应合理作价，如果被保险人接受，则在定损金额中扣除；如果被保险人不愿意接受，保险人拥有处理权。

⑥ 如果被保险人要求自选修理厂修理的，必须先确定保险责任和损失金额。

(2) 施救费用的确定。施救费用的确定应严格按照保险条款的有关规定进行，并注意以下原则。

① 保险车辆发生火灾时，被保险人或其允许的驾驶员使用他人非专业消防单位的消防设备，施救保险车辆所消耗的合理费用及设备损失应当赔偿。

② 保险车辆出险后，失去正常的行驶能力，被保险人雇用吊车及其他车辆进行抢救的费用以及将出险车辆拖运到修理厂的运输费用，保险人应按当地物价部门核准的收费标准予以负责。

③ 在抢救过程中，因抢救而损坏他人的财产，如果应由被保险人赔偿的，可予以赔偿。但在抢救时，抢救人员个人物品的丢失，不予赔偿。

④ 抢救车辆在拖运受损保险车辆途中发生意外事故造成保险车辆的损失扩大部分和费用支出增加部分，如果该抢救车辆是被保险人自己或他人义务派来抢救的，应予赔偿；如果该抢救车辆是受雇的，则不予赔偿。

⑤ 保险车辆出险后，被保险人或其允许的驾驶员或其代表奔赴肇事现场处理所支出的费用，不予负责。

⑥ 保险人只对保险车辆的施救保护费用负责。例如，保险车辆发生保险事故后，受损保险车辆与其所装货物同时被施救，应按保险车辆与货物的实际价值进行比例分摊赔偿。

⑦ 保险车辆为进口车或特种车，发生保险事故后，当地确实不能修理，经保险人同意后去外地修理的移送费，可予适当负责。但护送保险车辆者的工资和差旅费，不予负责。

⑧ 施救、保护费用与修理费用应分别理算。但施救前，如果施救、保护费用与修理费用相加，估计已达到或超过保险金额时，则可推定全损予以赔偿。

⑨ 保险车辆发生保险事故后，对其停车费、保管费、扣车费及各种罚款，保险人不予负责。

(3) 伤亡费用的确定。涉及第三者责任险和车上人员责任险的人员伤亡费用，应根据保险合同的约定和有关法律法规的规定处理。

① 事故结案前，所有费用均由被保险人先行支付。待结案后，业务人员应及时审核被保险人提供的事故责任认定书、事故调解书、伤残证明及各种有关费用单据，填写费用清单。在确定伤亡费用时，应根据道路交通事故处理的有关规定向被保险人说明费用承担的标准。凡是被保险人自行承诺或支付的费用，业务人员应重新核定，对不合理的部分应予剔除。

按照现行的《道路交通事故处理办法》规定，保险可以负责的合理费用包括：医疗费(限公费医疗的药品范畴)、误工费、护理费(住院护理人员不超过两人)、就医交通费、住院伙食补助费、残疾生活补助费、残疾用具费、丧葬费、死亡补偿费、被抚养人生活费、伤亡者直系亲属或合法代理人参加事故调解处理的误工费、交通费、住宿费。对于伤者需要转院赴外地治疗的，须由所在医院出具证明并经事故处理部门同意，保险人方可负责；伤残鉴定费需要经保险人同意方可负责赔付。不符合保险赔偿范围的费用包括：受害人的精神损失补偿费、困难补助费、被保险人处理事故时的生活补助费和招待费、事故处理部门扣车后的看护费、各种罚款、其他超过规定的费用等。

② 对车上及第三方人员伤亡的情况应进行实际调查，重点调查被抚养人的情况及生活费、医疗费、伤残鉴定证明等的真实性、合法性和合理性。

伤亡费用审核结束后，应在人员伤亡费用清单上“保险人复核意见”栏内签署意见并注明提出项目及其金额。

(4) 其他财产损失的确定。第三者责任险涉及的除了第三者车辆损失以外的财产损失以及车上责任险的财产损失，保险人应会同被保险人、第三者及相关人员逐项核对，确定损失数量、损失程度和损失金额，填具财产损失清单。要求被保险人提供有关货物、财产的原始发票。审核后，定损员在清单上签署审核意见。

2) 计算赔款

根据被保险人提供的有关费用单证经审核无误后，理算人员对车辆损失险、第三者责任险、附加险及施救费用等分别计算赔偿金额。

(1) 车辆损失险的赔款计算。

① 全部损失。当保险车辆整体损毁或保险车辆受损严重，失去修复价值，或保险车辆的修复费用达到或超过出险当时的实际价值时，保险人按照推定全损计算赔款。

保险车辆发生全部损失后，如果保险金额高于出险当时的实际价值，按出险当时的实际价值计算赔偿。即：

$$赔款=(实际价值-残值)\times事故责任比例\times(1-免赔率) \tag{8-1}$$

出险当时的实际价值的确定：按出险时的同类型车辆市场新车购置价减去该车已使用年限折旧金额后的价值合理确定；或按照出险当时同类车型、相似使用时间、相似使用状况的车辆在市场上的交易价格确定。折旧按每满一年扣除一年计算，不足一年的部分，不计折旧。折旧率按国家有关规定执行，但最高折旧金额不超过新车购置价的80%。

保险车辆发生全部损失后，如果保险金额等于或低于出险当时的实际价值，按保险金额计算赔偿。即：

赔款=(保险金额-残值)×事故责任比例×(1-免赔率)　　(8-2)

② 部分损失。当保险车辆受损后，未达到“整体损毁”或“推定全损”程度的局部损失时，按照部分损失计算赔款。

保险车辆的保险金额按投保时新车购置价确定的，当保险金额等于或高于出险当时的新车购置价，发生部分损失按照实际修复费用赔偿。即：

赔款=(实际修复费用-残值)×事故责任比例×(1-免赔率)　　(8-3)

保险车辆的保险金额低于投保时的新车购置价，发生部分损失按照保险金额与投保时的新车购置价比例计算赔偿。即：

赔款=(实际修复费用-残值)×(保险金额/新车购置价)

×事故责任比例×(1-免赔率)　　(8-4)

按照上述方法计算的车辆损失赔款，当超过保险车辆的保险金额时，以保险金额为最高赔款金额。

③ 施救费用计算。

保险金额等于投保时新车购置价

施救费=实际施救费用×事故责任比例×(保险车辆实际价值/实际施救财产价值)

×(1-免赔率)　　(8-5)

保险金额低于投保时的新车购置价

施救费=实际施救费用×事故责任比例×(保险金额/新车购置价)

×(保险车辆实际价值/实际施救财产价值)×(1-免赔率)　　(8-6)

当所计算的施救费用超过保险金额时，按照保险金额确定最高的施救费用。

(2) 第三者责任险的赔款计算。

保险车辆发生的第三者责任事故应依据我国现行《道路交通事故处理办法》规定的赔偿范围、项目和标准以及保险合同的规定计算赔款。

① 被保险人按事故责任比例应负的赔偿金额超过赔偿限额。

赔款=赔偿限额×(1-免赔率)　　(8-7)

② 被保险人按事故责任比例应付的赔偿金额低于赔偿限额。

赔款=应付赔偿金额×(1-免赔率)　　(8-8)

③ 对于被保险人自行承诺或支付的赔偿金额，如果不符合《道路交通事故处理办法》规定的赔偿范围、项目和标准以及保险合同规定，且事先未征得保险人同意，保险人在计算赔款时应扣除。

(3) 附加险的赔款计算。

① 全车盗抢险。

全部损失赔款=盗抢险保险金额×(1-免赔率)　　(8-9)

部分损失赔款=实际修复费用　　(8-10)

核算免赔率时应按照全车盗抢险的相应规定执行。

② 车上责任险。

车上人员伤亡费用或货物损失费用与所负责任比例之积没有超过赔偿限额

赔款＝实际损失×所负责任比例×(1－免赔率)　　(8－11)

车上人员伤亡费用或货物损失费用与所负责任比例之积超过赔偿限额

赔款＝赔偿限额×(1－免赔率)　　(8－12)

③ 无过失责任险。

损失金额未超过赔偿限额

赔款＝实际损失×(1－20％)　　(8－13)

损失金额超过赔偿限额

赔款＝赔偿限额×(1－20％)　　(8－14)

④ 车载货物掉落责任险。

损失金额未超过赔偿限额

赔款＝实际损失×(1－20％)　　(8－15)

损失金额超过赔偿限额

赔款＝赔偿限额×(1－20％)　　(8－16)

⑤ 玻璃单独破碎险。

赔款＝实际损失　　(8－17)

⑥ 车辆停驶责任险。

未超过最高赔偿天数

赔款＝约定日赔偿金额×约定修理天数　　(8－18)

超过最高赔偿天数

赔款＝约定日赔偿金额×约定最高赔偿天数　　(8－19)

⑦ 自燃损失险。

全部损失

赔款＝保险金额×(1－20％)　　(8－20)

部分损失

赔款＝实际损失×(1－20％)　　(8－21)

⑧ 新增加设备损失险。

损失金额与所负责任比例之积未超过保险金额

赔款＝损失金额×所负责任比例×(1－免赔率)　　(8－22)

损失金额与所负责任比例之积超过保险金额

赔款＝保险金额×(1－免赔率)　　(8－23)

⑨ 不计免赔特约险。

赔款＝车损险免赔金额＋第三者责任险免赔金额　　(8－24)

3）缮制赔款计算书

计算完赔款以后，要缮制赔款计算书。赔款计算书应该分险别、项目计算并列明计算公式。赔款计算应尽量用计算机出单，应做到项目齐全、计算准确。手工缮制的，应确保字迹工整、清晰，不得涂改。

业务负责人审核无误后，在赔款计算书上签署意见和日期，然后送交核赔人员。

机动车辆保险赔款计算书见表 8－2。

表 8－2 机动车辆保险赔款计算书

保险公司：　　　　　　　　　　　　　　　　　　　　　　　　　　　　货币：单位元

<table>
<tr><td>立案编号</td><td></td><td colspan="2">被保险人</td><td colspan="2"></td></tr>
<tr><td>计算书号</td><td></td><td colspan="2">出险日期</td><td colspan="2"></td></tr>
<tr><td>保单号码</td><td></td><td colspan="2">出险地点</td><td colspan="2"></td></tr>
<tr><td>保险金额</td><td></td><td colspan="2">出险原因</td><td colspan="2"></td></tr>
<tr><td>保险期限</td><td colspan="5"></td></tr>
<tr><td colspan="6">分险类别分项目列明计算公式及结果</td></tr>
<tr><td rowspan="3">本案责任</td><td>保险标的损失</td><td></td><td colspan="2">赔款小计</td><td></td></tr>
<tr><td>施救费用</td><td></td><td colspan="2">预赔金额</td><td></td></tr>
<tr><td>查勘费用</td><td></td><td colspan="2">实赔金额</td><td></td></tr>
<tr><td></td><td>其他费用</td><td></td><td colspan="2">赔讫日期</td><td></td></tr>
<tr><td></td><td>权益转让</td><td></td><td colspan="2">损余回收</td><td></td></tr>
<tr><td colspan="2">附件</td><td colspan="4"></td></tr>
<tr><td>科(股)室意见：</td><td colspan="5"></td></tr>
<tr><td>本公司领导核定：</td><td colspan="5"></td></tr>
</table>

缮制：　　　　　　　　　　　　　　　　核赔：

8.2.3 核定赔款

1. 核定赔款的意义

在经过赔款理算之后，要根据有关单位缮制理赔计算书。首先由相关工作人员制作“机动车辆保险理赔计算书”和“机动车辆保险结案报告书”。“机动车辆保险理赔计算书”各栏要详细录入，项目要齐全，数字要准确，损失计算要分险种、分项目计算且列明计算公式，并注意免赔率要分险种计算。“机动车辆保险结案报告书”一式两份，经办人员要盖章并注明缮制日期。业务负责人审核无误后，在“机动车辆保险结案报告书”上签注意见和日期，送交核赔人。

核赔是在授权范围内独立负责理赔质量的人员，按照保险条款及保险公司内部的有关规定制度对赔案进行审核的工作。

2. 核定赔款的主要内容

1）审核单证

(1) 审核被保险人提供的单证、证明及相关材料是否齐全、有效，有无涂改、伪造等。

(2) 审核经办人员是否规范填写有关单证，必备的单证是否齐全等。

(3) 审核相关签章是否齐全。

2）核定保险责任

核定保险责任时，应重点审核下述事项。

(1）被保险人与索赔人是否相符。

(2）出险车辆的厂牌型号、牌照号码、发动机号码、车架号与保险单证是否相符。

(3）出险原因是否为保险责任。

(4）出险日期是否在保险期限内。

(5）赔偿责任是否与保险险别相符。

(6）事故责任划分是否准确合理。

3）核定车辆损失及赔款

(1）车辆损失项目、损失程度是否准确合理。

(2）更换的零部件是否按照规定进行了询报价，定损项目与报价项目是否一致。

(3）换件部分拟赔款金额是否与报价金额相符。

4）核定人身伤亡损失与赔款

核赔人员根据现场查勘记录、调查证明和被保险人提供的“事故责任认定书”、“事故调解书”和伤残证明等材料，按照相关规定审核人员伤亡损失与赔款是否合理。应重点核定以下内容。

(1）伤亡人员数、伤残程度是否与调查情况和证明相符。

(2）人员伤亡费用是否合理。

(3）被抚养人口、年龄是否属实，生活费计算是否合理。

5）核定其他财产损失

核定其他财产损失时，应根据照片和被保险人提供的有关货物、财产发票、有关单证，核实所确定的财产损失和损失物资残值等是否合理。

6）核定施救费用

根据案情和对施救费用的有关规定，对涉及施救费用的有关单证和赔付金额进行审核。

7）审核赔付计算

审核赔付计算是否准确，免赔率使用是否正确，残值是否扣除等。

属于本公司核赔权限的，审核完成后核赔人员签字并报领导审批。属于上级公司核赔的，核赔人员提出核赔意见，经领导签字后报上级公司核赔。在完成各种核赔和审批手续后，转入赔付结案程序。

8.2.4 赔付结案

1. 结案登记与单据清分

(1）业务人员根据核赔的审批金额填发《赔款通知书》及赔款收据，被保险人在收到《赔款通知书》后在赔款收据上签章，财会部门即可支付赔款。在被保险人领取赔款时，业务人员应在保险单正、副本上加盖“××××年××月××日出险，赔款已付”字样的印章。赔款通知书见表 8 - 3。

(2）赔付结案时，应进行理赔单据的清分。一联赔款收据交被保险人；一联赔款收据连同一联赔款计算书送会计部门作付款凭证；一联赔款收据和一联赔款计算书或赔案审批表连同全案的其他材料作为赔案案卷。

(3) 被保险人领取赔款后，业务人员按照赔案编号，输录《保险车辆赔案结案登记》，同时在《报案、立案登记簿》备注栏中注明赔案编号与日期，作为续保时是否给付无赔款优待的依据。

表 8-3 赔款通知书

由＊＊财产保险股份有限公司＊＊分公司(以下简称＊＊保险北京分公司)承保的车牌号为________，被保险人为______________，保单号为______________的保险车辆，于____年____月_____日_____时在_______与车牌号_______发生双方保险事故，经＊＊保险北京分公司查勘员_______查勘并确定本车损失金额_______元三者车损失金额_______元后，被保险人_______对以上标的及三者车定损金额无异议，并确认将此次事故三者方赔款_______元直接支付到_______账户，标的车赔款_____元支付到被保险人_____账户，具体账户信息如下：

三者账户名：__________ 被保险人户名：__________

三者账号：__________ 被保险人账号：__________

三者开户行：__________ 被保险人开户行：__________

三者联系方式：__________ 被保险人联系方式：__________

被保险人签字：__________

三者方人签字：__________

查勘员签字：__________

____年____月____日

注：开户行精确到是哪家银行(越精确赔款到账时间越快)；

定损单出具后，需由被保险人在定损单及赔款通知书上签字确认。

2. 理赔案卷管理

理赔案卷要按照一案一卷整理、装订、登记、保管。赔款案卷应单证齐全，编排有序，目录清楚，装订整齐，照片与原始单证应粘贴整齐并附必要的说明。一般的理赔案卷单证包括赔款计算书、赔案审批表、出险通知书、汽车保险单及批单的抄件、事故责任认定书、事故调解书、判决书或其他出险证明文件、现场查勘报告、保险车辆定损协议书及其财产损失清单、询报价单、第三者及车上人员伤亡的费用清单、照片、有关原始单据、权益转让书以及其他有关的证明与材料等。

8.2.5 典型的专项案件处理程序

1. 简易赔案

1) 简易赔案应具备的条件

理赔案件具备下述条件，方可按照简易赔案处理。

(1) 不涉及第三者，只是被保险人单方车辆损失的案件。

(2) 案情简单，出险原因清楚，保险责任明确。

(3) 一次事故损失金额在5000元以下的。

(4) 车损部位可以一次核定且受损的零部件按照价格目录可以准确确定价格。

2) 处理程序

(1) 接到报案后，查勘定损人员赶赴第一现场查勘、拍照、定损。

(2) 逐项确定损失费用和金额，填写《简易赔案协议书》，并由被保险人签字。

(3) 经核赔人员审核后交领导审批签字。

(4) 开具《赔款通知书》交财会部门及时支付赔款。

(5) 将《简易赔案协议书》相关内容录入计算机，进行结案登记。

3) 赔付结案必备的单证

简易赔案案件在赔付结案时，必备的单证包括保险单抄件、出险通知书、简易赔案协议书及定损清单、现场查勘报告、事故现场与车损照片、赔款收据及其他有关单证。

2. 逃逸案件

根据现行的《道路交通事故处理办法》的规定，在实行机动车辆第三者责任法定保险的行政区域发生机动车交通事故逃逸案件的，由当地保险公司预付伤者抢救期间的医疗费、死者的丧葬费。但如果在案发当地有多家保险公司经营汽车保险业务，对逃逸案件是否垫付由各保险公司自定或按照国务院的相关规定执行。

1) 垫付程序

(1) 保险公司接到当地公安交通管理部门出具的垫付通知书后，应迅速查勘核实，登入《逃逸案件登记表》。

(2) 伤者抢救期结束时，根据公安交通管理部门提供的医院抢救费用单据或死亡证明，办理垫付手续，并由公安交通管理部门出具垫付款收据。

(3) 按照规定填写赔款计算书，连同垫付通知书、垫付款收据、有关医院费用单据或死亡证明等归入理赔案卷。垫付金额直接作为赔款支出核算。

(4) 每一逃逸案件垫付的最高金额以 5 万元为限。

(5) 垫付赔款应做好统计，年底按照当地其他保险公司保险费收入所占比例进行分摊，分摊回的金额应冲减赔款。

2) 垫付赔款的追偿

逃逸案件破案后，应向逃逸者及其所在单位或汽车所有人追偿垫付的所有款项，并要求公安交通管理部门协助追偿，追偿回的金额应冲减赔款。

3. 代位追偿案件

1) 处理原则

(1) 只有车辆损失险适合于代位追偿。

(2) 代位追偿必须是发生在保险责任范围内的事故。

(3) 代位追偿是法定的保险人应履行的责任，根据权利义务对等的原则，代位追偿的金额应在保险金额范围内，根据实际情况接受被保险人全部或部分权益转让。

(4) 履行代位追偿以后，追偿工作必须注意债权债务的法律实效问题。

2) 处理程序

对涉及第三方责任导致的车辆损失险赔付案件，被保险人在索赔过程中，如遇第三方不予支付的情况，应向人民法院提起诉讼。经人民法院立案后，被保险人书面请求保险人先予赔偿的，同时应向保险人提供人民法院的立案证明。保险人可按保险条款有关规定和保险合同载明的条件先行赔付。具体处理程序如下。

(1) 被保险人需要出具法院的立案证明和权益转让书以及各种有效证据，保险人受理代位追偿案件。

(2) 保险人按照保险合同和有关规定理算赔款。

(3) 业务部门缮制赔款计算书和赔款通知书，履行赔付结案手续。

(4) 赔偿后，在结案登记时注明“代位追偿”的字样，并要求被保险人积极配合追偿工作。

(5) 对代位追偿的案件数和赔偿金额进行统计，已经追回的追偿款应冲减赔款。

4. 预付赔款案件

汽车保险赔付原则上不能预付赔款，对于特殊案件确需要预付赔款时，应从严掌握。属于下列情况的，可以预付赔款。

(1) 被保险人因特殊原因提出预付赔款请求，必须提交有关证明与材料。经审核确属于保险责任的，方可预付。

(2) 保险责任已经确定，但因保险赔偿金额暂不能确定而难以尽快结案的可以根据已有的证明材料按照能确定的最低数额先行预付，待最终确定赔偿金额后，再支付相应的差额。

(3) 对于伤亡惨重、社会影响面大，被保险人无力承担损失的重大案件，经审核确定为保险责任但赔偿金额暂不能确定的，可在估计损失的50%内先行支付。待最终确定赔偿金额后，支付相应差额。

预付赔款时，应由被保险人填写《预付赔款申请书》，按照规定要求报上级公司审核批准后支付。

8.3 现场查勘的程序与方法

查勘定损人员所采用的现场查勘技术是否科学、合理，是现场查勘工作成功与否的关键，直接关系到事故原因的分析与事故责任的认定，是计算事故损害赔偿的基础。本节将详细介绍现行的现场查勘程序与方法。

8.3.1 出险现场分类

出险现场是指发生交通事故地点上遗留的车辆、树木、人、畜等与事故有关的物体及其痕迹与物证等所占有的空间。所有交通事故都会有出险现场存在，它是推断事故过程的依据和分析事故原因的基础。根据出险现场的实际情况，一般可以分为原始现场、变动现场和恢复现场三类。

1. 原始现场

原始现场，也称第一现场，是指现场的车辆和遗留下来的一切物体、痕迹仍保持事故发生后的原始状态而没有任何改变和破坏的出险现场。原始现场由于其完整地保留着事故发生后的变化状态，可以较好地为事故原因的分析与责任鉴定提供依据，所以是现场查勘最理想的出险现场。

2. 变动现场

变动现场，也称移动现场，是指由于自然或人为的原因，致使出险现场的原始状态发生改变的事故现场。它包括正常变动现场、伪造现场、逃逸现场等。

1）正常变动现场

下述原因导致的出险现场变动均属于正常变动现场。

(1) 为将伤者送医院抢救而移动车辆，致使伤者倒卧的位置发生了变化。

(2) 事故现场的痕迹因保护不善导致被过往的车辆、行人碾踏、触动而变得模糊或消失。

(3) 由于风吹、雨淋、日晒、下雪等自然因素导致的出险现场的痕迹消失或被破坏。

(4) 执行任务的消防、救护、警备、工程救险车以及首长、外宾、使节等乘坐的汽车，在发生事故后因任务的需要而驶离现场等特殊情况，致使出险现场发生变化。

(5) 在一些主要交通干道或城市繁华地段发生交通事故，造成交通堵塞，需要立即排除时，因移动车辆或其他物体而导致出险现场变化。

(6) 其他正常原因导致的出险现场变化的，如车辆发生交通事故后，当事人没有发觉而驶离现场。

对于上述正常变动现场，必须注意识别和查明变动的原因，以利于辨别事故发生的过程，从而正确分析事故原因和责任。

2）伪造现场

伪造现场是指当事人为了逃避责任、毁灭证据或达到嫁祸于人的目的，有意或唆使他人改变现场遗留物原始状态或故意布置的现场。伪造现场的特征是现场的状态不符合事故发生的客观规律，物体的位置与痕迹方向与客观事实有明显的矛盾。

3）逃逸现场

交通事故的当事人为了逃避责任而驾车逃逸，导致事故现场变动的出险现场称为逃逸现场。其性质类似于伪造现场，一般都会留下与事故有关的痕迹和物证。

3. 恢复现场

恢复现场是指事故现场因某种原因撤离后，基于事故分析或复查案件的需要，为再现出险现场的面貌而根据现场调查记录资料重新布置恢复的现场。

在特殊情况下，需要根据目击人和当事人的指定，重新将出险现场恢复到原始状态。这种现场一般称为原始恢复现场，以与前述的原始现场相区别。

8.3.2 现场查勘程序

现场查勘的主要程序包括尽快赶赴出险现场、现场查勘、询问当事人与调查证人、现场复核等。

1. 尽快赶赴出险现场

除了属于前述的代查勘案件以外，查勘定损人员在接到出险通知后应立即赶赴出险现场进行现场查勘，这样有利于第一手资料的掌握。

2. 现场查勘

查勘定损人员赶到出险现场以后，所涉及的现场查勘主要内容很多，包括收集材料、摄影、丈量、绘制草图、车辆检查、道路鉴定等，均要求较强的时间性和技术性。现场查勘要收集的主要物证有如下几个方面。

(1) 首先应丈量车辆制动印痕的长短，这是判断车辆事故前行驶速度的主要依据。

(2) 根据轮胎的印痕，确定轮胎的宽度与花纹形状，这是判定和追查肇事车辆的主要依据之一。

(3) 车体上的泥土及其他易碎装置的落下位置，据以判断相撞的地点。

(4) 车门把手和转向盘上的指纹，这是判定当事人的主要依据。

3. 调查证人

调查证人工作非常重要，如果条件允许，最好取得证人的文字证明材料，将证人目击时的位置和事情发生经过绘制成草图，标明各方的位置、行驶方向和估计的速度，作为确定事故责任人的参考。第一证人应该是保险车辆的驾驶员，他的证明极其重要，要尽量创造条件让驾驶员心平气和和客观地回忆现场发生时的有关情况。当车辆与人发生碰撞时，应查询行人穿越道路的原因，未穿越前有谁与受害人在一起；当车辆之间相撞时，应访问对方车辆驾驶员，了解对方车辆的行驶的位置、动态以及所采取的措施等。

4. 现场复核

当现场丈量、摄影和绘制草图等工作结束后，应复核一遍，做到准确无误。

8.3.3 现场查勘工作

现场查勘工作主要包括收取物证、现场摄影、现场丈量、绘制现场图、车辆检查等。

1. 现场查勘方法

现场查勘所采用的主要方法有如下几种。

1) 沿车辆行驶路线查勘法

当事故发生地点痕迹清楚时，可以采用此种查勘方法。查勘时，沿着车辆的行驶路线进行取证、摄影与丈量，并绘制现场图，进行事故原因分析与责任认定。

2) 由内向外查勘法

当出险现场范围不大、痕迹与事故遗留物集中、事故中心点明确时，可以采用此种查勘方法。查勘时，由事故中心点(接触点)开始，由内向外进行取证、摄影与丈量，并绘制现场图，进而分析事故原因和认定事故责任。

3) 由外向内查勘法

当出险现场范围较大、痕迹较为分散时，宜采用此种查勘方法。查勘时，沿着事故现场外围向事故接触点的方向进行取证、摄影与丈量，并绘制现场图，分析事故原因和认定事故责任。

4) 分片分段查勘法

当现场范围大或者伪造现场时，应采用此种查勘方法。查勘时，将事故现场按照现场痕迹、散落物等特征分成若干的片或段，分别进行取证、摄影与丈量，绘制现场图，并分析事故原因和认定事故责任。

2. 现场查勘工作

1) 收取物证

物证是再现交通事故发生过程和分析事故原因与责任的最为客观的依据，收取物证是现场查勘的核心工作。各种查勘技术、方法、手段均为收取物证服务。物证的收取过程实际上就是认识物证、发现物证和用科学的方法与手段取得物证的过程。

2）现场摄影

（1）现场摄影的原则。现场摄影一般应遵循以下拍摄原则：先拍原始，后拍变动；先拍重点，后拍一般；先拍容易的，后拍困难的；先拍易消失与被破坏的，后拍不易消失与被破坏的。

（2）现场摄影的方式。一般地，现场摄影包括方位摄影、中心摄影、细目摄影和宣传摄影等四种摄影方式。

① 方位摄影。当拍摄事故现场的全貌时，一般采用此种摄影。方位摄影是指根据以事故车辆为中心的周围环境，采用不同的方位拍摄现场的位置、全貌以反映事故现场轮廓的摄影。采用方位摄影应反映出事故现场的地形、地貌、路况以及事故车辆与人畜、建筑物、道路、山、树木、周边的其他物体之间的相互关系，也应反映出事故的时间、气候等。

② 中心摄影。当拍摄现场的中心地段时，宜采用中心摄影方式，即以事故接触点为中心，拍摄事故接触的各部位及其相关部位，以反映与事故相关的重要物体的特点、状态和痕迹特点。中心摄影重点应在被事故破坏的地方和遗留痕迹及物证的地方进行。

③ 细目摄影。当需要拍摄事故现场的各种痕迹、物证以反映其大小、形状、特征时，需要采用细目摄影。细目摄影的部位包括如下内容。

a. 事故车辆和其他物体接触部分的表面痕迹，用以反映事故原因。

b. 物体痕迹，如事故车辆的制动拖印痕迹、伤亡人员的血迹、机械故障的损坏痕迹等。

c. 事故车辆的牌号、厂牌型号等。

d. 事故的损失、伤亡与物资的损坏等。

④ 宣传摄影。有时为了宣传和收集资料的需要，通过宣传摄影，运用技巧突出反映某一侧面，如车辆损伤、伤亡者以及事故责任者等。

（3）现场摄影的方法。

① 相向拍摄法。采用此方法进行现场摄影时，应从两个相对的方向对现场中心部分进行拍摄，可以较为清楚地反映现场中心情况。

② 十字交叉拍摄法。采用此方法进行现场摄影时，应从四个不同的地点对现场中心部分进行交差拍摄，可以准确反映现场中心情况。

③ 连续拍摄法。连续拍摄法是将现场分段进行拍摄，然后将分段照片拼接为完整的照片的方法。此种拍摄方法适合于事故现场面积较大，一张照片难以包括全部情况。此方法一般分为回转连续拍摄法和平行连续拍摄法。

回转连续拍摄法是将相机固定在一处，通过转动相机的角度进行分段拍摄。此方法用于距离较远的拍摄对象。

平行连续拍摄法是将同一物距的平行直线分成几段，移动镜头逐段拍摄，每个摄影地点要求与被摄对象的距离相等。此方法适合于拍摄狭长的平面物体，如车厢栏板和客车侧面较长的刮痕等。

④ 比例拍摄法。此种方法是将尺子或其他参照物放在被损物体旁边进行摄影，常常在痕迹、物证以及碎片、微小物摄影的情况下采用此方法，以便根据照片确定被摄物体的

实际大小和尺寸。

(4) 现场摄影的技术问题。现场摄影存在的技术问题一般包括现场摄影的取景、接片技术和常见的痕迹拍摄技术等。

① 取景。所谓取景就是根据摄影的目的与要求，确定拍摄范围、拍摄重点，选择拍摄角度和拍摄距离的过程。拍摄距离、拍摄角度和各种光照方向对摄影效果的影响十分重要。现场查勘时，应根据事故现场的实际情况，选择合适的拍摄距离、角度和合理的光照方向拍摄，力求所要表达的主体物突出、明显和准确。

② 拍摄距离。拍摄距离是指拍摄立足点与被拍摄物体的远近。拍摄距离远，则拍摄范围大，但所拍的物体影像小，适合于事故现场较大情况下的摄影。由于拍摄距离的不同，所拍摄的图像分别称为远景、中景、近景和特写。远景与中景一般用于表现现场的概貌，而近景与特写则用于表现局部的较小物体及某些痕迹等。

③ 拍摄角度。拍摄角度是指拍摄立足点与被拍摄物体的方位关系。这种拍摄角度的方位关系一般分为上下关系与左右关系。

④ 上下关系。拍摄角度的上下关系分为俯拍、平拍与仰拍三种。

俯拍是指在比被拍摄物高的位置向下拍摄。它能反映较为宽阔的地面情况，有利于表达事故车辆及其他车辆、人畜、物的相互关系及其所处的位置。

平拍是指拍摄点在物体的中间位置，镜头平置的拍摄。此种拍摄方法的效果就是人两眼平视的效果，一般用于拍摄垂直平面物体上的痕迹、无俯拍条件下现场全貌的拍摄等场合。图 8.5 所示为平拍图，显示标的整体外观。

图 8.5　平拍

仰拍是指相机放置在较低部位，镜头由下向上仰置的拍摄。这种拍摄效果易产生变形，一般在现场摄影中应用较少。

⑤ 左右关系。拍摄角度的左右关系一般根据拍摄者确定的拍摄方位分为正面拍摄和侧面拍摄两种。

正面拍摄是指面对被拍摄的物体或部位的正面进行拍摄，而侧面拍摄是相对于正面拍摄而言的。如果确定事故车辆的左侧为正面拍摄方向，那么从事故车辆的前、后方向拍摄就是侧面拍摄。在现场查勘时，采用正面拍摄还是侧面拍摄应根据事故现场的实际需要，以充分反映要拍摄的部位及其周围特征为前提。

⑥ 光照方向。光照方向是指光线与相继拍摄方向的关系，一般分为正面光、侧面光和逆光三种，在现场查勘时应根据不同的需要合理选择。

⑦ 接片技术。现场查勘采用连续拍摄法进行现场摄影时，需要将分段的照片拼接在一起，组成一幅连续照片以反映所拍摄的全景，这就是所谓的接片。拍摄时的接片应注意以下问题。

a. 取景时，在相邻两幅画面的衔接处应略有重叠，以便照片衔接。在衔接处应尽量避免人物、车辆等，最好选择电杆、房角、树木等，以利于衔接。

b. 各段的拍摄应处于同样光照条件下，以同样的距离、光圈、速度拍摄。拍摄时，应尽量使用小光圈以增加景深范围。

c. 回转连续拍摄时，必须以第二节点的垂线为轴，转动相机角度，以利于拼接工作。

此外，在冲印放大时，也应注意使用同一纸型、同一感光时间等，以便保证影像反差近似。

⑧ 常见痕迹的拍摄技术。交通事故常见的痕迹包括碰撞痕迹、刮擦痕迹和断裂痕迹、制动拖印等其他痕迹。对于不同的痕迹，拍摄时的要求也不同。

a. 碰撞痕迹。碰撞痕迹一般表现为凹陷、隆起、变形、断裂、穿孔、破碎等特征，只要拍摄角度合适，大多可以准确表述出来。而对于较小、较浅的凹陷痕迹一般则较难拍摄，需要掌握光线的规律，一般要采用侧面光，也可以采用反光板、闪光灯等进行拍摄。

b. 刮擦痕迹。刮擦痕迹一般表现为被刮擦的部位表皮剥脱，互相粘挂，如接触点有对方车辆的漆皮或受伤者的衣物纤维、皮肉、毛发等。如果刮擦痕迹为有颜色物质，可选择滤色镜拍摄，突出被粘挂物。

c. 机件断裂痕迹。机件断裂痕迹一般都有陈旧裂痕存在。能在现场拍摄应立即拍摄，不能在现场拍摄，可解体后拍摄。

d. 血迹。拍摄血迹时，应先判断血迹遗落在何种颜色的物体上，确定是否用滤色镜和用何种滤色镜。如血迹滴落在黄土上或泥土粘污的油路上，可用黄色滤色镜拍摄；血迹在黑色发亮的油路上，需加蓝色或绿色的滤色镜拍摄。

e. 制动拖印。制动拖印对判断事故车辆的事故位置、行驶速度、制动效能及其驾驶员是否采取适当措施等具有重要的作用。因其易被破坏，现场摄影时应优先拍摄，拍摄重点放在制动拖印的起止点以及其特征上，特别要反映起点与道路中心线或路边的关系，可以对拖印起点用白灰或树枝等进行标记。

此外，对于小物体或细小痕迹，可采用加近拍镜或镜头接筒的方法进行拍摄。

3）现场丈量

现场丈量必须准确，必要的尺寸不能缺少。现场丈量前，要认定与事故有关的物体和痕迹，然后逐项进行并做好相应的记录。

（1）确定方位、选定坐标与现场定位。确定方位就是确定公路的走向，通常用道路中心线与指北方向的夹角来表示，可以用袖珍经纬仪测得。如果事故路段为弯道，可以用进入弯道的直线与指北方向的夹角和转弯半径表示。

选定坐标就是在事故现场附近选择一个永久性的固定点，作为固定现场的基准点。这个坐标可以用里程碑、电线杆等表示，但必须注明相应的里程或号码，这是恢复现场所必需的。

现场定位就是通过一定的方法将现场固定在一个特定的位置上。其主要方法包括以下几种。

① 三点定位法。三点定位法就是从选定的坐标点 A 向道路中心线作垂线，交点为 B，B 点再与事故车辆某一点 C 连起来，量出各边的距离，用形成的$\triangle ABC$ 固定现场的位置。

② 垂直定位法。垂直定位法就是从事故车辆选取一个主要点 C 向道路的边线作垂线，再由选定的坐标点 A 做道路边线的平行线，两条直线的交点为 B，通过直线 AB 和 CB 的距离就可以固定现场的位置。

③ 极坐标法。将选定的坐标点 A 与事故车辆上的某一点 C 连接起来，通过直线 AC 的距离和与道路边线垂直方向的夹角 θ 来定位现场的方法为极坐标法。

（2）丈量道路。丈量道路包括勘察道路的走向、附近的交通标志、安全设施、行车视距以及丈量路面、路肩及边沟的宽度和深度。

（3）丈量主要物体及痕迹。

① 车辆位置及行驶方向。为了固定事故车辆的停放位置，一般以其停放地点为准，丈量四个距离，即车辆的四个轮胎外缘与地面接触中心点到道路边缘的垂直距离。

可以根据现场遗留的痕迹判断车辆行驶的方向。如果车辆压折树枝、草棍等物，那么它们的断端所指的方向一般与车辆行驶的方向相反；如果从车上滴落油点、水点，一般其尖端的方向为车辆的行驶方向；如果车辆经过水沟或有污泥的地方，常会将水和污泥带到干燥、清洁的路面上留下痕迹，依次可以判断行驶方向；车辆行驶时，轮胎滚动常常带动尘土、沙尘等在其侧面形成扇面，其展开面与车辆行驶的方向相反。

② 制动印痕。车辆制动时，轮胎与地面摩擦留下炭黑的拖印痕迹。一般的拖印距离比较好测量，但当制动印痕为弧形时，应在印痕起止间等分四个距离，找出五个点，分别丈量各点至道路一边的垂直距离，再量出制动印痕的长度。如果有压印痕迹，丈量时也要一并测量。

③ 测量车辆与车辆、人畜或与其他物体接触后双方留下的痕迹。

④ 测量事故现场的微小痕迹，如指纹、毛发、血皮、纤维或其他不易发现的微小印痕。

⑤ 对现场的其他遗留物如轮胎花纹、车身漆皮、玻璃碎片、脱落的车辆零部件、泥土、物资等进行测量。

图 8.6 所示为制动印痕图。

图 8.6　制动印痕

(4) 丈量事故接触部位。事故的接触部位是形成事故的焦点，也是判定事故责任的重要依据。交通事故的接触部位具有多样性，但都有其特定的空间位置和平面位置，对事故的接触部位首先应进行科学分析，认真判断。判定接触部位的依据一般包括以下内容。

① 事故现场的物理现象，包括运动和受力，双方损坏的部位和受力情况。

② 事故现场的散落物，如车体下的泥土、玻璃碎片等。

③ 车辆的制动拖印。

④ 根据碰撞物的运动轨迹和碰撞部位凹陷损坏情况，结合运动学与动力学理论和能量守恒理论进行分析。

根据现场查勘情况进行科学分析，确定出准确的接触部位才能丈量。丈量时，一般应测量车与车、车与人或者车与其他物体接触部位距地面的高度、接触部位的形状大小等。

4）绘制现场查勘草图

现场查勘草图是根据现场查勘程序，在出险现场边绘制边标注，当场完成的出险现场示意图，它是现场查勘的主要记录资料，是正式的现场查勘图绘制的依据。由于现场查勘草图在查勘现场绘制，绘制时间较短，对草图的要求可以不工整，但内容必须完整，尺寸数字要准确，物体的位置、形状、尺寸、距离的大小应基本成比例。查勘草图如图 8.7 所示。

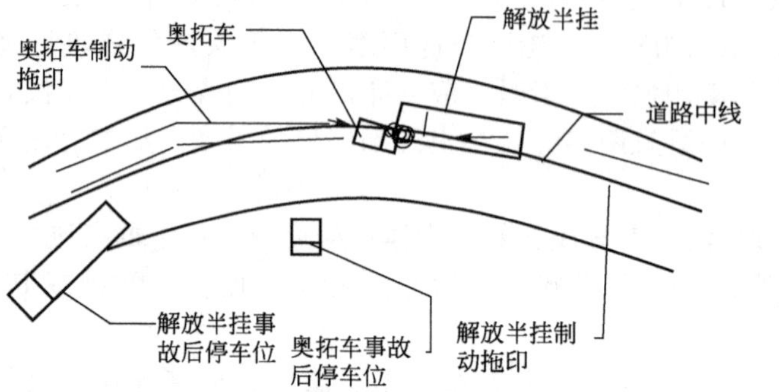

图 8.7 查勘草图

（1）现场查勘草图的基本内容。现场查勘草图实际上是保险汽车事故发生地点和周围环境的小范围地形图。所表现的基本内容包括以下几方面。

① 能够表明事故现场的地点与方位，现场的地物地貌和交通条件。

② 表明各种交通元素以及与事故有关的遗留痕迹和散落物的位置。

③ 表明各种事物的状态。

④ 根据痕迹表明事故的过程、车辆以及人畜的动态。

（2）现场查勘草图的绘制过程。

① 根据出险情况，选用适当比例进行草图的总体构思。

绘制前，应首先对出险现场进行总体观察，对车辆、人、物品、痕迹、道路状况、地形地貌、建筑设施等要有总的轮廓。根据图纸大小和对现场的感性认识，选用合适比例，进行图面构思。

② 按照近似比例画出道路边缘线和中心线。确定道路走向，在图的右上方绘制指北标志。标注道路中心线与指北线的夹角。

③ 用同一近似比例绘制出险车辆，再以出险车辆为中心绘制各有关图例。有关图例的绘制按照规定执行。

④ 根据现场具体条件，选择基准点和定位法，为现场出险的车辆和主要物品、痕迹定位，标注尺寸，必要时加注文字说明。

⑤ 根据需要绘制立体图、剖面图和局部放大图。

立体图通常用以表述事故车辆及其与事故有关的建筑物、电杆等固定设施的正面、侧面和后面的外形轮廓、痕迹、遗留物等在空间的位置及其状态。剖面图分为纵剖面图和横剖面图。纵剖面图主要表示现场道路纵向构成空间几何线型，包括坡度大小、坡道长短、坡道的分配、坡道转折处、缓和曲线的长度、半径和视距等。横剖面图是沿着道路横向的垂直剖面，主要用于表示道路的横向构成、路拱、超高、周围地形及车辆的位置关系。

根据出险现场的情况，剖面图可以有多个，其位置并不一定局限于纵、横两个方向，所做的剖面位置应在图中用剖切线标注。

局部放大图主要用于受比例限制而无法在现场查勘图上表达的细小物体和痕迹形状等的放大，一般在图纸的空余部分放大画出并标注其在现场中的位置。

最后，应对所完成的现场查勘草图进行核对，核对无误后，由现场查勘人员、见证人、绘图人和校核人等签名。

现场查勘结束后，应根据现场查勘草图所标明的尺寸和位置，按照正投影的绘图原理，选用一定比例和线型，工整准确地绘制出正式的现场查勘图，它是理赔和申请诉讼的依据。

5）车辆检查

车辆的技术状况与交通事故有直接的关系，必须认真地进行检查和鉴定，检查的内容包括转向、制动、挡位、轮胎、喇叭、灯光、后视镜、刮水器等及车辆的成员与载重情况。因在现场查勘时没有台架检查的设备条件，所以在事故车辆允许的情况下，一般进行路试检查。如果必须进行台架试验鉴定，可到国家承认的有关车辆性能鉴定机构进行鉴定检查。下面以汽车的转向系和制动系为例说明现场查勘的主要检查内容。

(1) 车辆转向系的检查。

① 检查转向盘游隙和转角，可以通过人工检查或使用便携式的转向盘游隙和转角检测仪检查。

② 检查转向系的其他性能。

检查方法为：车辆在各种道路条件下以任何速度行驶时，转向均应灵活可靠，不得出现卡住、转向沉重、行驶跑偏或轮胎与车架、叶子板擦碰等现象。

(2) 车辆制动系的检查。

① 车辆制动装置检查。

行车制动装置：检查行车制动装置时，应停车检查制动踏板的反应，检查低速行驶制动性能是否有效、制动距离是否符合国家相关规范要求以及制动是否出现跑偏，依次判断行车制动装置是否有效。

驻车制动装置：检查时，将驻车制动装置拉3～5个牙，如果停在20%坡度的车道上不溜车，表明驻车制动装置有效。

② 估算持续制动距离：按照要求估算车辆的持续制动距离。持续制动距离是指从踏下制动踏板开始到汽车完全停止时所驶过的距离。根据现场查勘制动拖印的长度、制动系统的协调时间、估算的车辆发生事故时的初速度等，按照汽车理论的运动学特性，估算车辆的持续制动距离。

8.3.4 典型交通事故的现场查勘重点

典型的交通事故包括车辆之间的交通事故、车辆与人的交通事故、车辆与自行车的交通事故和车辆自身的交通事故等。

1. 车辆之间的交通事故

1）事故一般情况

车辆之间的交通事故是指两个及两个以上车辆因碰撞而导致的事故。这种碰撞一般包括正面碰撞、侧面碰撞、追尾碰撞等。事故的必然结果将导致车身不同程度的损毁和车辆原有运动方向的改变，甚至出现侧滑、倾覆等，在路面上留下轮胎印迹和印迹突变等现象。

2）现场查勘重点

（1）确定车辆停止位置和状态、车辆之间的位置关系，用以判断冲突角度。

（2）检查路面上轮胎印迹和印迹突变的位置、形态，印迹与车辆的关系，以判断行驶路线和接触点。

（3）检查事故散落物及其位置，分别丈量散落物掉落处的高度、抛出距离和散落物之间的距离，用以判断碰撞接触点和速度。

（4）观察确定车体第一次碰撞破损痕迹所在部位、破损程度、着力方向、痕迹、表面异物或颜色，并分别丈量痕迹的面积、离地高度和与前、后端角的水平距离，用以判断接触部位、碰撞角度及碰撞前后车辆运动的趋势。

3）访问重点

（1）在交通复杂路段或岔路口、弯道处采取的安全措施及当时车辆的速度。

（2）发现对方车辆时彼此的位置、距离、动态，如何判断有无危险的感觉，采取的措施。

（3）碰撞的地点和部位。

（4）如果有占线行驶的情形发生，要查明原因。

4）其他调查

（1）有关车辆方面的调查。有关车辆方面的调查包括车辆外廓尺寸、轴距、轮距、最小转弯半径、最小通过通道宽度以及车辆的灯光设备是否齐全有效等。

（2）有关道路方面的调查。有关道路方面的调查包括路面宽度及路况、岔路口形式，弯道及纵坡道的几何线型，视线以及标志设施等。

2. 车辆与人的交通事故

1）事故一般情况

车辆与人的交通事故常见的是行人横穿城市街道或公路被过往的车辆碰撞与碾压的情形。事故的主要原因包括如下几方面。

（1）车辆驾驶员反应迟钝，判断错误或采取的措施不当造成的。

（2）未按照规定速度和路线行驶，违反交通法规。

（3）行人违反交通规则，在车辆制动的非安全区内横穿城市街道或公路，驾驶员采取措施而无法避让的。

在车辆与人的事故中，行人是弱者，被车辆撞压时，车辆的运动状态几乎不受影响。一般地，由于需要抢救伤者而移动车辆位置，造成出险现场变动，给现场查勘工作带来难度。

2）现场查勘重点

（1）查勘现场变动情况，确定现场原始状态与变动后状态的位置关系。

（2）检查鉴别轮胎印迹，丈量制动拖印长度及其起止点至基准线的距离，明确位置和形状以及与车辆停止处的方位关系，用以判断车辆行驶路线、速度和制动措施。

（3）人体位置或血迹位置与车辆、有关痕迹、物体的距离及方位关系，用以判断接触点和车辆的速度。

(4) 确定行人横穿道路前所在的位置，横穿路线及与接触点或人体血迹处的距离，用以判断穿过这段距离所需时间及同一时刻的车辆位置。

(5) 检查车辆上有无毛发、皮屑、衣服纤维、血迹、手印等，并测量其所在位置，以判断刮碰点。

3) 访问重点

(1) 查询行人横穿道路的原因，未横穿道路前有谁和当事人在一起。

(2) 查清驾驶员最初发现行人横穿的地点，感到危险的地点，采取紧急措施的地点。

4) 其他调查

(1) 车辆的制动性能。

(2) 自然条件，如光线、风向等。

(3) 人体损伤鉴定与衣物上的痕迹。

(4) 行人心理和生理方面的影响因素。

3. 车辆与自行车的交通事故

1) 事故一般情况

自行车与车辆的交通事故多发生在各种道路口。有的由于自行车的争道抢行，驾驶员采取措施不及时造成碰撞或碾压；有的由于车辆在交通拥挤或道路狭窄路段超越自行车或与自行车交会时，没有保持一定的安全距离，撞刮自行车或由于路面不平、骑车人紧张而使得自行车摇晃、倾倒而被碾压。

车辆与自行车的交通事故易在车辆的接触部位留下刮擦碰撞的痕迹，自行车产生明显变形，撞刮部位往往留下车辆的油漆痕迹，地面也会留下相应的印迹和沟槽等。

2) 现场查勘重点

(1) 确定车辆、自行车停止位置和骑车人躺卧位置、状态及三者间在路面上的位置关系。

(2) 检查路面上车辆和自行车的轮胎印迹、沟槽痕迹的位置以及相互间的关系，用以判断行车速度和安全间隔。

(3) 检查事故车辆上的痕迹、形状及其所在部位距离车前端的距离和高度，用以判断碰撞接触位置。

(4) 自行车受力变形部位、方向、形状以及离地高度，以判断自行车碰撞部位及方向。

(5) 如果自行车载有货物，应确定所载物品的重量、尺寸，碰撞后物品的散落位置，用以判断自行车行驶的稳定性及其对事故的影响。

3) 访问重点

(1) 事故车辆与自行车的行驶方向。

(2) 相互发现对方的距离、位置、动态以及采取的避让措施。

(3) 碰撞与碾压的形式。

4) 其他调查

(1) 交通环境调查，包括车辆、行人的动态等。

(2) 岔道口形式、视线及路面平整情况。

（3）事故车辆和自行车的制动性能。

4. 车辆自身的交通事故

1）事故一般情况

车辆自身原因造成交通事故包括驶出路外的车辆倾覆和在路内倾覆等。驶出路外的车辆倾覆一般是驾驶员受到某一外因影响导致操作失误或车辆失去控制造成的，如转弯时速度过快、制动时车辆跑偏、前轮胎爆破、转向节折断、转向机构故障等；路内倾覆一般多由于车辆侧滑时车轮受阻，车身的惯性作用引起的。车辆倾覆的现场一般留有轮胎印迹和沟槽痕迹。

2）现场查勘重点

（1）检查鉴别路面上遗留的轮胎印迹有无突变现象、突变的位置和原因等，用以判断车辆的行驶路线与倾覆原因。

（2）检查路面沟槽痕迹位置、形状、深度，以判断受力的方向和形成的原因。

（3）检查散落物的散落方向、抛出位置和抛出距离，以判断车辆倾覆前的速度。

3）访问重点

（1）车辆的行驶速度和操作情况。

（2）车辆行驶中有无异常的感觉，怎样感知这种异常。

（3）事故前是否出现紧急情况，采取了什么措施。

4）其他调查

（1）有关车辆方面的调查。有关车辆方面的调查包括转向机构连接部分有无脱落，部件有无断裂，断口的形状特征，是否为自然断裂；制动系统的性能，有无故障及故障原因；转向轮的新旧程度等。如果是载货汽车，还要调查车辆的额定载重量。

（2）有关道路方面的调查。有关道路方面的调查包括路面材料、路面情况、转弯半径等道路条件和超高标志、护栏等设施情况。

（3）车辆的装载情况调查。车辆的装载情况调查包括车辆的实际载重量、装载物品性质、装载高度、重心位置等。

【关键术语】

保险理赔　流程　查勘　核赔

【综合练习】

1. 简述理赔工作的原则和流程。
2. 接受报案的工作内容有哪些？
3. 现场查勘的主要内容有哪些？
4. 机动车辆理赔过程中接受报案的工作内容有哪些？
5. 什么叫核赔？核赔的工作内容包括哪些？

第9章

汽车保险案例分析

本章教学要点

知识要点	掌握程度	相关知识
汽车保险案例分析	掌握与保险单证相关的理赔案例； 掌握车辆损失险的理赔案例； 掌握汽车责任险的理赔案例； 掌握附加险的理赔案例	保险单证相关的理赔案例； 车辆损失险的理赔案例； 汽车责任险的理赔案例； 附加险的理赔案例

导入案例

赵某为其奥迪车在某财产公司投保了车辆保险，保险金额34万元人民币，因为新车，投保单上没有填写牌照号码。保险公司在保险单正本“特别约定”一栏中盖上了红色长方形图章，其内容是“领取牌照三日内通知保险公司，过期不负责任”。但赵某从某公司领取牌照后一直没有通知保险公司，后来该车在保险期限内发生保险事故，损失金额20万元，赵某依保险单向保险公司索赔，但是保险公司不予赔付。因为保单载明的“特别约定”是合同的要件，是合同的基础。如果投保人违反该约定，保险人可以宣布保险合同自始无效。

由于生活中可能会出现各种始料未及的事故，人们所买的险种也逐渐增多，各个险种的理赔事件各有不同，所以应该学会对各个险种理赔案例进行分析。

本章主要分析不同类型汽车保险理赔案例。

9.1 与保险单证相关的理赔案例

9.1.1 解除保险合同的理赔纠纷案例

1. 案情介绍

2014年3月5日，某运输公司与保险公司签订了8份机动车辆保险合同，合同约定保险期限自2014年3月6日零时起至2014年3月5日24时止。合同签订当日，运输公司向保险公司缴纳了相应的保险费。

同年5月1日至10月25日期间，上述保险合同项下保险标的物5次出险，运输公司及时将出险事实通知了保险公司，保险公司也对出险车辆进行了定损。其后，运输公司与保险公司达成了自修协议，运输公司依此协议对受损车辆进行了维修，并将维修费发票交付给保险公司，但保险公司未及时向运输公司支付保险赔款。

同年11月保险公司两次通知运输公司，双方签订的8份保险单真实并在保险期限内有效，因其业务员挪用保险费，所以请求运输公司协助核实保险费去向且提供证明。

同年12月5日运输公司向法院提起诉讼，要求解除合同，并退还全部保险费，且赔偿其所交保险费的存款利息损失。12月10日法院通知保险公司应诉。

保险公司依据相关法律规定，同意与运输公司解除保险合同，但不同意退还全部保险费，只同意退还合同解除后至合同到期日止的保险费。

2. 案情分析

按照《中华人民共和国合同法》和《中华人民共和国保险法》的相关规定，保险合同的解除应遵循如下原则。

(1) 投保人对保险合同依法享有任意解除权。当保险标的发生保险事故时，保险人依合同约定承担保险责任，赔偿被保险人的损失或给付保险费，这是投保人订立保险合同的目的。如果保险事故发生后，保险人拒绝理赔，依合同法规定应视为债务人。这时，保险人明确表示拒绝履行主要债务，投保人可以解除合同。

根据本案，当保险人迟延履行赔偿义务时，投保人享有两种权利：一是行使请求权，诉至法院要求保险人承担赔偿责任和延期赔付的责任，以寻求公力救济；一是自己行使解除权，即自力救济，要求解除合同，退还剩余保险费。

投保人提出保险要求，经保险人同意承保并就合同条款达成协议时，保险合同成立。投保人缴纳保险费后，保险合同生效。保险人应当依据合同约定的时间开始承担保险责任。如果行使了解除权，投保人可以获得解除后至合同期间届满的保险费。当投保人认为保险人不能正确履行保险责任时，应及时通知保险人解除合同，以减少自己的损失。

(2) 合同解除并不消除已经开始的保险责任。保险法规定，投保人提出保险要求，经保险公司同意承保并就合同条款达成协议时，保险合同成立。投保人缴纳保险费后，保险合同生效。保险人应当依据合同约定的时间开始承担保险责任。因此，在合同解除前保险责任依然存在。

本案中，投保人缴纳保险费后，保险责任开始。合同的解除并不消除已开始的保险责任，在合同解除前，保险合同继续生效，保险责任依然存在。保险人对解除合同前的保险事故继续承担保险责任。本案中保险人对投保人的保险事故，应当承担赔偿责任。其业务员挪用保险费，应属其内部管理不善，不能以此拒不履行合同义务。故保险人应赔付投保人在合同解除前5次保险事故造成的损失，并承担延期赔付的责任。

(3) 保险合同解除不具有溯及力。要明确保险合同解除是否有溯及力必须明确特别法与一般法的关系。依民法和合同法的规定，合同解除后，尚未履行的，应当终止履行；已经履行的，应当恢复原状。恢复原状，就是要恢复到合同签订前的状况。保险人拒不履行合同义务，致使投保人不能实现合同目的，该合同应予解除。但合同法是处理民、商事合同的一般法，保险法则是民、商事合同中的特别法。特别法优于一般法是基本法律原则。合同解除的效力，在一般情况下有溯及力，既然解除的效力有溯及力，则已经发生的履行应当恢复原状。

恢复原状是民法的基本做法，但不是唯一做法。应当分不同情况加以处理。通常继续性合同的解除没有溯及力，如租赁、承揽等合同。这类合同的履行不能返还，无法恢复原状。保险合同属于这类合同。保险法虽然没有明确规定合同解除的溯及力，但其规定保险责任开始后，投保人要求解除保险合同的，保险人可以收取保险责任开始后至保险合同解除时的保险费。由此也可以推定保险合同的解除不具有溯及力。

既然保险合同的解除没有溯及力，那么解除前的履行依然有效。保险人仍应承担保险责任，相对应投保人仍应支付保险费。并不是解除合同必定要导致返还，而不考虑保险法作为特别法的特殊性。

本案中，作为投保人的运输公司就其所有的机动车向某保险公司提出保险要求，经保险公司同意承保，并就保险条款达成协议，保险合同为有效合同。保险合同成立后，运输公司按约交纳了保险费，保险合同即产生法律效力。投保人因未及时依照法律规定的方式行使解除权，导致合同效力依然存续，经过诉讼解除了合同，对合同解除前的保险责任没有溯及力，保险人应对合同解除前的保险事故承担赔付责任，投保人亦承担交纳合同解除前保险费的责任。在未解除合同前，保险公司对保险标的发生的保险事故，仍应承担保险责任。

3. 案例结论

本案件审理认为，运输公司要求保险公司退还8份保险合同项下的全部保险费及自缴纳之日起的利息的诉讼请求，法院认为缺乏事实与法律依据，不予以支持。法院依据《中华人民共和国合同法》第四十四条、第九十六条，《中华人民共和国保险法》第十二条、第十三条、第十四条、第三十八条之规定判决，运输公司与保险公司签订的8份保险合同自2014年12月10日解除，保险公司退还运输公司自合同解除之日起至合同终止日的保险费，并赔偿华侨大厦上述5次出险的损失及利息。

9.1.2 关于转让未办保险批改理赔案例

1. 案情介绍

2014年5月，李某将其私有的一辆斯太尔汽车向其所在地的某保险公司投保了足额车辆损失险和第三者责任险。同年12月，李某将该车卖给个体运输户王某。事后，李某委托王某到保险公司办理批改手续，保险公司经办人找到该车保险单存根后，给王某办了保险证。次年2月该车出险，造成车辆损失和第三者人身伤害，经济损失达20万元，王某遂向保险公司提出索赔。保险公司在处理此案时，发现王某未办理过户批改手续，以此为由拒绝全额赔付损失，但考虑到王某不存在骗取保险金的图谋，愿通融赔付其经济损失5万元。王某不服，以拥有的保险证为依据起诉到法院，审判结果是原告败诉。

2. 案情分析

本案中虽然原车主李某已向保险公司给该车投保了车辆损失险和第三者责任险，保险公司又给王某办理了保险证，但是由于没有办理合同过户批改手续，该保险合同的转让是无效的，保险公司有权拒绝赔付此案。理由如下。

(1) 该保险合同的客体已随投保人李某的出售而自动消失。此保险合同因缺少客体而没有法律效力。

(2) 此案中李某在出售保险标的时，要使该合同继续有效，必须事先以书面形式通知保险人，经保险人同意，并对保单签订批注后方才有效。否则，保险合同从保险标的所有权转移时即行终止。

(3) 李某作为该车的投保方，未在出售该车前书面通知保险公司，其行为已构成违约。因此，从李某向王某出售该车起，保险公司对该车的保险责任也就终止了，无论是李某还是王某均无权向保险公司要求给付赔偿。

(4) 保险公司工作人员虽然给王某补办保险证，保险公司对该车的保险责任已在李某向王某出售该车时终止了。保险公司对该车的保险责任终止在前，王某补办保险证在后。

所以，即使保险公司工作人员有为王某补办保险证的过程中有过错，也不能适应《民法通则》第32条和第106条的规定，更不能认定保险公司应对该车继续承担保险责任。

3. 案例结论

本案的焦点是李某未依法律程序转让保险合同。自从李某出售该车起，李某和王某与保险公司都不再存在机动车辆保险的法律关系。对该车引起的一切经济损失，保险公司依法不承担任何责任。所以，法院审判的结果是正确的。

9.1.3 代理人开具假保单引起的理赔案例

1. 案情介绍

2015年5月15日，某林业公司一辆已经投保的汽车在倒车时将行人王某撞倒受伤。因该车已在保险公司投保了全部险种的车辆保险，林业公司在赔偿了行人损失后，持投保车辆的保单等材料到保险业务代理处要求赔偿，保险公司代理人张某收取了相关材料，口头承诺予以理赔，但一直不兑现。林业公司无奈将保险公司诉至法院，要求保险公司赔偿经济损失6万元。

被告保险公司称，其与林业公司之间并无真实保险合同。保险公司代理人张某因涉嫌诈骗被公安机关依法逮捕。张某承认交给林业公司的保单是他擅自印制的，加盖的公章也是伪造的，且收取林业公司的保险费未出具收据，该笔费用已用于个人消费。故保险公司不同意原告的诉讼请求。

2. 案情分析

保险公司与代理人之间存在代理关系。代理人以被代理人保险公司的名义所出具的保单内容未超出代理协议约定的范围，故代理人基于代理权限所实施行为的后果应由保险公司承受。

投保人林业公司在以前就曾在保险人处投过此类保险，此保险合同属再次投保，其有理由相信保单是真实的，其投保行为应受到法律保护。因为保险业务代理处有固定场所并挂牌经营，投保人再次办理保险手续是由代理机构的工作人员在营业场所具体实施完成，投保人无法定义务了解工作人员的有关情况。林业公司对该保单的真伪性并不应承担核实责任。以此保险单为凭，可证明投保行为已实施完成。

作为保险公司，应预见到以兼业保险代理人代办保险业务的方法拓展市场所带来的风险。在庭审过程中，保险公司所出示证据不能够证明投保人和犯罪嫌疑人有恶意串通骗保行为。保险公司对代理机构监管不力，致使张某能够利用工作之便骗取钱款，即使张某未将保险费交给公司，保险公司也应对代理行为后果承担保险责任。

3. 案例结论

最后，法院判决，林业公司诉讼请求合理，应予支持。被告某保险公司全额赔偿原告林业公司的事故损失，即向原告支付6万元。

9.1.4 涉及保险价值和金额的理赔案例

1. 案情简介

1999年3月25日，B公司一辆出租车与东风车碰撞，碰撞后出租车侧翻。经交通管理部门的交通事故责任认定书认定，出租车全损，并由此方负事故全部责任。B公司1998年5月17日，向某保险公司对此出租车投保了车辆损失险，保险金额为10万元。为此，B公司向保险公司提出索赔。保险公司决定以事发当年的新车购置价与该车使用年限折旧为依据，按照该车出险时的实际价格进行赔付，总计赔25647.3元。B公司不接受保险公司的赔款处理，1999年10月11日向人民法院提出诉讼。

2. 案情分析

此案件争论的焦点是机动车辆损失赔偿金额原则问题。保险价值是指新车购置价，而并非投保时被保险车辆的实际价值。保险金额是指保险人承担赔偿或给付保险金额责任的最高限额，也不是实际应赔偿数额，实际赔偿数额要根据条款的规定来确定。在我国2000年7月1日以前实施的机动车辆保险条款中规定，“全部损失按保险金额计算赔偿。但保险金额高于实际价值时，以不超过出险时的实际价值计算赔偿”，但未明确此保险合同是不定值合同。而新的机动车辆保险条款中首先明确规定，“本保险合同为不定值合同”，“保险金额高于实际价值时，以出险当时的实际价值计算赔偿，保险金额等于或低于实际价值时，按保险金额计算赔偿。”因此，旧条款尚有疏漏之处。保险条款的严密与否容易引起保险人与保户间的纠纷，直接影响保险合同的有效及正确履行，甚至会严重危害保险公司的信誉。

1）一审结果

B公司诉称，他于1998年5月17日与被告签订机动车辆保险合同，当日支付保险费4400元。原、被告对保险金额10万元、保险价值10万元达成合意，并打印在保险合同中，被告事先印在合同背面的机动车辆保险条款只是印刷的格式部分，打印条款显然优于背面条款，所以在此案中，保险公司应以合同为赔偿依据。按10万元计赔，扣除20%免赔部分，即2.0万元，应赔8万元，否则违反公平自愿和等价有偿原则。

被告保险公司辩称，原告投保的车辆已使用5年，应按出险当时实际价值计算赔偿。对此，保险合同中载明的《机动车辆保险条款》对全部损失的赔偿处理有明确规定。该条款在签订保单时已印于保单的背面，是合同的组成部分，对双方均具有约束力。原告以10万元保险余额为基础计算要求被告赔付8万元的诉讼请求，是违反保险合同的约定和我国保险法的规定的。只有通过折旧按实际价值计算赔偿，才能充分体现公平、合理原则，因此，请求依法驳回原告的诉讼请求。

法院在查明前后经过后认为，原、被告双方对保险车辆的保险价值与保险金额约定相等，可以以打印形式在合同格式中载明，事实清楚，被告按保额向原告收取了保险费，各方的权利义务关系明确，该保险合同合法有效。在保险期限内，原告车辆发生全损，原告请求按约定的保险余额计赔，符合法律规定，法院予以支持。被告应按合同约定履行赔偿义务，依照《中华人民共和国民法通则》第4条，《中华人民共和国保险法》第30条、第39条之规定，判决保险公司支付原告B公司保险赔款8万元。

2）二审结果

一审法院判决后，保险公司不服，上诉中级人民法院。理由是：一审法院只认定保单正面系双方当事人约定，而否认保单背面“机动车辆保险条款”的做法是错误的，保单背面的“条款”亦是当事人双方对“赔偿处理”、“保险责任”的约定，是保单必要的组成部分，原审法院仅以《民事通则》作为判决依据，适用法律不当，双方当事人约定的“条款”也是法院判决的依据，原审法院忽视保险车辆投保、出险时均远低于10万元的事实，所作的判决不能体现公平原则。按照《中华人民共和国保险法》及机动车辆保险条款的规定，应以实际价值和出险时的实际价值进行赔付，加以保险金额赔偿损失，被上诉人将获得利润，有违《中华人民共和国保险法》的立法原则，请求二审法院依法改判。

被上诉人B公司答辩称，原审法院认定事实正确，适用法律准确，双方约定保险价值

10万元，答辩人已履行了交付保险费的义务，在车辆出险后，上诉人就应当按照保险合同的约定承担足额赔偿的责任。原审判决由上诉人按约定的保险金额计赔是公平合理的，符合《民法通则》和《中华人民共和国保险法》的有关规定，请求二审法院依法驳回上诉，维持原判。

经中级人民法院审理查明，认定原审法院审理查明的全部事实，根据本案双方当事人的陈述及在原审法院审理中提供的证明，该车于1994年购买，至投保时是第4～5年，出险时为第5年。根据国家有关规定，该型车报废年限为8年，保险公司在原审法院审理过程中认为以6.4万元(1999年新车价)作为基价核定赔费，其在本院审理过程中表示愿以10万元为基价计算赔费。该保险单背面的机动车辆保险条款规定："全部损失按保险金额计算赔偿，该保险金额高于实际价值时，以不超过出险时的实际价值计算赔偿"。

中级人民法院认为，B公司与保险公司签订车辆保险合同时，应当知晓合同背面的机动车辆保险条款的有关规定，该背面条款作为合同的条款应对双方当事人均有约束力：B公司车辆发生全损时，保险公司可以以不超过出险时实际价值计算赔偿，且该赔偿应以10万元的原新车保险价值按折旧计算出险时的实际价值。保险公司在该车投保时明知该车实际价值不足10万元，而仍以10万元保险金额作为该车的实际价值，并收取相应的保险费是不当的，对所多收取的保险费应该退还。原审法院仅据保险单部分内容所作的判决，有违我国《民法通则》有关公平原则和《中华人民共和国保险法》的有关规定，应予以改判。上诉人保险公司上诉理由成立，应该支持。

3. 案例结论

最后，二审法院依照《中华人民共利国民法通则》第四条，《中华人民共和国保险法》第九条、第二十三条及机动车辆保险条款的有关规定，《中华人民共和国民事诉讼法》第一百五十三条第一款第三项之规定，判决撤销一审法院民事判决。保险公司支付B公司车辆保险赔偿款25647.3元(扣除免赔20%及车辆残值)，保险公司退还B公司保险费1056.60元，并支付自1998年5月17日至判决日的相应利息(利率按银行同期活期存款利率计算)。

9.1.5 保险费补交的理赔纠纷案例

1. 案情介绍

某保险公司于2011年4月承保了李某的机动车辆保险，业务员凭个人关系，在李某未交保险费的前提下，将保单正本和保险费发票先给李某。此后李某多次以某些原因拒交保险费。同年10月9日，李某的车辆发生交通事故造成全损，10日李某向保险公司以现金方式补交了全年保险费，为了核销该笔应收保险费，保险公司接收了此保险费。随后李某向保险公司报案，保险公司以其在发生事故前未及时交付保险费为由予以拒赔。李某不服，以保险公司已接受了其保险费而不履行赔偿义务为由，向法院提起诉讼。

2. 案情分析

按照保险条款规定，投保人应当在投保时一次交付保险费。在承保实务中，也可以由投保人与保险人协商保险费交付办法。如投保人没有按照保险合同载明的时间和金额履行义务，则保险合同不能发生效力。投保人履行交付保险费的义务是保险人在保险期间内履行赔偿义务的前提条件，这正是汽车保险合同是有偿合同的体现。

保险公司在尚未收到保险费的情况下将保单正本和保险费发票一并交给了被保险人，给保险经营带来风险，并在被保险人发生事故后，其补交的保险费又被接受了。这种情况已经将保险公司置于被动的地位，且保险公司接受了补交的保险费就证明保险公司否认了原合同的失效。

对于保险公司来说，市场竞争日益激烈，各家保险公司都在上规模求发展。如果因为投保当时未及时交清保险费，就按照保险合同的规定将合同作为无效合同处理，显然不利于争取更多的保险客户。于是原则放宽，交保险费有了宽限期也就成默示行为。实际上，此案所引发的问题是在保险实践中的常见问题。现实中存在大量的给付单证在前，收保险费在后的情形。有些保险公司为了照顾实际需要，又防止发生经营风险，采取经办业务员以借款形式将发票借出的形式。如果在规定时内未收回保险费，则按照应收保险费10%的比例逐月从经办业务员个人收入中扣除，直到保险费追回为止，再返还已扣发的收入。所以这个案例绝非偶然。

3. 案例结论

保险人无法举证投保人的行为属于道德风险，则被保险人凭借其手中的保单正本和保险费发票，可以作为向保险公司索赔的合法依据提起索赔，而保险公司则必须按照合同办事，予以赔付。

此案例给了保险人一些启示。

(1) 注重改进和完善现行保险单证的功能，做到既能方便客户实际操作程序的需要。同时又能满足保险公司自我保护，维护自身正当权益的目的，防范经营风险。

(2) 应该依照《中华人民共和国保险法》以及相关的经济合同法规，统一制订关于保险合同生效与交付保险费两者关系，以及其结果处理的具体操作管理规定。这也是防止业务员为了自己的利益，协助不道德的投保人损害公司的利益的有效途径。

9.1.6 因未充分缴费的理赔纠纷案例

1. 案情介绍

王某将一辆双排客货车向所在地保险公司投保交强险、车辆损失险和第三者责任险，保险期限自2014年2月14日零时起，至2015年2月13日24时止。保险人按吨位收取车辆损失险保险费710元，第三者责任险(限额20万元)保险费1410元。同年6月2日，该车与一辆出租车相撞，致使车辆受损，一人重伤，造成车损2300元，人伤总费用18万元。经交管部门认定，李某在车辆有故障不能行驶时，未能将车辆靠右边停放，且夜晚未设明显标志，违反《中华人民共和国道路交通管理条例》第48条的规定，应负事故的次要责任，即负该起事故40%的赔偿责任。

事故处理结束后，被保险人李某向保险公司提出索赔，根据车险条款，该事故属碰撞责任，在车辆损失险及第三者责任险赔偿范围内。但保险人在审核保险车辆行驶证时发现该双排客货车为0.8t，6座。根据保险实务有关规定，双排客货车收费应按吨位或座位计算，取较高者计费。所以，应按座位收取，即应收取车损保险费1090元，第三者责任险(限额20万元)保险费2040元。而该车收费是按吨位收取，属投保人实际缴费不足。但李某投保时已向其出示行驶证，且投保单背面亦附贴有保险汽车的行驶证复印件。本案是由于业务人员疏忽而导致收费不足。

2. 分歧意见

此案如何赔付，在保险人内部意见不一，有如下两种意见。

1）主张比例赔付

持此主张的人认为，尽管由于保险人的失误而导致少收保险费，但实际上保险人已承担了过多的风险，违反了权利义务对等的原则，故应按实缴保险费与应缴保险费的比例赔付，从而确保保险合同双方当事人权利义务对等。

2）主张足额赔付

持此主张的人认为，《中华人民共和国保险法》第十六条明确规定："订立保险合同，保险人应当向投保人说明保险合同的条款内容，并可以就保险标的或者被保险人的有关情况提出询问，投保人应当如实告知。"因此，投保人应如实告知仅限于保险人的询问，保险人不询问的，投保人则不必陈述。本案中，投保人李某向保险人出示保险车辆行驶证，并且提供复印件附贴在投保单背面，也就是依《中华人民共和国的保险法》履行了告知义务。而究竟如何收费则是保险人的事，不能将由于保险人的过错而导致收费失误的责任归于投保人。所以本案应该足额赔偿，而不能按比例赔付，否则就会损害被保险人的合法权益。

3. 案情分析

投保人李某在投保时已将车辆行驶证交业务人员查看，且提供其复印件，应视为已将保险标的有关情况(即这双排客货车为0.8t，6座)告知了保险人，保险人也出具了投保单、保险合同真实有效。也就是说，投保人主观上无过错，不能将保险人业务人员的失误导致少收保险费的过错归责于投保人，故同前所述，本案应足额赔付。

4. 案例结论

此案保险人最终按第二种意见进行了足额赔付。

9.1.7 延迟缴纳保险费的理赔案例

1. 案情介绍

某公司一辆货车向当地保险公司投保了交强险、车辆损失险和第三者责任险及全部附加险，保险期间自2015年1月22日零时起，至2015年6月25日21时止，并在特别约定栏内注明，"不交保险费不负赔偿责任"，"保险期限5个月实收保险费4500元"。

保险单于1月22日签发，当时因被保险人账上没钱，于2月21日交齐保险费。交费时，被保险人曾口头提出，保险期限是否从交款时计算，保险公司没有同意，因此没有加注批单对有关内容批改。6月30日，该保险车辆因机械故障，造成车辆倾覆的事故，被保险人向承保公司报案，要求保险公司查勘现场，尽快定损，交付赔款。承保公司接到报案后，经查实保险单副本，认为出险时间不在保险期限内，通知被保险人不予理赔。

被保险人接到拒赔通知书后认为，特别约定栏内已经明确载明"不交保险费不负赔偿责任"。如果车在没交保险费之前出险，保险公司肯定不会赔偿其损失。但在交保险费的时候提出了更改保险期限的要求，因此，保险期限的起始日期应该从交费日计算。据此可以推断，6月30日出险，在保险期限内，保险公司理应赔偿损失，如果保险公司拒赔，被保险人将上诉法院。

2. 案情分析

如果保险事故发生在保险单载明的保险期限内，保险公司应该赔偿；如果保险事故的发生时间不在保险期限内，保险公司应该拒赔。这是保险合同的基本法律效力的体现。本案关键问题是保险合同生效时间的确定。

(1) 按时缴纳保险费是被保险人的义务，“特别约定”栏内的“不交保险费不负赔偿责任”是根据《中华人民共和国保险法》有关规定，特别指明了被保险人没有履行交费义务就不能得到赔偿的权利。

(2) 根据《合同法》的规定，被保险人在规定的时间内没有缴纳保险费，已经违约，由此造成的后果应该由被保险人负责。也就是说，被保险人在没有缴纳保险费的1月22日至2月21日期间得不到保险保障，责任不在保险人，其后果应由被保险人自负。

(3) 被保险人在缴纳保险费时口头提出“保险责任开始时间从交费日计算”的要求，可以视为对原保险合同请求更改。保险公司对被保险人的口头要求没有做出书面承诺，因此视为维持原合同有效，包括原保险期限的规定有效。

(4)“特别约定”栏内的“保险期限5个月”是特指，而不是泛指。仅是指合同中载明的时间，《中华人民共和国保险法》规定“保险期间和保险责任开始时间”是保险合同应当包括的重要内容。

(5) 按照车险条款中短期保险费“不足一个月的按一个月计算”的规定，保险期限不满5个月的可以收取5个月的短期保险费。因此，向被保险人收取5个月的保险费是正确的，保险人没有侵占被保险人的利益。

3. 案例结论

本案中，被保险人迟交保险费构成违约行为，出险后又提出保险期限应该顺延的要求既不合理、不合法，又不符合保险合同的要求。出险是保险期外出险，保险公司按照保险合同规定，对保险期限外出险车辆的损失不负赔偿责任。据此，当地保险公司做出了拒赔的决定。

9.2 车辆损失险理赔案例

9.2.1 车辆出险后是否修复的理赔案例

1. 案情介绍

李某将其一辆奔驰轿车向某保险公司投保，其中含车辆损失险85万元，并支付了保险费16000元。半年后，李某因超速驾驶不慎与公路中间隔离墩相撞，造成车毁人亡，李某妻子在处理善后过程中，与保险公司在保险车辆的估损和理赔上发生争执。保险公司在未通知李某妻子的情况下，委托了一家修理厂对该车辆进行鉴定，鉴定的结论为：该奔驰轿车尚可修复，费用50万元。李某妻子提出异议，并向法院提起了诉讼，认为车辆已经全损，修理已无必要，应当赔款。

2. 案情分析

此案例是机动车辆损失险理赔中经常会遇到的典型案例。保险车辆因发生保险事故，需要确定损坏程度和研究定价方案，习惯上称之为“估损”。机动车辆保险条款对估损有明确要求，即“保险车辆因保险事故受损或致使第三者财产损坏，应当尽量修复。修理前被保险人应会同保险人检验，确定修理项目、方式和费用。否则，保险人有权重新核定或拒绝赔偿。”

根据这个条款，估损中应遵循两个原则：一是尽量修复原则；二是协商定价原则。如果是未经协商或协商不成的话，保险人有核定或拒赔权。因此，与保险人协商的“估损”是解决问题的基本方法。

但在理赔实务中，各有关方面由于各自不同的利益、立场，会产生一些争议。修理价格过高，对保险人当然是损失，而对被保险人同样是损失。即使你投保了附加的“不计免赔特约险”而不需支付5%～20%的免赔额，但到下一年年度投保，保险费可能就要增加；当然修理价格过低，汽车修理厂无利可图，车辆也难以恢复到损坏以前的状态和使用性能，对被保险人而言，也是一个损失，并且又会使被保险人对保险公司的诚信产生怀疑。

不同的修理厂对同一损失的鉴定结论和修理费用会有差异。因此，如果对保险人的估损结果有疑义，可以选定一个专业的中立的权威鉴定机构仲裁解决。近年来先后由保险监督管理委员会批准设立的专门从事保险标的估损、鉴定等的保险评估机构，以及一些保险的进口车型的特约维修部门都是可以考虑的鉴定机构。

3. 案例结论

法院受理此案后，指定德国奔驰汽车公司在当地的一家特约维修服务站对该车进行鉴定，鉴定结论为：该车虽可修复，但因修理费用在75万元以上，该车的修理价值不大。后法院判决，保险公司支付李某妻子75万元及承担诉讼费、鉴定费等。

9.2.2 定额保险的理赔案例

1. 案情介绍

李某于2015年1月2日为自己的捷豹轿车购买了交强险、车损险和第三者责任险，其中车辆损失险的保险金额为90万元。李某向保险公司支付保险费22000元。2015年6月11日，被保险人驾驶承保车辆发生事故，汽车坠入山沟并起火烧毁。李某在返回后报案，保险公司和公安局在次日上午进行了现场勘察。

被保险人于2015年9月1日提出索赔，保险公司以“不属于保险责任”为理由拒赔。被保险人提起诉讼。

被告保险公司认为原告欺诈骗赔，理由如下。

(1) 原告以20万元购买的捷豹轿车却投保90万元的车辆损失险，未履行如实告知的义务，故意隐瞒事实。

(2) 原告没有履行法定程序向公安交管部门和消防部门报案。

(3) 被告有所在地的科技咨询中心鉴定，结论为“该车起火不是由于车辆驶出公路沿山体坡道行驶时发生的碰撞引起的”。

2. 案情分析

本案涉及如下的法律原则。

1）如何确定保险欺诈的标准和证据

保险欺诈和保险欺诈罪不同，保险欺诈属于民事纠纷，保险欺诈罪则属于刑事犯罪。因此，它们适用不同的证据原则。作为民事诉讼的保险欺诈，只要证据占优就可能打赢官司。而确定保险欺诈罪的证据必须确凿，不存在任何合理的疑问。

本案例中，要想确定被保险人投保骗赔，保险人必须证明被保险人是否出于欺诈的动机投保和存在故意造成损失的欺诈行为。诉讼中，保险人恰恰没能证明这两点。首先，被保险人为 20 万元购买的轿车投保 90 万元的车辆损失险确实令人产生疑问，但保险人仅仅由此作为存在欺诈动机的理由显然是不充分的。如果被保险人接受他人馈赠的汽车，是否就不能购买保险呢？其次，保险人提供的鉴定指出“该车起火不是由于车辆驶出公路沿山体坡道行驶时发生的碰撞引起的”。但该鉴定并未得出汽车起火是由于被保险人纵火造成的结论。

2）对保险中最大诚信原则的理解

保险合同是最大诚信合同，被保险人和保险人均应履行如实告知的义务，尽管事实上的如实告知的责任主要是落在被保险人一方。由于承保技术的进步和保险公司经济实力的增强，现代各国保险法都不同程度地放宽了被保险人严格履行如实告知的义务。保险人为了加重被保险人的责任，减轻自己的负担，最简便的方法就是增加询问的内容，因为凡是询问的都是重要的事实。被保险人投保时，如果保险人询问了汽车的购买价格，被保险人没有如实回答就可能构成不实陈述，可以成为保险人解除保险合同的理由。相反，如果保险人认为汽车的购买价格属于重要事实，是保险人承保的基础，而保险人不去询问这样的重要事实，就构成了保险人自己的疏忽或错误，以保险人的疏忽或错误作为拒绝赔偿被保险人的理由显然是不公平的。

如上所述，汽车保险合同是不定值合同，保险人的最高赔偿限额之一是承保汽车的实际现金价值。实际现金价值的定义是汽车的重置成本减去折旧。无论新车或旧车，其市场价格是保险人已知或应知的事实，在一般情况下被保险人无须告知。

3. 案例结论

综上，由于保险公司并不能举证被保险人的保险欺诈的动机，因此保险公司应该赔付。

9.2.3 车辆涉水熄火后再次启动造成的损失理赔案例

1. 案情介绍

2015 年 5 月 31 日，车主袁某在驾驶车辆过程中因洪水突发导致车辆被淹，发动机熄火，袁某只好再次打火想尽快逃离险境，但因此造成发动机进水后严重受损。后向其投保的保险公司索赔，该保险公司却认为是由于驾驶员处理不当导致的发动机损坏，通知被保险人不予赔偿发动机的损失。袁某对此不满，认为保险公司的拒赔不合理，要求保险监管机构责令保险公司：第一，尽快做出正式书面理赔决定；第二，如不赔，提供由第三方出具的保险事故是人为处理不当造成的鉴定证书；第三，明确由于保险公司拖延理赔造成的经济损失与精神损失由谁承担。后虽经协调，但该保险公司始终认为袁某因洪水突发导致车辆被淹、发动机熄火，袁某再次打火属于人为操作不当，造成的发动机损失不能予以理赔。

2. 案情评析

按照袁某与该保险公司签订的车险合同的规定，因雷击、雹灾、暴雨、洪水、海啸造成的被保险人或其允许的驾驶人员在使用保险车辆过程中出险，保险公司负责赔偿。排气管或进气管被水淹后启动，或被水淹后未经必要处理而启动车辆致使发动机损坏，保险公司不负责赔偿。本案中袁某涉水行驶导致车辆熄火后，再次打火属于水淹后处理不当行为，保险公司可以根据保险合同的约定拒赔。

保险车辆如发生此类事故，正确的处理方法是，一旦出现涉水行驶发动机熄火的情况，司机应立刻拨打保险公司客服电话联系拖车救援，绝不能二次打火，因为汽车在熄火后只要不再次打火，发动机一般损失不严重，如果再次尝试打火，发动机一定会进水，损伤会加重。涉水熄火后车主是否实施了再次打火，在查勘定损时从发动机的损伤情形很容易判断。如果为了争取时间，在雨天，可以通过保险公司客服电话征得保险公司同意，车主可就近联络拖车服务公司，在最短的时间内将车拖离现场，以免因路面积水上升导致发动机被水浸泡。

9.3 汽车责任险理赔案例

9.3.1 驾驶人不明情形下机动车商业三者险保险人赔偿责任的认定案例

1. 案情介绍

2014年9月15日，宋某乘坐董某驾驶的鲁×××××牌照微型普通客车沿黄山五路由西向东行驶至邹平县黄山五路三利油城西斜向东北方向时，与由东向西行驶的鲁×××××牌照轿车发生事故，致使宋某受伤两车损坏。该事故经交警调查询问，无法查明鲁×××××号轿车驾驶人。该轿车在某保险公司投保机动车交通事故责任强制保险和商业第三者责任保险。宋某受伤后，因鲁×××××号轿车车主拒绝赔偿，故将该车主以及某保险公司诉至法院。某保险公司不服一审判决提起上诉。

二审法院认为，宋某乘坐董某驾驶的鲁×××××号微型普通客车，与王某所有的鲁×××××号轿车发生事故，致使宋某受伤，两车损坏，给宋某造成经济损失，事实清楚，证据充分。涉案鲁×××××号轿车在上诉人某保险股份有限公司滨州中心支公司投保了交强险，本案事故发生在保险期间，依据《中华人民共和国道路交通安全法》第七十六条之规定，上诉人某保险股份有限公司滨州中心支公司应在机动车交通事故责任强制保险限额范围内赔偿宋某医疗费、误工费、护理费、残疾赔偿金、精神损害抚慰金、交通费34 818.59元。对于上诉人某保险股份有限公司滨州中心支公司应否在商业三者险限额内承担赔偿责任，根据邹平县公安局交通警察大队道路交通事故证明，结合上诉人某保险股份有限公司滨州中心支公司提供的机动车辆出险信息表、案件调查报告、询问笔录等材料，无法确定本案事故发生时鲁×××××号轿车的驾驶人，王某作为车辆的车主及管理人，对其车辆疏于管理，也不能指证驾驶人，因此，对于被上诉人宋某超出交强险责任限额的医疗费、住院伙食补助费、鉴定费，应由被上诉人王某赔偿50%。依据《中华人民共和国民事诉讼法》第一百五十二条、第一百五十三条第一款第(一)(三)项、第一百五十八条之规定，判决如下：上诉人某保险股份有限公司滨州中心支公司于本判决生效之日起五日内在机动车交通事故责任强制保险限额范围内赔偿被上诉人宋某医疗费、误工费、护理费、残疾赔偿金、精神损害抚慰金、交通费 34 818.59 元；被上诉人王某于本判决生效之日起 5 日内赔偿被上诉人宋某医疗费、住院伙食补助费、鉴定费 3745.40 元。

2. 案情评析

本案中根据交警大队道路交通事故证明，结合某保险公司在诉讼过程中举证的机动车辆出险信息表、案件调查报告和询问笔录等材料，无法确定本案事故发生时保险标的鲁×××××牌照轿车的驾驶人。该车所有人作为车辆管理人，对其车辆疏于管理，也不能指证驾驶人，具有一定过错，应承担相应责任。当驾驶人不明时，可以认定驾驶人在事故发生后逃离了现场，属肇事逃逸。依照某保险公司机动车商业第三者责任保险条款第四条之约定，在此情况下，某保险公司不承担商业第三者责任保险范围内的赔偿责任。

9.3.2 车上人员责任险的理赔案例

1. 案情介绍

2015 年 1 月，王先生将其拥有的一辆桑塔纳轿车向保险公司投保了机动车辆保险，同时附加车上人员责任险。

该车投保一个月后，由于发生交通事故，造成驾驶员王先生及车上两名乘客陈某、李某不同程度受伤，车辆受损。经交警部门认定，王先生负事故全部责任，承担事故造成的全部经济损失。

半个月后，王先生带着全部单证到保险公司办理索赔。经保险公司理赔人员审核单证后，除对车损部分按保险双方达成的维修价格赔付外，对车上受伤人员的赔付产生了争议。经保险公司查抄底单得知，该车选择座位投保一座，而且没有约定是哪一座位。由于受伤三人包括王先生本人，在事故中受伤程度不同，各自花费的医疗费也不同，其中王某花费 2000 元，陈某花费 3000 元，李某花费 4000 元。因此，保险公司选择不同的伤者作为赔付对象，赔款结果是不一样的。

2. 分歧意见

就究竟该赔哪一个座位，保险公司的理赔人员在讨论此案时，出现分歧意见。

第一种意见认为：本案中由于被保险人对投保的座位未做约定，按惯例，应视为驾驶员座位。因此，保险公司应承担王先生的医疗费用，即车上人员赔款＝2000 元×(1－20%)＝1600 元。

第二种意见认为：本案中既然被保险人对投保的一个座位未做约定，那么保险公司无法确定承保的是哪个座位。为体现公平，应将受伤三人的医疗费相加求出平均数作为赔付金额，即车上人员赔款＝(2000 元＋3000 元＋4000 元)/3 人×(1－20%)＝2400 元。

第三种意见认为：按照现行的《机动车辆保险条款》中附加险费率规定“车上人员责任险中，选择座位投保的费率为 0.9%；核定座位投保的费率为 0.5%”，本案中被保险人按照选择座位的方式投保一座，并且按选择座位的费率交纳了保险费。保险公司应该按所收保险费的多少承担相应的风险，在其保险金额内将花费医疗费最高的乘客李某作为赔付对象，即车上人员赔款＝4000元×(1－20%)＝3200元。

3. 案情分析

由于现行的《机动车辆保险条款》附加车上人员责任险中，并没有要求被保险人在选择座位投保时一定要约定明确投保哪一座位，因此，被保险人较多地采用了选择座位且不约定哪一座位的方式投保。这样，一旦发生保险事故造成车上人员受伤，均视为投保座位上的人员受伤；或者在车辆核定座位数内，当受伤人数多于投保座位数量时，要求将产生医疗费用高的伤者作为投保座位上的人员，而向保险公司索赔，本案就属此例。

实际上，在选择座位投保时，除了驾驶员座位可以在保单特别约定栏中约定外，其余座位均无法明确。例如，一辆45座的大客车，被保险人要求投保其中的15座(包括驾驶员座位)。保险公司在承保中除了对驾驶员座位可以特别约定外，其余的29座无法确定。出险后，只能按照出险人数、选择的座位数和赔付金额的多少理赔。

4. 案例结论

被保险人选择座位投保与按核定座位数投保所依据的保险费率不同，保险公司所承担的风险也不同。本案被保险人是按照选择座位交纳的较高金额的保险费，既然没有约定，就应该以赔付金额最高的乘客作为理赔依据，因此，第三种意见是正确的。

9.3.3 紧急避险造成理赔案例

1. 案情介绍

2014年11月12日，王某驾驶一辆A车在弯路超车，与迎面而来的B车相遇，B车司机当即打方向避开A车，致使自己车侧翻造成受损，合计损失达1.2万元A车安然无损。经公安交通管理部门裁定：王某在此次交通事故中负全部责任。王某驾驶的A车已投保车辆损失险和第三者责任险，事故处理结案后，王某持其投保的保险单，以“第三者责任损失”为由向保险公司索赔，遭到拒赔后引起纠纷。

2. 分歧意见

1）拒赔

(1) 根据保险惯例，第三者责任险与车身损失险一般同时发生同时赔付，本案中被保险车辆完整无损，如若赔付违背保险实践。

(2) 我国当时执行的《机动车辆保险条款》第二条规定：“被保险人在使用保险车辆过程中发生意外事故，致使第三者遭受人身伤亡或财产的直接损毁，依法应由被保险人支付的赔偿金额，保险人依照保险合同的规定给予赔偿。”而本案中，保险车辆并未发生意外事故，不存在给第三者造成损失的前提条件。

(3) 即使第三者责任立案，由于两车未发生碰撞，故第三者的损失是间接损毁，不是直接损毁，因此拒赔。

2）赔付

(1) 本案中，B车为紧急避险情况，紧急避险指为了使国家、公共利益、本人或者他人的人身、财产和其他权利免受正在发生的危险，不得已采取的避险行为。由于被保险人王某在道路弯处占了对方的路面，在即将发生碰撞危险时，B 车不得已而采取向右避让王某，从而致使车辆侧翻，B 车属于紧急避险。

(2)《民法通则》规定："紧急避险造成损害的，由引起险情发生的人承担民事责任。"B 车因紧急避险造成的损失，是由引起险情的被保险人王某的行为直接导致，理应由王某承担责任。虽然未发生碰撞，第三者的损失仍可认定为直接损毁。

《中华人民共和国保险法》作为民法中的特别法。当因其简明扼要而不能满足实际工作需要时，可以从《民法通则》或其他相关法律、法规中寻找依据，来解决实际问题。

3. 案情分析

本案的焦点在于，两车未发生碰撞，对第三者的损失能否认定为直接损毁。根据机动车辆保险条款，是否发生直接接触并非是第三者责任险赔偿的限制条件。

本案具备《机动车辆保险条款》规定的成立要件：直接损毁和被保险人依法应当承担的赔偿金额。因此保险公司应依照合同规定给予赔偿。

4. 案例结论

保险公司应该赔付 B 车紧急避险造成的全部损失 1.2 万元。

9.3.4 间接责任的理赔案例

1. 案情介绍

2015 年 3 月 21 日，某长途班车在高速路上发生了故障，司机随即将车停靠于路边检查。在司机处理故障时，有部分乘客下车方便。乘客许某在下车后，横穿公路，被后方驶来的一辆轿车当场撞死，造成事故。此事故经过当地交警部门的处理后，认定死者许某违章横穿公路是导致此次事故的主要原因，许某应负主要责任；该长途班车司机违章停车是导致此次事故的间接原因，应负次要责任；轿车方超速行驶也负次要责任，长途班车司机及轿车方分别承担本次事故赔偿费用的 20%。事故处理完结后，长途班车司机持相关手续到承保公司索赔。

而在保险公司内出现以下两种意见。

第一种意见是拒绝赔偿，理由：死者付钱乘坐长途班车，即与其达成客运合同，在死者到达目的地前，死者是长途班车上的乘客，在保险责任中即是车上人员责任险，依据机动车辆保险条款中车上人员责任险条款的规定，"车上人员在车下时所受的人身伤亡属于责任免除范围"，此事故应属除外责任，应当拒绝赔偿。

第二种意见是：许某是在车外死亡，其死亡时并未与保险车辆发生接触，但此次事故交警部门认定长途班司机违章停车，负有此次事故的次要责任，而本次事故并非主观故意，属于意外事故。根据机动车辆保险条款："被保险人或其允许的合格驾驶员在使用保险车辆过程中，发生意外事故，致使第三者遭受人身伤亡或财产的直接损毁，依法应当由被保险人支付的赔偿金额，保险人依照《道路交通事故处理办法》和保险合同的规定给予赔偿。"依照此条款，本次事故是被保险人驾驶员在使用保险车辆过程中发生的意外事故，据此保险公司应当给予赔偿。

2. 案情分析

本案中，死者为车主的乘客，即死者与车主形成服务关系。由于事故发生时，死者仍然是车主的乘客，并没有因车辆临时停车而解除服务关系。因此，司机对于乘客负有安全责任。车辆临时停车时，司机有责任保护乘客的安全，尤其是应该意识到在高速路上非正常停车可能会发生的问题。显然，对于乘客的死亡，司机应该承担工作疏忽和过失的责任。同时，由于死者并没有和车主解除服务关系，死者不属于“第三者”的范畴，应属于车上人员责任险，依据机动车辆保险条款中车上人员责任险条款的规定，“车上人员在车下时所受的人身伤亡属于责任免除范围”，此事故应属除外责任，应当拒绝赔偿。

3. 案例结论

本案应采纳第一种意见，保险公司不应赔付相应的事故损失。

9.3.5 被盗车辆产生第三者损失的理赔案例

1. 案情介绍

一辆轿车车主曾向当地保险公司投保了交强险、第三者责任险和车辆损失险，不久该车被盗。盗贼开被盗车在路上发生了交通事故，与一辆货车相撞，车辆损坏还造成货车的受损，事故发生后，盗贼逃逸。事后车主向保险公司索赔，保险公司对被盗车辆的损失进行赔付，但对被盗车辆造成第三者伤亡和财产损失起了争议。

2. 分歧意见

(1) 拒赔。理由是盗贼使用保险车辆致使第三者的损失不属于赔偿范围。

(2) 应该先向被保险人赔付，待盗贼被抓后，再向其追偿。

因为《机动车辆保险条款》没有明确规定保险守辆失窃后，盗贼驾驶时造成的第三者责任应履行赔偿义务，但也没明确规定其属于除外责任。对于这一合同没有约定事项，根据公平互利的原则，应向被保险人履行结付赔偿金义务，再进行代位求偿，以维护双方的利益。

3. 案情分析

1) 保险法律关系及其责任要素

保险合同中的法律关系主体是被保险人和保险人，而非其他人，因他人造成的事故责任不属于保险合同责任范围。构成保险事故和赔偿责任必须满足如下要求。

(1) 行为主体必须是被保险人或允许的驾驶员使用保险车辆。

(2) 行为主体必须是持有效驾照开车。

(3) 必须是发生意外事故。

本案中盗贼显然是保险合同关系的第三人，而非合同的行为主体。因其造成意外事故而致使货车受损的责任，不应属于保险合同的责任范围。

2) 从保险实质和特征来分析

保险的职能在于对风险事故造成的损失进行补偿，对于违反法律和社会公共秩序而引发的风险不予承保。盗贼偷窃保险车辆是一种犯罪行为，他既不是被保险人，也不是被保险人允许的驾驶人员。即使是被保险人或其允许的驾驶人员，因违法造成的事故，保险人也不能负保险责任。

4. 案例结论

本案例所涉及第三者损失不属于保险责任范围，不予赔偿。

9.4 驾驶员资格问题导致的理赔案例

9.4.1 驾照未到手的理赔案例

1. 案情介绍

2015年5月9日上午，河南省郑州市李某参加驾驶员执照考试，理论和驾车考试均通过，B型执照待交警支队发放。5月10日上午10时，李某高高兴兴驾驶自购的小轿车前往河北，途经某地因一男子突然横穿公路，加之李某车速快，判断失误，将男子撞成重伤，车子翻车，损失惨重。出险后，李某立即向保险公司报案。保险公司派业务人员前往现场调查取证，要求李某出示驾驶证。李某称驾驶证在交警支队。保险公司业务人员马上驱车前往交警支队调查，查明李某考试合格属实，但驾驶证还未填好，未发放。

两个月后，经交警队调解由李某负事故的全部责任，赔偿伤者医疗费3万余元，车损1万多元自负。李某持调解书到保险公司索赔。

2. 分歧意见

保险公司业务人员受理案件后，内部意见不一。

第一种意见认为，此案应该赔偿，理由是，李某已于出险前一天通过驾驶员执照考试，成绩合格记录在案，说明已具备公安交通管理部门规定的驾驶技能，可以认为是合格驾驶员。至于未领取执照，只是形式问题，故应按规定给予理赔。

第二种意见认为，此案应给予部分赔偿。理由是，李某已考试合格，只是交通管理部门考试与发证有个时间差，造成当时事实上无有效执照，故可按有执照未带处理，李某应负部分损失，即保险公司应赔付第三者损失、车损自负。

第三种意见认为，此案不应赔偿。理由是，根据当时的《机动车辆保险条款》规定，无有效驾驶证为责任免除范围，保险人不负责赔偿。李某当时实际上无驾驶证，故应拒赔。

3. 案情分析

本案例的焦点问题是判别李某的驾驶资格是否成立的问题。当时的《机动车辆保险条款》在责任免除规定时强调“饮酒、吸毒、药物麻醉、无有效驾驶证”为除外责任，并在相应的条款解释是规定下述情形为无有效驾驶证。

（1）没有驾驶证。

（2）驾驶与驾驶证准驾车型不相符合的车辆。

（3）持军队或武警部队驾驶证驾驶地方车辆；持地方驾驶证驾驶军队或武警部队车辆。

(4) 持学习驾驶证学习驾车时，无教练员随车指导，或不按指定时间、路线学习驾车。

(5) 实习期驾驶大型客车、电车、起重车和带挂车的汽车时，无正式驾驶员并做监督指导。

(6) 实习期驾驶执行任务的警车、消防车、工程救险车、救护车和载运危险品的车辆。

(7) 持学习驾驶证及实习期在高速公路上驾车。

(8) 驾驶员持审验不合格的驾驶证。

(9) 使用各种专用机械车、特种车的人员无国家有关部门核发的有效操作证。

(10) 公安交通管理部门规定的其他属于无有效驾驶证的情况。

根据《中华人民共和国道路交通管理条例》的规定："机动车驾驶员，必须经过车辆管理机关考试合格，领取驾驶证，方准驾驶车辆。"

综上，李某虽考试合格，但未领取驾驶证。在这种情况下，驾驶车辆应按无证驾车论处，属于上述责任免除条款中规定的无有效驾驶证中的无驾驶证情形。

4. 案例结论

最后，本案采纳了上述第三种意见，保险人拒绝赔付李某的事故损失。

9.4.2 持部队驾照驾驶地方车辆的理赔案例

1. 案情介绍

某公司将一辆轿车于2014年4月1日向当地保险公司投保了第三者责任险和车损险。2014年12月2日，一武警驾驶员张某驾驶该轿车前往一温泉游玩。在途中由于在转弯处车速太快，撞在路边电杆上，车辆翻转，造成严重损坏和变形。车上两名乘坐人员和驾驶员张某都不同程度受伤。

此事故经当地交通部门责任认定：张某违反《交通管理条例》第七条规定，根据《道路交通事故处理办法》第十九条规定，应负事故全部责任。

事故处理完毕后，车辆投保单位持交通部门出具的责任认定书和武警驾驶员张某的驾驶证等相关手续到承保公司要求索赔。

2. 案情分析

张某作为武警驾驶员，持武警驾驶证驾驶地方车辆，明显属于无有效驾驶证。当时的《机动车辆保险条款》明确规定，无有效驾驶证为除外责任，此条款已背书在车辆投保单和保险单之后。

根据保监发［1999］51号《关于机动车辆保险条款解释》第二条第一款规定，被保险人允许的合格驾驶员有两层含义：其一是指被保险人允许的驾驶员；其二是合格驾驶员必须持有效驾驶执照。只有两个条件同时具备的驾驶员，在使用保险车辆发生保险事故造成损失时，保险人才予以赔偿。在第五条中又明确了车辆损失和第三者责任险的责任免除，其中第十二款规定："对持军队或武警部队驾驶证驾驶地方车辆者，视为无有效驾驶证。"

此外，《道路交通管理条例》第四章第二十五条规定："机动车驾驶员必须经过车辆管理机关考试合格，领取驾驶证，方准驾驶车辆。”公安部第 28 号令《关于机动车驾驶证管理办法》第十四条规定，持有军队、武警部队驾驶证的，可以申请驾驶证，并履行相关手续，车辆管理部门对符合规定的，经考试合格后核发驾驶证。[1989] 公交管第 166 号《关于退役军人持军车驾驶证驾驶地方车辆有关问题答复》也规定，“军队驾驶员退出现役或军队职工驾驶员调离军事单位工作时，其驾驶证不再作驾证使用，只作技术证明”；“军队驾驶员退役后，应按规定换领《中华人民共和国机动车驾驶证》；对未换领，仍持原驾驶证驾驶地方车辆的可视为无证驾驶，依照《中华人民共和国治安管理处罚条例》第二十七条规定予以处罚”。因此，根据上述规定保险公司应当拒绝赔偿。

3. 案例结论

最后，保险公司依“无有效驾驶执照”的责任免除规定拒绝赔付被保险人的事故损失。

9.5 全车盗抢险的理赔案例

9.5.1 对折旧率与免赔率理解不同引发纠纷的理赔案例

1. 案情介绍

2014 年 7 月 5 日，王某在保险公司为一辆价值 10 万元的轿车投保了盗抢险，按照车辆的折旧率 20%计算，双方约定的保险金额为 8 万元。该车于 2014 年 11 月 21 日丢失，三个月后，保险公司赔偿时依照当时的《机动车辆保险条款》关于盗抢险赔偿扣除 20%绝对免赔的规定，按照 8 万元的 80%赔付王某 6.4 万元。王某认为原保险合同中在盗抢险“保险金额”旁，同时注明“赔偿限额”，保险公司合同载明的赔偿限额就是出险时应当赔偿的金额依据，要求保险人再赔付被扣除的 20%绝对免赔金额 1.6 万元。

2. 分歧意见

第一种意见认为，既然双方在全车盗抢险栏约定，保险金额/赔偿限额 8 万元，被保险人王某理解为“保险金额”即“赔偿限额”，且在投保时已扣除了车辆价值 20%的金额作为保险金额，如果再扣除 20%，则属于重复扣除。且保险单系用保险公司提供的格式条款订立的合同，对格式条款的理解发生争议的，应当按照通常理解予以解释，对格式条款有两种以上解释的，应当做出不利于提供格式条款的一方。因此，保险公司应当补赔差额的 20%部分。

第二种意见认为，保险公司扣除 20%的绝对免赔是依照《机动车辆保险条款》项下的全车盗抢险条款的有关规定严格执行的。符合机动车辆保险条款关于盗抢险的免赔率的规定，保险公司不能补贴被保险人提出的差额部分。

3. 案情分析

此案争论的焦点有两个，其一是对“赔偿限额”的理解；其二是对折旧和免赔的概念理解。

全车盗抢险条款规定对于全车损失，按条款有关规定计算赔偿，并实行20%的绝对免赔率。根据《中华人民共和国保险法》规定，保险金额是指保险人承担赔偿或者给付保险金责任的最高限额。而“赔偿限额”不等于“赔偿金额”，既然为限额，明确为赔偿金额的最上限，而非确定不变的赔偿金额。不存在上述对格式条款的“有两种以上解释”，字义非常明确。因此，不能适用上述“……对格式条款有两种以上解释的，应当做出不利于提供格式条款的一方”的原则。

此外，按照全车盗抢险条款规定：“保险金额由保险人与被保险人在投保车辆的实际价值内协商订立。”实际价值是指同类型车辆市场购置价减去该车已使用年限折旧金额后的价格。折旧的标准是按每满一年扣除一年计算，不足一年的部分，不计折旧，折旧率为每年10%。由于该车购买于2012年7月，因此，在投保时，全车盗抢险的保额应当按照原值扣除两年的折旧20%，以6.4万元作为实际价值作为盗抢险的保额，这与免赔的20%在数字上虽碰巧一致，但内涵是完全不同且无关联的。前者为投保时确定实际价值的折旧比例，后者系为了增强被保险人安全防范意识设立的绝对免赔率，并非同一概念的重复扣除。

4. 案情分析

本案应该按照第二种意见处理。在展业和承保两个环节，对于此类易产生纠纷和误解之处，保险公司的从业人员应着重对投保人加以解释和说明，以免产生本案发生的误解。

9.5.2 汽车被盗复得的理赔案例

1. 案情介绍

陈先生于2013年10月6日购买了一辆一汽大众速腾轿车，花费14万元。他为该车办理了交强险、第三者责任险、车辆损失险和全车盗抢险，双方确认盗抢险保险金额为14万元，保险期限为一年。按照该合同中有关盗窃保险条款的规定，如果该机动车被盗，保险公司将按保险金额予以全额赔偿。

2014年5月19日，该车被盗，陈先生立即向公安机关和保险公司报了案。到了8月19日，汽车仍未找到。陈先生持公安机关的证明向保险公司的办事处索赔，保险公司的办事处称要向上级公司申报。

10月初，陈先生被盗的汽车被公安机关查获，保险公司将车取回，但这时陈先生不愿收回自己丢失的汽车，而要求保险公司按照保险合同支付14万元的保险金及其利息。而保险公司则认为，既然被盗汽车已经被找回，因汽车被盗而引起的保险赔偿金的问题已不存在，因此，陈先生应领回自己的汽车，并承担保险公司为索赔该车所花费的开支。意见不合，双方便上诉至法院。

2. 案情分析

这是一起车辆被盗3个月后，保险公司应该赔付保险金还是应该还车的案例。被盗车辆被追回，但如果被保险人看到车辆已不值被盗前的价格，一般愿意选择保险公司给付保险金。

现行的机动车辆全车盗抢险条款明确规定：“保险人赔偿后，如被盗抢的保险车辆找回，应将该车辆归还被保险人，同时收回相应的赔款。如果被保险人不愿意收回原车，则车辆的所有权益归保险人。”也就是说，被保险人具备要车或者要保险赔付的优先选择权。因此，陈先生要求保险公司按照保险合同支付保险金是合理的。

3. 案例结论

法院审理后认为，陈先生与保险公司订立的保险合同符合法律规定，双方理应遵守。本案中的失窃汽车虽为公安机关查获，但已属于保险合同中约定的“失窃三个月以上”的责任范围。故判决陈先生的汽车归保险公司所有，保险公司在判决生效后10日之内向陈先生赔偿金：14×(100％－20％)＝11.2万元，并承担本案的诉讼费用。

9.6 其他理赔案例

9.6.1 涉及车辆年检问题的理赔案例

1. 案情介绍

2015年3月21日，某电力公司将一辆皮卡车向保险公司投保了机动车辆损失险及第三者责任保险，保险期为1年，并缴清了保险费。投保后30天，该车在一处收费站与一辆货车发生碰撞，致使对方货车车上两人受伤，车上货物受损。事故发生后，交通管理部门认定皮卡车驾驶员负全部责任，核定损失为24万元。

被保险人提交索赔申请后，保险公司在审查该案时发现皮卡车在投保和出险时，未参加车辆管理机关的车检。几天后，被保险人又提交了一份皮卡车的行驶证复印件，裁明该车在投保和出险时年检合格。经查，该车2013年4月参加了年检，合格期至2014年4月，此后该车一年未参加年检。为了索赔需要，被保险人在2015年3月到车管机关交纳了罚款后进行了补办年检。

保险公司在处理此案时，主要有两种意见。一种意见是该车在订立保险合同和出险时，虽未参加年检，但出险后已经过车管机关年检合格，保险公司应该赔偿；另一种意见是既然该车在投保和出险时未参加年检，按照机动车辆保险条款的规定，保险公司应拒绝赔偿，但应退还电力公司所缴的保险费。

2. 案例分析

(1) 机动车辆是一种高风险的运输工具，国家对其实施强制年检制度，就是为了保证车辆安全技术状况良好。车辆按期参加年检并合格是车辆行驶的法定条件。但本案中，被保险人自2013年4月为保险汽车年检后，一年不参加年检而继续驾驶保险汽车，是一种严重地违反国家法规的行为。保险公司不应对其严重违反国家法规的行为提供保险赔偿。

(2) 车辆管理机关按照国家法规规定，对车辆实施强制年检制度，是保证车辆安全技术状况的一种法律制度。既然被保险人在车辆投保和出险时未按规定到车管机关对皮卡车进行年检，那么在订立保险合同和出险时，车辆的安全技术状况是否符合国家相关规定也就无法定依据；被保险人在该车发生事故经过修复才到车管机关交罚款进行年检并合格，只能证明该车在2013年4月以后一年内安全技术状况符合国家规定，可以继续行驶一年，不能推定此后该车的技术状况仍然符合国家相关规定。因此，仅以保险汽车行驶证和车管机关于2015年3月补签有“2014年年检合格”来认定在订立保险合同和出险时该车是合格车辆，是没有根据的。

(3) 根据我国《机动车辆保险条款》规定：“保险车辆必须有交通管理部门核发的行驶证和号牌，并经检验合格，否则本保险单无效。”中国保监会在解释此条款时明确指出，保险车辆达不到《机动车辆安全技术条件》的要求，经交通管理部门检验不合格，或在规定期间内未经年检的，保险合同无效。该车虽然在新车上户时领有行驶证和号牌，但在车辆投保时未按规定参加年检，导致保险公司与电力公司订立的机动车辆保险合同无效。

3. 案例结论

本案中电力公司与保险公司签订的保险合同无效，保险公司不予赔付，并退还相应的保险费。

9.6.2 伪造、涂改有关证明骗取保险金的理赔案例

1. 案情介绍

2013年6月7日，宋某为自己的货车在河北某保险公司投保了车辆损失险、第三者责任险和车上人员责任险，保险期限为一年。2014年5月30日晚，保险公司接到被保险人的电话报案，称保险车辆与一辆捷达轿车相撞，已向事故发生地的沈阳和平区交警队报了案。该保险公司当即决定派人去沈阳查勘现场。当业务员到达沈阳时，肇事车辆已被拖至沈阳市某汽车修理厂修理。

经了解，情况如下。5月30日，货车行驶在沈阳和平区时，迎面驶来一辆捷达轿车。为躲避一个横穿马路的骑车人，保险汽车驾驶员向左打转向盘过猛，轿车撞在货车右脚踏板后弹出，撞在路边的大树上，轿车驾驶员和同车的一名乘坐人受伤。事故发生属实，但交警队尚未进行责任认定。

一个月后，宋某带着各种证明和资料来这家保险公司办理索赔手续，其中有出事经过、事故责任认定书、损失赔偿调解书、道路交通事故经济赔偿凭证、协议书、医院收据、车辆定损单等证明材料。保险公司内勤人员在审核有关单证时，发现宋某提供的沈阳和平区交警队的交通事故责任认定书、调解书、经济赔偿凭证上所盖公章印模在几个单证中的字体和颜色不一致，有异常。保险公司决定派员再赴沈阳调查。业务员首先到达中国医科大学附属第一医院，核实住院收据。经过比较，宋某提供的住院收据上的印章与该院住院处的收费印章差别很大。为了查明两名伤者的真实医疗费，通过微机查得轿车驾驶员的医疗费为10500余元，而不是宋某所提供的收据上所记载的19543.8元，另一名乘员的医疗费则没有查到，宋某所提供的收据票面总金额为36276.9元。最后，该院出具了没有开出宋某所提供的两张收据的证明。随后，公司的业务员又来到沈阳和平区交警队，对有关证明、凭据的真实性作进一步的调查。交警支队事故承办人否认凭证内容是他书写的，并回忆说，这起事故是由双方自行协商解决的，我们没有进行调解，并找出存档的事故原始材料，道路交通事故责任认定书是2014年7月17日开出的。捷达轿车违章超车，违反交通管理条例的有关规定，负主要责任，货车司机驾驶车辆采取措施不当，负事故的次要责任。这与索赔材料中那份责任认定书正好相反。存档时事故损害赔偿调解书，调解内容为空白，而宋某所提供的调解书内容丰富，货车车主要负担轿车方的损失54872.4元。交警队也出具了宋某所提供的事故责任认定书、调解书和经济赔偿凭证均为伪造的证明。

保险公司根据内查外调的情况，依法做出了拒绝赔偿的处理决定。

2. 案情分析

首先从国家对保险的法规上看，保险公司有权拒赔。《中华人民共和国保险法》规定："保险事故发生后，投保人、被保险人或者受益人以伪造、变造的有关证明、资料或者其他证据，编造虚假的事故原因或者夸大损失程度的，保险人对其虚报的部分不承担赔偿或者给付保险金的责任。……致使保险人支付保险金或者支出费用的，应当退回或者赔偿。"当时适用的机动车辆保险条款也规定："被保险人索赔时不得有隐瞒事实、伪造单证、制造假案等欺诈行为。"

其次，该案例构成了保险法所认定保险诈骗的一种，《中华人民共和国保险法》第一百三十一条第五款规定："伪造、变造与保险事故有关的证明、资料和其他证据，或者指使、唆使、收买他人提供虚假证明、资料或者其他证据，编造虚假的事故原因或者夸大损失程度，骗取保险金的。……情节轻微，不构成犯罪的，依照国家有关规定给予行政处罚。"

最后，《刑法》第一百九十八条规定："……保险事故的鉴定人、证明人、财产评估人故意提供虚假的证明文件，为他人诈骗提供条件的，以保险诈骗的共犯论处。"

3. 案例结论

本案是一起典型的保险诈骗案，伪造、涂改有关理赔证明不但会遭到保险公司的拒赔，还有可能因此而触犯行政法、刑法，构成保险诈骗罪。

在现实世界中，这种现象不但屡禁不止，而且有进一步蔓延的危险。究其原因，不但在于各地方医疗、交通部门的职业道德意识不强，管理不严，而且保险人也应该从自身找原因，可以从加强公司内部核单、理赔的工作着手，并辅以加强部门的横向联合与协作。

【关键术语】

理赔　保险单证　车辆损失　责任　分析

【综合练习】

某麻纺厂将其东风牌货车投保了第三者责任保险。保险期限为 2013 年 10 月 8 日至 2014 年 10 月 7 日。2014 年 3 月，麻纺厂将车卖给个体户刘某从事运输业务。刘某另交人民币 500 元后麻纺厂将保单也交给了刘某，但刘某没有到保险公司办理批改手续。2014 年 9 月，刘某运输途中发生撞车事故，根据法院判决，刘某应赔偿第三者损失人民币 9500 元，刘某向保险公司索赔，而保险公司则拒赔。试分析保险公司是否有充分的理由拒赔。

第10章 汽车消费贷款及其保险

本章教学要点

知识要点	掌握程度	相关知识
汽车消费贷款及其保险	掌握汽车消费贷款的含义及其保证保险； 熟悉机动车辆分期付款售车信用保险	汽车消费贷款的含义及其保证保险； 机动车辆分期付款售车信用保险

导入案例

小强2012年大学毕业后一直在省城一家电信公司公职，月薪5000元，小强的妻子在中学里当教师，月收入1500元。夫妻已结婚两年，两人一直希望有一个自己的家，于是决定申请按揭贷款购买商品房，在用积蓄支付了8万元的首付款后，每月还款1300元。当夫妻二人心满意足地拥有属于自己的一片天地时，他们又有了新的梦想：拥有一辆私家小汽车，既方便自己工作，又能享受驾车的乐趣。但是，付完住房的首付款后，他们的积蓄所剩无几。于是，他们想选择申请贷款购买小汽车。为了早日实现购车梦，他们利用休息时间先后到几家国有商业银行咨询，了解个人申请汽车消费贷款的条件、程序、利率、期限、还款情况等。

不久，小强在报纸上看到关于申请汽车消费贷款的有关报道，惊喜地发现，现在很多汽车经销商考虑到消费者个人到银行申请汽车贷款的种种不便，为了方便消费者，减轻消费者的负担，与银行和保险公司联手推出1～2年期的个人汽车消费贷款，消费者只需用所购车向银行抵押担保，经销商为消费者向银行提供保证担保，而且所有购车程序由经销商代理完成，购车手续如公证、汽车上户、上牌、抵押登记等也可在经销商处一次完成，从而使消费者尽早提取新车。报纸上的报道使小强为之振奋，他迫不及待地通知妻子直奔市商业银行申请贷款购车。

当今社会汽车行业迅速发展，汽车几乎已经成为人们出行不可或缺的交通工具。拥有一辆自己的车，对于一些人来说已不再是个难题，但对于经济不富裕的家庭来说，汽车仍然是一种高消费品。如何能缓解经济压力又能拥有自己的车呢？正如上述案例所述，汽车消费贷款就是购车最好的选择。

本章在介绍汽车消费贷款基本知识的基础上，重点讲述我国的汽车消费贷款保证保险和分期付款售车信用保险的基本内容。

10.1 汽车消费贷款概述

10.1.1 消费贷款及其类型

1. 基本概念

消费贷款又称为消费信贷，是指金融机构对消费者个人发放的用于购买耐用消费品，或支付其他费用的货币贷款。其中金融机构是指以银行为代表的各种融资服务机构。消费者个人既包括以家庭为单位的消费群体，又包括以个人为单位的消费主体。耐用消费品或其他费用支出，是指用于购买那些具有较高价值的，不易被低价值商品替代的，具有较充足的商品供应能力和普及趋势的生活消费品以及用于教育、医疗、旅游等生活消费方面的较高价值费用的支付。

2. 消费信贷的类型

消费贷款一般分为分期偿还贷款、周转贷款、一次性偿还贷款等三种形式。

1）分期偿还贷款

分期偿还贷款是指借款者在贷款到期之前分期偿还本金和利息的贷款。多数情况下，消费者申请这种贷款的用途是为了购买耐用消费品，如住房贷款、汽车贷款等。

根据借款者取得贷款的途径不同，分期偿还贷款又分为直接贷款和间接贷款。

(1) 直接贷款也称买者贷款，是指消费者直接向银行申请贷款并从银行取得贷款。

(2) 间接贷款也称卖者贷款，是指借款者向某种商品的经销商提出借款申请并与其商定贷款条件，然后由经销商将已商定的贷款协议交由银行审批，银行批准后按照事先商定的条件向经销商发放贷款，由经销商再将贷款提供给消费者。

间接贷款的对象是经销商，出于其资信较高，违约风险较小，实际上等于银行将消费者的违约风险转嫁给了经销商。所以，对于银行来说，间接贷款较直接贷款更为有利。

2）周转贷款

周转贷款的最常用的两种形式是信用卡贷款和超限额贷款。起初这两种贷款形式都是与支票账户相连的，实际上是商业银行向其支票存款户提供的一定期限、一定额度内透支的权利。由于这两种贷款形式具有透支性，为防止恶意透支等违约行为，一般都规定一定的限额使用权利且利率较高。

目前，在美国除了商业银行为其存款户发放信用户贷款和超限额贷款之外，还有许多专门的信用卡公司根据消费者个人的信用记录，专门通过发放一定额度和一定利率的信用卡贷款获得经营利益。

3）一次性偿还贷款

一次性偿还贷款是指借款者在贷款到期前，必须一次性还清本金和利息的贷款。

一次性偿还贷款的借款目的，一般是应付临时性的资金短缺。因此，一般期限较短、数额较大，银行在发放这种贷款时，以借款者在未来时间内十分准确的现金收入作为预期还款来源，其利率水平也要根据借款者预期收入的确定程度而定。典型的一次性偿还贷款是过渡性贷款，例如消费者在支付新住房的预购定金时，由于旧住房尚未出售，缺乏现金而向银行申请一笔过渡性贷款以支付定金，待旧房出售后偿还贷款。显然，此种贷款具有过渡的性质。

3. 消费贷款的形式

银行提供的消费贷款主要有分期付款、指定用途贷款和不指定用途贷款等三种形式。

1）分期付款

分期付款是指消费者直接从零售商处购买指定的耐用消费品，在有相应担保的情况下，按照合同规定向零售商分期付款，当零售商遇到资金不足时，再向银行申请直接贷款的消费贷款方式。

2）指定用途贷款

指定用途贷款是指消费者在购买汽车、家用电器等耐用消费品时，由零售商与商业银行联系，消费者直接与银行订立借款合同，取得的贷款只能用于指定用途的消费贷款方式。

3）不指定用途贷款

不指定用途贷款是指消费者从银行的借款没有指定用途，仅按照个人的需要与意愿购买消费品，再按照合同的约定还款的消费贷款方式，信用卡贷款就是这种方式。

4. 抵押和抵押贷款

抵押是指债务人为了保证主合同的履行，以其所有的财产作为履行合同的担保。当其不履行或者不能履行合同时，主合同的债权人依照有关法律或合同约定处理该抵押物，并从中优先受偿。

抵押贷款是指抵押贷款人按照《担保法》规定的抵押方式，以借款人或第三人的财产作为抵押物发放的贷款。可作为抵押物的财产包括以下内容。

(1) 抵押人有权自主支配的房产或其他土地上的定着物。

(2) 抵押人依法取得的国有土地使用权。

(3) 贷款人认可的其他财产。

贷款人与抵押人签订抵押合同后，双方必须依照有关法律规定办理抵押物登记。抵押合同自抵押物登记之日起有效，到抵押人还清全部贷款本息时终止。抵押权设定后，所有能够证明抵押物权属的证明文件原件及抵押物的保险单证正本等，均由贷款人保管并承担保管责任。

5. 质押贷款

质押贷款是指贷款人按照《担保法》规定的质押方式，以借款人或第三者的动产或权利为质押物发放的贷款。质押物包括以下内容。

(1) 国库券(国家有特殊规定的除外)。

(2) 国家重点建设债权。

(3) 金融债权。

(4) AAA级企业债权。

(5) 储蓄存单。

出质人应将质押的权利凭证交与贷款人，质押合同自权利凭证交付之日起生效。以个人储蓄存单出质的，应提供开户行的鉴定证明及停止支付证明。

6. 担保与保证贷款

担保是指保证人与借贷合同当事人之间达成的关于被保证的当事人不履行或者不能履行合同时，保证人代为履行或者连带承担赔偿损失责任的协议。

保证贷款是指贷款人按照《担保法》规定的保证方式，以第三人承诺在借款人不能偿还贷款本息时，按照规定承担连带责任而发放的贷款。保证人为借款人提供的贷款担保为不可撤销的全额连带责任保证，包括贷款合同规定的贷款本息和由贷款合同引起的相关费用以及由贷款合同引发的所有连带民事责任。

10.1.2 我国汽车消费贷款的业务模式

汽车消费贷款是银行和汽车金融公司等金融机构，为购买汽车的购买者发放的人民币担保贷款。

目前，通行的汽车消费贷款主要有三种模式，抵押加担保、标的物抵押加信用保证保险和标的物抵押加第三方反担保。

1. 抵押加担保

在1998年10月，中国建设银行最早推出了这种方式的汽车消费贷款业务，即由贷款购车人以银行存单、有价证券等质押，房产等物品抵押，再加上担保人担保。这种方式的责、权、利在银行一方，也就是说由银行承担风险责任，决定贷款购车人能否贷到购车款的权利在银行；从中获得利益的，当然也是银行。贷款购车人的权利在于获得所购车辆的使用权，并在使用过程中获得利益，同时，有责任按约定时间、数量归还银行贷款的本息。汽车经销商的责任是向贷款购车人提供合格的、用户满意的汽车及服务，其权利就是用户提走汽车之后，要求银行在约定时间内将车款(全部车款)拨到汽车经销商账户。

2. 标的物抵押加信用保证保险

这种方式要求贷款人购车后，按照国家《担保法》将贷款所购车辆抵押给银行，同时，还要求贷款购车人向保险公司购买“个人信用保证保险”。

贷款购车人购买个人信用保证保险后，银行将承担风险的责任转移到了保险公司身上。也就是说，如果贷款购车人未能履约或被确定为不能履约，失去归还贷款本息的能力，风险责任由保险公司承担，并且由保险公司负责归还贷款购车人所欠银行的本息。贷款购车人的责、权、利与第一种模式一样。汽车经销商的责任也与第一种模式一样。

3. 标的物抵押加第三方反担保

这种方式是由汽车经销商向贷款购车人提供的全程担保，并将贷款所购车辆抵押给汽车经销商。

这种方式的特点是：贷款购车人提出贷款购车申请之后，由汽车经销商进行贷款购车人的资信调查。当汽车经销商认为贷款购车人的资信合格后，由汽车经销商帮助贷款购车人向银行申请贷款。贷款购车人提走汽车后，按照约定时间、数额归还车款本息，由汽车经销商代为银行收缴。这种方式，汽车经销商向贷款购车人收取一定比例的担保服务管理费(一般数额相当于个人信用保证保险的保费)。这样一来，风险责任人完全由汽车经销商承担起来，贷款购车人未能履约或被确定为不能履约，汽车经销商将其所欠车款本息归还银行。银行的权利就是审核批准贷款购车人的资格，其责任就是当贷款购车人提走汽车后，及时将全部车款拨给汽车经销商。

对于第三种模式，因银行能以多年贷款风险管理经验与汽车经销商多年开展分期付款售车的经验、化解风险的能力进行有机结合，从而使汽车消费信贷的管理日臻完善，有助于风险的化解。特别是在我国个人信用资质评价体系尚未建立、信用制度空缺的环境下，商家全程担保的模式优越性日益显现出来。

10.1.3 汽车消费贷款参与单位的相关职责

目前，我国汽车消费贷款的参与单位包括经销商、银行或汽车金融公司、保险公司、公证部门、汽车生产商以及公安交通管理部门。根据汽车消费贷款的程序，各参与单位的职责分工不同。

1. 汽车经销商

(1) 负责组织协调整个汽车消费贷款所关联的各个环节。

(2) 负责车辆资源的组织、调配、保管和销售。

(3) 负责对客户贷款购车的前期资格审查。

(4) 负责汽车消费贷款和保证保险的宣传，建立咨询网点与组织客源。

(5) 负责售后跟踪服务，对违规客户及时提请处理。

2. 银行或汽车金融公司

(1) 负责提供汽车消费贷款所需资金。

(2) 负责对贷款客户的资格最终审查。

(3) 负责贷款购车的本息核算。

(4) 负责和督促贷款协议规定的责任人到车辆管理机关办理贷款所购车辆的抵押登记手续。

(5) 负责监督、催促客户按期还款。

(6) 负责汽车消费贷款的宣传工作。

(7) 负责在还款期内及时代收、代缴车辆损失险、第三者责任险、盗抢险和自燃损失险等保险费。

(8) 负责贷款归还后及时通知公安或公证部门解除对抵押物的登记。

3. 保险公司

(1) 审核银行或汽车销售商转交的消费贷款购车人的有关证明文件和银行信贷要求的相关证明材料。

(2) 为客户所购车辆办理相关保险手续。

(3) 为贷款购车客户或分期付款购车客户按期还款办理保证保险或信用保险。

(4) 及时处理保险责任范围内的各项理赔工作。

(5) 协助贷款协议所规定的责任人为贷款所购车辆办理抵押登记手续，协助公安交通管理部门做好在还贷期间车辆不准过户的工作。

4. 公证部门

(1) 对客户提供的文件资料的合法性和真伪进行鉴定和认证。

(2) 对运作过程中所有新起草的合同、协议从法律角度进行认定。

(3) 对与客户签订的购车合同予以法律公证，并向客户讲明其利害关系。

5. 汽车生产商

(1) 负责提供质量合格、性能稳定的车辆。

(2) 负责提供生产车型的整车零配件销售价格、修理工时费用标准。

(3) 负责提供在全国的售后服务或特约车辆维修厂的名录与联系方式。

(4) 负责提供车辆在安全、环保、防盗等方面的技术改造的信息资料。

6. 公安交通管理部门

(1) 及时地为消费贷款的车辆办理抵押登记和登记解除的手续。

(2) 向有关客户提供有效证明文件。

(3) 对骗购案件进行侦破。

(4) 为保证保险的车辆办理有关入户手续。

(5) 控制车辆在车款未付清前不能过户。

10.1.4 汽车消费贷款的管理

为了规范汽车消费贷款管理，维护借贷双方的合法权益，根据《中华人民共和国商业银行法》、《中华人民共和国担保法》制定了我国现行的《汽车消费贷款管理办法》。

1. 汽车消费贷款的业务范围

(1) 汽车消费贷款的贷款人为经中国人民银行批准的商业银行，借款人为在中国境内有固定住所的中国公民及企业、事业法人单位。汽车消费贷款的借贷双方应签订书面贷款合同。

(2) 未经中国人民银行批准，其他任何单位和个人不得开办汽车消费贷款业务。

2. 借款人条件

申请汽车消费贷款的借款人必须具备以下条件。

1) 个人

(1) 我国内地居民(或在内地连续居住一年及以上的港、澳、台地区的居民)和在我国内地连续居住一年及以上的外国人。

(2) 具有有效身份证明、固定和详细地址且具有完全民事行为能力。

(3) 具有稳定的职业和偿还贷款本息的能力，信用良好。

(4) 能够提供有效的抵押物或质物，或有足够代偿能力的个人或单位作为保证人。

(5) 能够支付规定限额的首期付款。

(6) 贷款人规定的其他条件。

2) 具有法人资格的企业、事业单位

(1) 具有偿还贷款的能力。

(2) 在贷款人指定的银行存有不低于规定数额的首期购车款。

(3) 有贷款人认可的担保。

(4) 有工商行政主管部门核发的企业法人营业执照及年检证明。

(5) 贷款人规定的其他条件。

3. 贷款期限、利率和限额

(1) 汽车消费贷款期限最长不超过 5 年(含 5 年)。

(2) 汽车消费贷款利率按照中国人民银行规定的同期贷款利率执行。

(3) 借款人的借款额应符合以下规定。

① 以质押方式申请贷款的，或银行、保险公司提供连带责任保证的，首期付款额不得少于购车款的 20%，借款额最高不得超过购车款的 80%。

② 以所购车辆或其他不动产抵押申请贷款的，首期付款额不得少于购车款的 30%，借款额最高不得超过购车款的 70%。

③ 以第三方保证方式申请贷款的(银行、保险公司除外)，首期付款额不得少于购车

款的40%，借款额最高不得超过购车款的60%。

4. 贷款程序

(1) 借款人所提供的资料。借款人申请贷款时应当向贷款人提供以下资料。

① 个人应提供资料：贷款申请书；有效身份证件；职业和收入证明以及家庭基本状况；购车协议或合同；担保所需的证明或文件；贷款人规定的其他条件。

② 具有法人资格的企业、事业单位应提供资料：贷款申请书；企业法人营业执照或事业法人执照，法人代码证，法定代表人证明文件；人民银行颁发的《贷款证》；经会计(审计)师事务所审计的上一年度的财务报告及上一个月的资产负债表、损益表和现金流量表；与贷款人指定的经销商签订的购车合同或协议；抵押物、质物清单和有处分权同意抵押、质押的证明。抵押物还须提交所有权或使用权证书、估价、保险文件，质物还须提供权力证明文件，保证人同意保证的文件；贷款人规定的其他条件。

借款人应当对所提供材料的真实性和合法性负完全责任。

(2) 贷款人在收到贷款申请后，应对借款人和保证人的资信状况、偿还能力以及资料的真实性进行调查，并最迟在受理贷款申请之日起15日内对借款人给予答复。

(3) 对于符合贷款条件的借款人，贷款人须履行告知义务。告知内容包括贷款额度、期限、利率、还款方式、逾期罚息、抵押物或质物的处理方式和其他有关事项。

(4) 贷款人审查同意后，应按《贷款通则》的有关规定向借款人发放贷款。对于不符合贷款条件的借款人，应说明理由。

(5) 贷款支用方式必须保证购车专用，并须经银行转账处理。借款人不得提取现金或挪作他用。

(6) 在贷款有效期内，贷款人应对借款人和保证人的资信和收入状况以及抵押物保管状况进行监督。

5. 汽车消费贷款担保

(1) 借款人向贷款人申请汽车消费贷款，必须提供担保。借款人可以采取抵押、质押或以第三方保证等形式进行担保。担保当事人必须签订担保合同。

(2) 以抵押形式申请汽车消费贷款的，借款人在获得贷款前，必须按照《中华人民共和国担保法》第41条、第42条的规定办理抵押物登记。

借款人以所购汽车作为抵押物的，应以该车的价值全额抵押。

(3) 借款人应当根据贷款人的要求办理所购车辆保险，保险期限不得短于贷款期限。在抵押期间，借款人不得以任何理由中断或撤销保险。在保险期内，如发生保险责任范围以外的损毁，借款人应及时通知贷款人，并提供其他担保，否则贷款人有权提前收回贷款。

(4) 保证人失去保证能力、保证人破产或保证人分立的，借款人应及时通知贷款人，并重新提供担保，否则贷款人有权提前收回贷款。

(5) 借款人在还款期限内死亡、失踪或丧失民事行为能力后无继承人或受遗赠人，或其法定继承人、受遗赠人拒绝履行借款合同的，贷款人有权依照《中华人民共和国担保法》的规定处分抵押物或质物。

(6) 借款人有下列情形之一的，贷款人有权按中国人民银行《贷款通则》的有关规定，对借款人追究违约责任。

① 借款人不按期归还贷款本息的。

② 借款人提供虚假或隐瞒重要事实的文件或资料，已经或可能造成贷款损失的。

③ 未按合同规定使用贷款，挪用贷款的。

④ 套取贷款相互借贷牟取非法收入的。

⑤ 未经贷款人同意，借款人将设定抵押权或质押权财产或权益拆迁、出售、转让、赠予或重复抵押或质押的。

⑥ 借款人拒绝或阻挠贷款人监督检查贷款使用情况的。

⑦ 借款人用于抵押、质押的财产不足以偿还贷款本息，或保证人因意外情况不能偿还贷款本息，而借款人未按要求重新落实抵押、质押或保证的。

(7) 借款人偿还贷款本息后，借款合同自行终止。贷款人在借款合同终止 30 日内办理抵押或质押登记注销手续，并将物权或质权证明等凭证退还借款人。

(8) 抵押物、质物的评估、保险、登记、公证等费用由借款人承担。

10.1.5 汽车消费信贷的操作程序

借款人获得分期偿还贷款的途径有两种：一种途径是直接贷款，另一种途径是间接贷款。直接贷款也称买者贷款，是消费者直接向银行或汽车金融公司申请贷款并从银行或汽车金融公司取得贷款。间接贷款也称卖者贷款，是指借款者向某种商品的经销商提出借款申请并与其商定贷款条件，然后由经销商将已商定的贷款协议交由银行审批，银行批准后按照事先商定的条件向经销商发放贷款．经销商再将贷款提供给消费者。

1. 借款人直接向银行或汽车金融公司申请汽车消费贷款的程序

(1) 咨询。客户到银行营业网点或汽车金融公司前台进行咨询，网点或前台为用户推荐已与银行或汽车金融公司签订的《汽车消费贷款合作协议书》的特约经销商。

(2) 选购汽车。到经销商处选定拟购汽车，并与经销商签订购车合同或协议。

(3) 贷款申请。到银行网点或汽车金融公司提出贷款申请，必须准备以下资料。

① 个人。贷款申请书、有效身份证件、职业和收入证明以及家庭基本状况、购车协议或合同、担保所需的证明或文件、贷款人规定的其他条件。

② 法人。贷款申请书；企业法人营业执照或事业法人执照，法人代表证，法定代表人证明文件；人民银行颁发的《贷款证》；经会计(审计)师事务所审计的上一年度的财务报告及上一个月的资产负债表、损益表和现金流量表；抵押物、质押物清单和有处分权同意抵押、质押的证明，抵押物还须提交所有权或使用权证书、估价、保险文件，质押物还须提供权利证明文件，保证人同意保证的文件；贷款人规定的其他条件。

借款人应当对所提供材料的真实性和合法性负完全责任。

(4) 资信调查。银行或汽车金融公司在受理借款申请后有权对借款人和保证人的资信情况进行调查，对不符合贷款条件的，银行或汽车金融公司在贷款申请受理后 15 个工作日内通知借款人，对符合贷款条件的，银行或汽车金融公司将提出贷款额度、期限、利率等具体意见，并及时通知借款人办理贷款担保手续，双方签订《汽车消费借款合同》。

(5) 办理保险。借款人在银行或汽车金融公司指定的保险公司办理保险，并在保单中明确第一受益人为银行或汽车金融公司，保险期限不得短于贷款期限。

(6) 银行或汽车金融公司向经销商出具《汽车消费贷款通知书》，借款人同时将购车首期款支付给经销商。

(7) 经销商在收到《汽车消费贷款通知书》及收款凭证后，协助借款人到相关部门办理缴费及领取牌照等手续，并将购车发票、各种缴费凭证原件及行驶证复印件直接移交到银行或汽车金融公司。

(8) 借款人以所购汽车作抵押的，其保险单、购车发票等凭证在贷款期间由银行或汽车金融公司保管，在合同期内，银行有权对借款人的收入状况、抵押物状况进行监督，对保证人的信誉和代偿能力进行监督，借款人和保证人应提供协助。

在合同期内，银行或汽车金融公司有权对借款人的收入状况、抵押物状况进行监督，对保证人的信誉和代偿能力进行监督，借款人和保证人应提供协助。

2. 借款人向汽车经销商申请汽车消费贷款的程序

1) 客户咨询与资格初审

客户咨询时，经销商须向客户提供汽车消费贷款购车须知、购车常识、汽车消费贷款实际操作问答、车辆价格明细表、消费贷款购车费用明细表、汽车分期付款销售计算表、客户个人资料明细表和客户登记表等。当客户决定采用消费贷款形式购车时，需要填写消费贷款购车初审和复审意见表、消费贷款购车申请表等。经销商对客户的消费贷款购车进行初步的资格审查并签署意见。

2) 资格复审与银行初审

经销商对客户进行资格复审时，客户需要填写消费贷款购车资格审核调查表、银行的汽车消费贷款申请书。资格复审结束时，经销商需要对消费贷款购车初、复审意见表签署复审意见，并将经过复审客户的相关材料提交银行进行初审鉴定。

客户将上述文件交银行初审后，经销商需要在消费贷款购车资格审核调查表、汽车消费贷款申请书等文件上的审批栏内签署意见。

3) 签订购车合同书

银行初审鉴定后，经销商与客户签订购车合同书，通知客户交付首期购车款，并为客户办理银行户头和银行信用卡，客户填写车辆验收交接单。

4) 经销商与客户办理抵押登记及各类保险、公证手续

在对合同协议进行公证时，需要填写经济事务公证申请表、公证处接洽笔录等。办理保险时，需要填写汽车保险投保单、汽车分期付款售车信用保险或保证保险投保单及其问询表，需要为保险公司准备相关的客户文件。

5) 银行终审

将填写的个人消费贷款保证合同、委托付款授权书、委托收款通知书、个人消费贷款借款合同等所有相关文件报银行终审。

6) 车辆申领牌照与交付使用

上述程序履行完以后，银行将贷款划拨给经销商。经销商协助为车辆申领牌照，并将车辆交由客户使用。经销商应留下购车发票、车辆购置附加费发票、车辆合格证以及车辆行驶证复印件等材料。

7) 档案管理

最后，经销商建立客户档案文件并进行管理。

10.2 汽车消费贷款保证保险

10.2.1 汽车消费贷款保证保险的概念

担保是汽车消费贷款必须办理的手续，汽车消费贷款保证保险是第三方保证的一种主要形式。

汽车消费贷款保证保险(即常说的“车贷险”)是指以借款合同所确定的贷款本息为标的，投保人根据被保险人的要求，请求保险人担保自己信用的一种保险。如果在规定的期限内，因投保人未按借款合同履行还款义务，致使被保险人受到经济损失，由保险人负赔偿责任。保险人履行赔偿义务后，有权向投保人或提供连带责任担保的第三方担保人追偿。

10.2.2 保险条款的基本内容

1. 投保人与被保险人

1）投保人

汽车消费贷款保证保险的投保人指根据中国人民银行《汽车消费贷款管理办法》规定，与被保险人订立《汽车消费贷款合同》，以贷款方式购买汽车的中国公民、企业、事业单位法人。

2）被保险人

本保险条款的被保险人指为投保人提供贷款的国有商业银行或经中国人民银行批准经营汽车消费贷款业务的其他金融机构。

2. 保险责任与责任免除

1）保险责任

投保人逾期未能按《汽车消费贷款合同》规定的期限偿还欠款满一个月的，视为保险责任事故发生。保险责任事故发生后6个月，投保人不能履行规定的还款责任，保险人负责偿还投保人的欠款。

2）责任免除

由于下列原因造成投保人不按期偿还欠款，导致被保险人的贷款损失时，保险人不负责赔偿。

(1) 战争、军事行动、暴动、政府征用、核爆炸、核辐射或放射性污染。

(2) 因投保人的违法行为、民事侵权行为或经济纠纷致使其车辆及其他财产被罚没、查封、扣押、抵债及车辆被转卖、转让。

(3) 因所购车辆的质量问题及车辆价格变动致投保人拒付或拖欠车款。

由于被保险人对投保人提供的材料审查不严或双方签订的《汽车消费贷款合同》及其附件内容进行修订而事先未征得保险人书面同意，导致被保险人不能按期收回贷款的损失。

由于投保人不履行《汽车消费贷款合同》规定的还款保险期限和保险金额义务而致的

罚息、违约金，保险人不负责赔偿。

3. 被保险人义务

(1) 被保险人发放汽车消费贷款对象必须为贷款购车的最终用户。

(2) 被保险人应按中国人民银行《汽车消费贷款管理办法》严格审查投保人的资源情况，在确认其资信良好的情况下，方可同意向其贷款。

资信审查时应向投保人收取以下证明文件，并将其复印件提供给保险人，内容包括：个人的身份证及户籍证明原件，工作单位人事及工资证明或居委会出具的长期居住证明；法人的营业执照、税务资信证明等等。

(3) 被保险人应严格遵守国家法律、法规，做好欠款的催收工作和催收记录。

(4) 被保险人与投保人所签订的《汽车消费贷款合同》内容如有变动，须事先征得保险人的书面同意。

(5) 被保险人在获得保险赔偿的同时，应将其有关追偿权益书面转让给保险人，并协助保险人向投保人追偿欠款。

被保险人不履行上述义务，保险人有权解除保险合同或不承担赔偿责任。

4. 投保人义务

投保人必须在本合同生效前，履行以下义务。

(1) 一次性缴清全部保费。

(2) 必须依法办理抵押物登记。

(3) 必须按中国人民银行《汽车消费贷款管理办法》的规定为抵押车辆办理车辆损失险、第三者责任险、盗抢险、自燃险等保险，且保险期限至少比汽车消费贷款期限长 6 个月，不得中断或中途退保。

5. 保险期限与保险金额

1) 保险期限

本保险的保险期限是从投保人获得贷款之日起，至付清最后一笔贷款之日止，但最长不得超过《汽车消费贷款合同》规定的最后还款日后的一个月。

2) 保险金额

保险金额为投保人的贷款金额(不含利息、罚息及违约金)。

6. 赔偿处理

(1) 当发生保险责任范围内事故时，被保险人应立即书面通知保险人，如属刑事案件，应同时向公安机关报案。

(2) 被保险人索赔时应先行处分抵押物抵减欠款，抵减欠款不足部分由保险人接本条款赔偿办法予以赔偿。被保险人索赔时如不能处分抵押物，应向保险人依法转让抵押物的抵押权，并对投保人提起法律诉讼。

(3) 被保险人索赔时，应向保险人提供以下有效单证。

① 索赔申请书。

② 机动车辆消费贷款保证保险和机动车辆保险保单正本。

③《汽车消费贷款合同》(副本)。

④《抵押合同》。

⑤ 被保险人签发的《逾期款项催收通知书》。

⑥ 未按期付款损失清单。

⑦ 保险人根据案情要求提供的其他相关证明材料。

(4) 在符合规定的赔偿金额内实行20%的免赔率。

(5) 关于抵押物的处分及价款的清偿顺序按《抵押合同》的规定处理。

7. 其他事项

(1) 保险合同生效后，不得中途退保。

(2) 发生保险责任事故后，被保险人从通知保险人发生保险责任事故当日起，六个月内不向保险人提交规定的单证，或者从保险人书面通知之日起，一年内不领取应得的赔款，即作为自愿放弃权益。

(3) 在机动车辆发生全损后，投保人获得的机动车辆保险赔偿金应优先用于偿还机动车辆消费贷款。

(4) 保险人和被保险人因本保险项下发生的纠纷和争议应协商解决。如协商不成，可向人民法院提起诉讼。除事先另有约定外，诉讼应在保险人所在地进行。

8. 费率规章

1) 保险期限

汽车消费贷款保证保险的期限与费率见表10-1。

表10-1 汽车消费贷款保证保险的期限与费率

1年	2年	3年	4年	5年
1%	2%	3%	4%	5%

2) 保险费

$$保险费=保险金额\times保险费率 \tag{10-1}$$

保险期限不足6个月，按6个月计算，费率为0.5%；保险期限超过6个月不满1年，按1年计算，即费率为1%。

例如，保险期限为2.5年，则费率为2%+0.5%，即2.5%；保险期限为3年零9个月，则费率为3%+1%，即4%。

10.2.3 汽车消费贷款保证保险实务规程

汽车消费贷款保证保险承保是指保险人与投保人签订保险合同的过程，包括展业、受理投保、核保、缮制与签发保险单、证等程序。汽车消费贷款保证保险业务流程如图10.1所示。

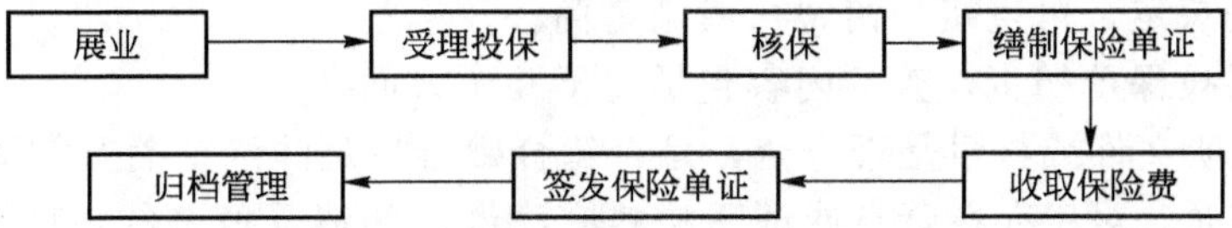

图10.1 汽车消费贷款保证保险业务流程

1．展业

1）展业准备

（1）学习掌握机动车辆消费贷款保证保险的基本知识。

（2）进行市场调查并选择合适的保险对象。

① 调查与分析本区域内银行、汽车生产商、销售商和社会大众对消费信贷的态度，合理预测市场发展前景。

② 调查分析与预测个人和法人对汽车消费贷款的实际购买力、参与程度以及当地的汽车年销售量等情况。

③ 了解银行、销售商、购车人对保险的态度、需求及希望与保险公司合作的方式。

④ 调查分析实施消费贷款售车的车型、销售价格及变化趋势。

2）签订合作协议

同选定的银行、销售商、公证机关、公安交通管理部门等签订合作协议，明确合作方式、各方的职责、权利及义务。

3）展业材料准备与培训

根据合作协议，向有关合作方及时提供汽车消费贷款保证保险的条款、费率规章、投保单及其他有关资料。对银行与销售商的相关业务人员进行培训，使他们掌握保证保险的有关规定，能够指导投保人正确填写投保单。

4）展业宣传

备齐保险条款与相关资料以后，向银行、汽车生产商、销售商和贷款购车人做好宣传。重点宣传保证保险的特点、优势及本公司的网络优势、技术优势、实力水平、信用优势和服务优势。

2．受理投保

1）指导填写投保单

在接到投保后，保险人应指导投保人正确填写“投保单”。具体应做到以下几个方面。

（1）业务人员应依法履行告知义务，按照法律所要求的内容对条款及其含义进行告知，特别对条款中的责任免除事项、被保险人的义务以及其他容易引起争议的部分，应予以解释和说明。

（2）业务人员应提示投保人履行如实告知义务，特别是对可能涉及保险人是否同意承保或承保时需要特别约定的情况应详细询问。

（3）业务人员在投保人提出投保申请时，应要求其按照保证保险条款的规定提供必需的证明材料。

2）收取投保单及其相关资信证明并初步审核

业务人员应对填写完整的投保单和所附的资信证明材料进行初步审查，必要时要调查核实；对于审核无误的投保单，由业务负责人签署“拟同意承保”意见后交投保人。如果合作协议有明确规定，可直接交给银行或销售商。

业务人员对投保单初步审查的内容包括以下几个方面。

（1）审核证明文件或材料是否齐全，是否符合银行指定的汽车消费贷款管理办法。

（2）在审核时，对于存在疑点或证明材料有涂改、伪造等痕迹的，应通过派出所、居委会或开户银行予以核实。必要时，可以通过消费贷款保证保险问询表予以落实并让消费贷款购车人确认后，附贴在投保单上。

3）核保

保险人在承保时必须经过核保过程。核保是指保险人在承保前，对保险标的的各种风险情况加以审核与评估，从而决定是否承保、承保条件与保险费率的过程。

汽车保险消费信贷保证保险核保内容主要包括以下几个方面。

(1) 对受理投保单时初步审查的有关内容进行复核。

(2) 审核投保单的保险金额是否符合条款规定，投保人购车的首付款是否符合规定。

(3) 审核贷款合同和购车合同是否合法并真实有效，银行与销售商在办理消费贷款和购车手续时是否按照规定严格把关。

(4) 审核投保人是否按照条款的规定为消费贷款所购的车辆办理了规定内容的保险。

(5) 审核贷款协议是否明确按月、按季分期偿还贷款，不得接受一年一次的还款方式。

(6) 审核投保人是否按照与银行签订的抵押、质押或保证意向书办理了有关抵押、质押或保证手续。

(7) 审核投保人所购车辆的用途与还款来源。

对上述核保内容审核以后，应签署核保意见，明确是否同意承保，或是否需要补充材料以及是否需要特别约定等。

如果核保后同意承保，应将贷款合同、购车合同和相关证明材料复印一套留存。

4）缮制保险单、证

业务人员根据核保意见缮制保险单证。

(1) 缮制机动车辆消费贷款保证保险保单，保险期限应长于贷款期限，保险金额不得低于贷款金额。

(2) 根据贷款金额、贷款期限等正确选择费率并计算保险费。

(3) 机动车辆消费贷款保证保险不单独出具保险证，但为明示需要，应在车辆基本险与附加险的保险证上标注“保证保险”字样。

(4) 复核人员按照规定程序和内容对保险单证进行复核并签章。

5）收取保险费

财务人员按照保单核收保险费并出具保险费收据。投保人应一次交清保证保险的保险费。

6）签发保险单证

保险费收取后，业务人员在保险单证上加盖公章，将保险单正本交被保险人。

7）归档管理

保险单副本一联交投保人，一联交财务，剩下一联连同保费收据业务联、复印的贷款合同、购车合同及有关证明材料等资料整理归档。

10.2.4 保险合同的变更、终止、解除

1. 合同变更

1）变更事项

变更事项包括变更保险期限、变更购车人住址和电话或购车单位联系地址、银行账户

及联系电话、变更其他不影响车辆还款和抵押物登记的事项。

2）变更申请

购车人在保险期限内发生变更事项，应及时提出申请。

3）办理批改

在办理批改时应注意审核批改事项是否将产生意外风险，从而决定是否接受批改申请。

2. 合同终止

遇有下列情况之一，则机动车辆消费贷款保证保险的合同终止。

(1) 贷款购车人提前偿还所欠贷款。

(2) 贷款所购车辆因发生车辆损失险、盗抢险或自燃损失险等车辆保险责任范围内的全损事故获得保险赔偿，并且赔款足以偿还贷款的。

(3) 因履行保证保险赔偿责任。

(4) 保证保险期满。

3. 合同解除

下列情形之一发生时，保险合同将被解除。

(1) 投保人违反保险法或担保法等法律法规，保险人可以发出书面通知解除合同。

(2) 被保险人违反国家相关法律法规和消费贷款规定的，保险人有权解除合同。

(3) 投保人根据国家相关的法律法规，提出解除合同。

(4) 投保人未按期足额缴纳机动车辆保险保费且被保险人未履行代缴义务的，保险人有权解除合同。

(5) 法律法规规定的其他解除合同的事由。

4. 办理收退费

(1) 经保险人同意延长保险期限的，根据延长后的实际期限选定费率，补收保险费。

(2) 投保人提前清偿贷款，按照实际还贷时间按月计算保险费，多收部分退还投保人。

(3) 贷款所购车辆因发生车辆损失险、盗抢险或自燃损失险责任范围内的全损事故获得保险赔偿，并且已优先清偿贷款的，保证保险合同终止并退还从清偿贷款之日至保证保险合同期满的全部保险费。

10.2.5 保证保险的理赔

保证保险理赔流程如图 10.2 所示。

1. 接受报案

(1) 接受报案人员在接到报案时，应按照本书第 8 章的报案部分要求对报案人进行询问，并填写《报案记录》，通知业务人员。

(2) 业务人员根据报案记录，尽快查阅承保记录，将符合理赔的案件登入《保证保险报案登记簿》。

(3) 业务人员在接受报案的同时，需向被保险人提供《索赔申请书》和《索赔须知》。

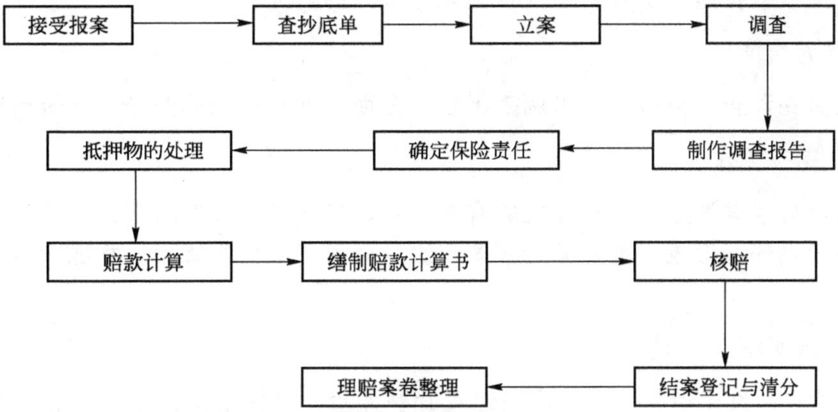

图 10.2　保证保险理赔流程

并指导其详细填写《索赔申请书》。同时向被保险人收取下述原始单证。

① 机动车辆消费信贷保证保险保单和机动车辆保险单正本。

②《汽车消费贷款合同》(副本)。

③《抵押合同》或《质押合同》或《保证合同》。

④ 被保险人签发的《逾期款项催收通知书》。

⑤ 未按期付款损失清单。

2. 查抄底单

业务人员根据出险通知，应尽快查抄出机动车辆消费贷款保证保险保单与批单、机动车辆保险的保险单与批单，并在所抄单证上注明抄单时间和出险内容。

3. 立案

(1) 业务人员应根据被保险人提供的有关资料进行初步分析，提出是否立案的意见与理由，报业务负责人。

(2) 业务负责人接到报告后，应及时提出处理意见。

(3) 业务人员根据负责人的意见办理立案或不立案的手续。立案的，应在机动车辆保险单上做出标记；不予立案的，应以书面形式通知被保险人。

4. 调查

1) 调查要求

调查工作必须双人进行，应着重第一手材料的调查，所有调查结果应做出书面记录。

2) 调查方式与重点

(1) 对已经掌握的书面材料进行分析，确认被保险人提供的书面材料是否全面真实。

(2) 向被保险人取证，了解投保人逾期未还款的具体原因，被保险人催收还款的工作情况。

(3) 向个人投保人的工作单位或所在居委会(村委会)调查，了解投保人收入变动情况；向法人投保人的上级单位或行政主管部门了解其经营情况。

(4) 向有关单位和个人调查抵押物的当前状况。

(5) 通过其他途径调查，并结合以上调查结果，明确是否存在条款所载明的责任免除事项，投保人、被保险人是否有违反条款规定义务的行为。

5. 制作调查报告

调查人员在调查结束后应写出调查报告，全面详细地记录调查结果并做出分析。

6. 确定保险责任

业务人员应根据调查报告和收集的有关材料，依照条款和有关规定，全面分析，确定是否属于保险责任。形成处理意见后报地市级分公司车险部门审定，拒赔案件应逐级上报省级公司审定。

7. 抵押物处理

(1) 保险事故发生后，保险人应及时通知被保险人做好抵押物处理的准备工作。

(2) 保险人应与被保险人、投保人(抵押人)共同对抵押物进行估价或共同委托第三人进行估价，所估价值由各方同意后，签订《估价协议书》，协议书所确定的金额为处理抵押物的最低金额。

(3) 被保险人按照《估价协议书》规定处理抵押物，所得价款优先用于偿还欠款。

(4) 被保险人不能处分抵押物的，应对投保人提起诉讼，抵押物的抵押权转归保险人，保险人应会同被保险人办理抵押权转移的各项手续。

8. 赔款理算

理赔人员根据前述条款的规定，依据调查报告、索赔通知书和估价协议等有关材料进行赔款理算。具体计算如下。

(1) 抵押物已由被保险人处分的

$$赔款=(保险金额-已偿贷款-抵押物的处分金额)\times 80\% \tag{10-2}$$

(2) 抵押物抵押权转归保险人的

$$赔款=(保险金额-已偿贷款)\times 80\% \tag{10-3}$$

(3) 抵押物灭失且不属于机动车辆保险赔款责任，且投保人未提供新的抵押物的，保险费按照式(10-3)计算。

上述公式中的“已偿贷款”不包括投保人已经偿还的贷款利息；“抵押物的处分金额”是指抵押物处分后，被保险人实际得到的金额，即扣除处分抵押物所需的费用及其他相关费用后的余额。

投保人以其所购车辆作为贷款抵押物，因逾期未还款车辆依抵押合同被处分后，投保人为其投保的机动车辆保险的保险责任即行终止，被保险人应按照保险合同的规定为投保人办理机动车辆未了责任期保险费的退费手续。

贷款所购车辆发生车辆损失险、盗抢险以及自燃损失险保险责任范围内的全损事故后，机动车辆保险的被保险人应得到的赔款应优先用于偿还机动车辆消费贷款。此时，机动车辆保险的理赔人员应书面通知贷款银行向保险公司提出“优先偿还贷款申请”，并书面通知机动车辆保险的被保险人要按照合同的规定将赔款优先用于偿还贷款。优先偿还的范围仅限于所欠的贷款本金。优先偿还贷款后的赔款余额应交机动车辆保险的被保险人。赔款优先清偿贷款后，保证保险合同即行终止。保险人应按照本实务规程中关于收退费的规定为投保人办理保证保险未了责任期保险费的退费手续。

9. 缮制赔款计算书

计算完赔款以后，要缮制赔款计算书。赔款计算书应该分险别、项目计算并列明计算公式。赔款计算应尽量用计算机出单，应做到项目齐全、计算准确。手工缮制的，应确保字迹工整、清晰，不得涂改。

业务负责人审核无误后，在赔款计算书上签署意见和日期，然后送交核赔人员。

10. 核赔

核定赔款的主要内容包括以下几方面。

1）审核单证

(1) 审核被保险人提供的单证、证明及相关材料是否齐全、有效，有无涂改、伪造等。

(2) 审核经办人员是否规范填写有关单证，必备的单证是否齐全等。

(3) 审核相关签章是否齐全。

2）核定保险责任

主要审核是否属于保险责任。

3）审核赔付计算

审核赔付计算是否准确。属于本公司核赔权限的，审核完成后核赔人员签字并报领导审批。属于上级公司核赔的，核赔人员提出核赔意见，经领导签字后报上级公司核赔。在完成各种核赔和审批手续后，转入赔付结案程序。

11. 结案登记与清分

(1) 业务人员根据核赔的审批金额填发《赔款通知书》及赔款收据，被保险人在收到《赔款通知书》后在赔款收据上签章，财会部门即可支付赔款。在被保险人领取赔款时，业务人员应在保险单正、副本上加盖“××××年××月××日出险，赔款已付”字样的印章。

(2) 赔付结案时，应进行理赔单据的清分。一联赔款收据交被保险人；一联赔款收据连同一联赔款计算书送会计部门作付款凭证；一联赔款收据和一联赔款计算书或赔案审批表连同全案的其他材料作为赔案案卷。

(3) 被保险人领取赔款后，业务人员按照赔案编号，输录《机动车辆消费信贷保证保险赔案结案登记》。

12. 理赔案卷管理

理赔案卷要按照一案一卷整理、装订、登记、保管。赔款案卷应单证齐全，编排有序，目录清楚，装订整齐。一般的保证保险的理赔案卷单证包括赔款计算书、赔案审批表、出险通知书、索赔申请书、机动车辆消费贷款保证保险的保险单及批单的抄件、抵押合同、调查报告、估价协议书、权益转让书以及其他有关的证明与材料等。

10.2.6 客户回访服务与统计分析

1. 客户回访

(1) 消费贷款保证保险业务要指定专人负责，对客户应每半年回访一次，做好跟踪服务，及时掌握购车人(投保人)、被保险人的需求与动态。

(2) 要建立客户回访、登记制度，实行一车一户管理制，及时记录还款情况。

(3) 建立与银行保持定期联络制度，协助银行做好消费贷款还款跟踪服务。

(4) 建立消费贷款购车人与所购车辆档案，内容包括购车人的基本资信情况、车辆使用情况、安全驾驶记录、保险赔款记录、还款记录等。

2. 统计分析

(1) 按期做好不同车型、不同车辆价格范围、不同职业与地域的购车人、不同销售商、银行等方面的专项量化分析，报上级公司。

(2) 各省级分公司对专项统计的业务报表和消费贷款保证保险的经营情况分析应按照季度上报总公司，由总公司上报中国保监会。

10.3 机动车辆分期付款售车信用保险

除了汽车消费贷款以外，我国汽车销售行业还采取其他的多种汽车销售方式，分期付款售车就是其中之一。为确保销售商开展的分期付款销售汽车业务的顺利实施，我国设立了机动车辆保险的一种特别约定保险，即机动车辆分期付款售车信用保险。现行的机动车辆分期付款售车信用保险条款是由中国人民保险公司 1998 年颁布的，为试行条款。下面就该保险的具体内容加以介绍。

10.3.1 一般要求

(1) 严格控制该条款的保险责任，不得变相为汽车销售以及银行等单位作任何性质的资金或贷款担保。

(2) 投保分期付款信用保险的车辆必须同时投保车辆损失保险、第三者责任保险及要求投保的有关附加险，并在机动车保险单特别约定栏中注明；分期付款购车，本保险不得退款。

(3) 投保分期付款保险的汽车销售商，其所售车辆的购买人应为最终用户，否则不予承保。

(4) 机动车辆分期付款售车信用保险是机动车辆保险的一种特别约定保险。

(5) 机动车辆分期付款售车信用保险的投保人、被保险人是分期付款的售车人。

(6) 机动车辆分期付款售车信用保险条款提及的担保人指按照被保险人的要求，接受分期付款购车人的请求，为分期付款购车人所欠债务承担连带责任者。

10.3.2 保险责任与责任免除

1. 保险责任

(1) 购车人在规定的还款期限到三个月后未履行或仅部分履行规定的还款责任，保险人负责偿还该到期部分的欠款或其差额。

(2) 如购车人连续两期未偿还到期欠款，保险代购车人向被保险人清偿第一期欠款后，于第二期还款期限到期三个月后，向被保险人清偿购车人所有欠款。

2. 责任免除

由于下列原因造成购车人不按期偿还欠款，导致被保险人的经济损失时，保险人不负责赔偿。

（1）战争、军事行动、核爆炸、核辐射或放射性污染。

（2）因购车人的违法犯罪行为以及经济纠纷致使其车辆及其他财产被罚没、查封、扣押、抵债。

（3）因所购车辆的质量问题致使购车人拒付或拖欠车款。

（4）因车辆价格变动致使购车人拒付或拖欠车款。

（5）被保险人对购车人资信调查的材料不真实或售车手续不全。

（6）被保险人在分期付款售车过程中的故意和违法行为。

10.3.3 保险期限、保险金额与保险费率

（1）保险期限是从购车人支付规定的首期付款日起，至付清最后一笔欠款日止，或至该份购车合同规定的合同期满日为止，二者以先发生为准，但最长不超过3年。

（2）保险金额为购车人首期付款（不低于售车单价的30%）后尚欠的购车款额（含资金使用费）。

$$保险费=保险金额\times保险费率 \tag{10-4}$$

（3）本保险的保险费率见表10-2。

表10-2 机动车辆分期付款售车信用保险的保险费率

分期付款时间	6个月	7～12个月		
费率	0.6%	1%		
分期付款时间	1年	1年3个月	1年6个月	1年9个月
费率	1%	1.25%	1.5%	1.75%
分期付款时间	2年	2年3个月	2年6个月	2年9个月
费率	2%	2.25%	2.5%	2.75%
分期付款时间	3年			
费率	3%			

10.3.4 赔偿处理

（1）当发生保险责任范围内事故时，被保险人应立即书面通知保险人，如属刑事案件，应同时向公安机关报案。

（2）被保险人索赔时应交回抵押车辆，由保险人按规定办法处分抵押物抵减欠款，抵减欠款不足部分由保险人按本条款赔偿办法予以赔偿。

（3）若被保险人无法收回抵押车辆，应向担保人追偿，若担保人拒绝承担连带责任时，被保险人应提起法律诉讼。

（4）被保险人索赔时，根据出险情况，提供以下有效证明文件。

① 索赔申请书(应注明购车人未履行按期偿还余款和担保人未履行连带责任的原因、索赔金额及其计算方法)。

② 分期付款购车合同。

③ 保单正本。

④ 被保险人签发的《逾期款项催收通知书》。

⑤ 未按期付款损失清单。

⑥ 代收款银行提供的代收款情况证明。

⑦ 向担保人发出的索赔文件。

⑧ 县及县以上公安机关出具的立案证明。

⑨ 法院受理证明。

⑩ 产品质量检验报告或裁决书。

⑪ 保险人要求提供的其他相关文件。

(5) 每车实行 20%的免赔率。

在第一条保险责任的情况下：

$$赔款金额=当期应付购车款或差额\times(1-20\%) \tag{10-5}$$

在第二条保险责任的情况下：

$$赔款金额=逾期款收回欠款金额\times(1-20\%) \tag{10-6}$$

(6) 被保险人在获得保险赔偿的同时，应将其有关追偿权益书面转让给保险人，并积极主动协助保险人向购车人或担保人追偿欠款。

10.3.5 被保险人义务

(1) 被保险人应要求购车人提供具有担保资格的担保人，并以所购汽车作为抵押。

(2) 被保险人应严格遵守购销合同、抵押合同、质押合同等有关必备合同的规定。

(3) 被保险人应严格审查购车人和担保人的资信情况，在确认其资信良好的情况下，方可按分期付款方式销售车辆。

资信审查时向购车和担保人收取以下证明文件，并予以登记，内容包括：个人的身份证及户籍证明原件；工作单位人事及工资证明或居委会出具的长期居住证明；法人的营业执照税务登记证复印件，营业场所证明，法人代表身份证明，单位的开户行、户名及账号，银行及税务资信证明等。保险人有权要求被保险人提供上述证明文件。

(4) 被保险人应按时向保险人交纳保险费。

(5) 被保险人应严格遵守国家法律、法规及《分期付款购买汽车合同》中的责任和义务，经常检查分期付款合同的执行情况，做好欠款的催收工作和催收记录，对保险人提出的防损建议，应认真考虑并付诸实施。

(6) 被保险人的《分期付款购买汽车合同》如有变动，须事先征得保险人的书面同意。被保险人改变经营方式如对购车人分期付款产生较大影响，应及时书面通知保险人。

(7) 被保险人不履行上述各项义务，保险人有权终止保险合同或拒绝赔偿。

10.3.6 追偿及处分抵押物

(1) 保险人支付保险赔款之后，即取代被保险人的地位，行使对购车人的追偿权利，包括接管为被保险人债权而设计的任何抵押物。

(2) 保险人有权按下列任一种方式处分抵押物。

① 拍卖。

② 转让、兑现。

③ 其他合理的方式。

(3) 抵押物经处分后，按下列顺序分配价款。

① 支付处分费和税金。

② 清偿被保险人应得的款项。

③ 清偿保险人应得的所有款项。

如上述款项仍有余额，该余额应归还购车人。如上述款项不足清偿欠款，被保险人应积极协助保险人向购车人追偿。

10.3.7 其他事项

(1) 对超出保险金额或保险期限的任何欠款，保险人不承担任何赔偿责任。

(2) 保险人对购车人因未能按期履行主合同引起的罚息和违约金不承担赔偿责任。

(3) 发生保险责任事故后，被保险人从通知保险人发生保险责任事故当日起三个月内不向保险人提交规定的单证，或者从保险人书面通知之日起一年内不领取应得的赔款，即作为自愿放弃权益。

(4) 保险人赔偿后，若发现是属于被保险人的故意欺骗等行为造成保险人错赔的，保险人有权追回赔款。

(5) 机动车辆分期付款售车信用保险一经承保，不得中途退保。

(6) 保险人和被保险人应本着“实事求是、公平合理”的原则协商解决本条款项下发生的纠纷和争议。如协商不成，可提交工商行政管理部门进行调解、仲裁，向法院提起诉讼。除事先另约定外，仲裁或诉讼应在保险人所在地进行。

机动车辆分期付款售车信用保险的操作实务参见上节中的机动车辆消费信贷保证保险的实务规程的规定。

10.4 国内外的消费贷款发展及其现状

10.4.1 国外的消费贷款发展及其现状

1. 国外的消费贷款发展现状

第二次世界大战以后，西方各国的商业银行为了有效运用资金，将贷款从生产领域逐步扩大到消费领域，消费贷款得到了迅速发展并成为各大商业银行重要的利润来源。目前，美国、欧洲、日本等发达国家消费贷款的规模已经达到相当大的程度，消费贷款占商业银行贷款总额的比重越来越大。以美国通用汽车为例，通用汽车金融服务公司成立于1919年，现已成为世界最大的汽车金融机构，其业务已经涵盖了零售及汽车金融服务、抵押贷款、住房抵押贷款及保险等领域。德国大众早在1949年就成立了自己的信贷银行，也就是现在的大众汽车金融公司。当时，每户每月仅需付5马克，就可以安心驾驶一辆像

“甲壳虫”一样的汽车。汽车消费贷款之所以大规模的普及，是因为发达国家已经具备了下述条件。

1）手续简便快捷

对于消费者来说，是否愿意以信用方式进行消费，重要的是支付手续能否方便快捷。在欧美等发达国家，消费者以贷款方式购物与一般购物在手续上并没有多少差别。消费者如果有需求，不用担心自己目前的支付能力，只要未来一段时间的收入有保证，就可以顺利地通过信用卡透支购物。同时从银行或信用卡公司定期寄来的账单上，消费者可以清楚地知道自己的信贷收支情况。消费贷款的手续简便快捷，自然就成为人们乐于接受的一种消费方式。

2）信用网络完备周密

银行或商家为借款者提供消费贷款的前提是消费者有足够的清偿能力和可靠的消费者信用。为此，发达国家建立的完备、严密、透明的社会信用网络为银行或商家判断借款者的信用状况提供了保障。公民一出生或在其境内居留的外国人一入境，就要到专门的机构进行登记，取得一个社会安全号码(Social Security Number)，终身固定不变，类似我国的身份证号码。社会安全号码已经实现了全社会联网，只要键入你的社会安全号码，你的收入状况、纳税状况、借贷与还款状况、信用状况都会一目了然。不论在银行申请，还是在商家申请，借款者只需填写一个包括社会安全号码的简易表格，银行或商家通过信用网络系统查询借款者的记录，当即就能决定是否发放消费贷款。这种方便的信用网络管理体系使得消费贷款与持币消费没有区别，消费者申请贷款和支付手续在很短的时间内就能完成，因而利于普及。

以美国为例，为规范消费贷款，美国国会在1968年和1971年分别颁布了《消费贷款保护法》和《公布贷款报告法》。全社会已经形成了广泛参与、各有分工的成熟的消费贷款体系，其特点如下。

(1) 消费贷款形式多样。美国的消费贷款涉及面广，不仅有零售和服务消费贷款，还有现金消费贷款，几乎涵盖了全社会的所有商品和服务。消费贷款形式也具有多样性，包括循环信贷、分期付款信贷、无息信贷、信用卡信贷等。

(2) 消费贷款市场竞争激烈。美国提供消费贷款的机构很多，可以确保居民方便快捷地获得消费贷款。提供消费贷款的机构，除了不计其数的提供商品零售与服务方面的商家外，还有许多各有特色的提供现金消费贷款的机构，如商业银行、信用合作社、消费者财务公司、销售财务公司、储蓄贷款协会、人寿保险公司、慈善机构和教育机构等。因此，消费贷款市场相互竞争，各有特色。

消费贷款是美国金融机构竞争最激烈的场所，商业银行是消费贷款最大的提供者，约占全社会消费贷款的45%；各类金融公司紧随其后，约占25%。经营规模最大的是美国通用汽车通兑汇票公司，其消费信用的总余额为400多亿美元。目前，消费贷款占商业银行贷款总额的平均比例约为20%～25%。

(3) 消费贷款业务规范、法律完善。美国在消费贷款起步初期就注意健全相关法律法规。一方面，从消费贷款的程序上有法律保障；另一方面，对于特定的消费贷款业务也有法律规范其发展，为消费贷款发展提供了良好的制度环境。

上述的消费贷款特点决定了其普及程度。消费贷款几乎伴随着美国人的一生，不能负债者就没有信誉。对于美国人来说，读书期间，要申请教育贷款、汽车贷款和信用卡贷款；工作以后要申请住房贷款；结婚生子要申请费用贷款；日常的消费几乎都是通过信用卡实现的。所以，在美国使用消费贷款是理所当然的事情，每个人手上都有不同公司的几张甚至十几张信用卡，用于不同的消费。

在美国，消费贷款的种类主要有汽车贷款、住房贷款、信用卡和支票信贷四种。

① 汽车贷款。美国的分期付款消费贷款中比例最大的贷款形式就是汽车贷款。按照借款者的身份，汽车贷款可以分为汽车直接贷款和汽车间接贷款。汽车直接贷款是金融机构直接向汽车买主收购其所出具的期票而发放的贷款，是金融机构运用其多余资金的一种最有利的途径，但风险较大。汽车间接贷款是汽车买主使用期票作为贷款的支付手段，汽车零售商在需要资金周转时以其持有的期票经过背书后与金融机构协商借款的贷款形式。汽车间接贷款一直占美国商业银行汽车贷款的大部分份额。

② 住房贷款。美国的住房贷款包括住房抵押贷款、住房改良贷款和活动住房贷款等。

对于大多数家庭来说，自置住房的资金来源于住房抵押贷款。购买住房时，买房者需要先付房价的20%现金，其余部分向储蓄与放款协会或银行申请贷款并以房屋作为抵押，然后将全部贷款交给房地产商，根据个人收入与支付能力与银行签订20～30年协议逐月偿还贷款本息。

住房改良贷款包括借给住房者用于维修和改造住房的联邦住宅管理局保险贷款和非保险贷款、用来购买和安装取暖及空调装置、热水装置和厨房器具等设备的贷款等。

活动住房贷款主要资助借款人购买活动住房，这种住房比传统住房的价格低，近年来在美国发展很快。

③ 信用卡。信用卡业务的特点是持卡人先消费后付款，它比现金或支票的支付手段更方便，是十分方便的信贷来源。一方面，持卡人当月的购货款都体现在下月初信用卡公司提供的账单上，持卡人只需一次性支付即可，减少了持卡人每次消费都开具支票或交纳现金的麻烦；另一方面，持卡人在银行的账户活动也随着减少。再者，持卡人使用信用卡消费有助于其家庭预算，根据其自己的实际情况和每月消费情况，可以确定其按月的消费开支。对于零售商或服务商而言，接受了信用卡就等于获得了银行的支付保证，有助于营业额的增加和管理环节的减少，简化了会计处理过程。

④ 支票信贷。支票信贷将信贷额度的融通和支票账户结合在一起使用，一般都兼有本票、旅行支票、支票保证和透支业务的某些特点。支票信贷一般通用的两种形式为透支账户和特种支票账户。透支账户是利用个人支票账户提供事先约定好面额的支票，当客户开出这种支票向银行取款时，贷款就随之发生。

总的来说，信用卡比支票信贷更方便，应用更普及。

2. 美国的汽车消费贷款

美国的汽车消费贷款方式是通过完善的社会服务系统和先进的计算机系统来完成的，整体操作效率很高。汽车消费贷款的贷款期限一般为5年，金额约为车价的80%。前已述及，美国的汽车贷款包括汽车直接贷款和汽车间接贷款两种形式。目前，美国汽车直接贷款的比例占整个汽车贷款的42%，汽车间接贷款占整个汽车贷款的58%。银行的信贷比例逐年下降，专业信贷公司的比例逐年上升，以专业信贷公司为主的间接融资已经成为美国汽车消费贷款的主体。

用户在专业信贷公司进行融资贷款的流程具体步骤如下。

(1) 用户在经销商处选定车型并填写贷款申请书。

(2) 经销商将用户贷款的数据资料通过计算机联网，传送到某一信贷公司在当地的分公司。

(3) 信贷公司通过计算机联网向信用资料局的信用网络系统调取用户的信用资料，进行信用评估。

(4) 信贷公司通知经销商该用户贷款的核准情况。

(5) 经销商与用户签订汽车消费贷款销售合同，经销商向州政府汽车管理部门登记领取牌照。信贷公司为车辆抵押权人，州政府的汽车管理部门将提供贷款的信贷公司登录在车辆所有权证明书上。

(6) 经销商将车辆交给用户。

(7) 信贷公司在接到经销商的合同文件后，拨发贷款。

(8) 用户按照合同约定按期给信贷公司偿还分期款。

(9) 信贷公司将客户的还款状况信息提供给信用资料局。

3. 日本的汽车消费贷款

日本的汽车消费贷款始于1950年，在20世纪60年代得到了普及与推广，开始时主要以银行为主体开展消费贷款活动。进入20世纪60年代，美国要求日本开放汽车市场的呼声越来越高，为了对抗美国汽车生产商强大的销售态势，日本汽车工业协会提出了创办汽车销售金融公司来充实汽车消费贷款的内容，以扩大国产车销售的建议。此后，许多汽车公司纷纷成立金融公司来促进汽车消费贷款业务的开展。目前，日本汽车消费贷款融资的市场主体由专业的信用保证公司、银行和汽车制造商专属的信贷公司以及经销商等组成，其中专业信用保证公司的业务量占总的汽车信贷业务量的一半以上。

日本约有50%的购买者是通过汽车消费贷款方式购买汽车的，其汽车消费贷款的方式主要有以下三种。

1) 直接贷款

直接贷款一般是用户直接向银行申请贷款并以购买的汽车作为贷款抵押，获得贷款后通过分期付款的方式向银行还款。

2) 间接贷款

间接贷款是经销商将愿意以分期付款方式购车的用户通过制造商专门的信贷公司或信用保证公司进行信用评估，然后经销商与用户签订分期付款合同并将其转让给信贷公司或信用保证公司，信贷公司或信用保证公司将贷款拨给经销商，借款者按照合同约定进行分期偿还贷款。日本的此种贷款与美国的情形相同。

3) 代理贷款

在代理贷款模式下，金融机构提供贷款供用户购车，信用保证公司代理金融机构进行信用核准、贷款后的服务和还贷的催收工作。信用保证公司确保在借款者不还款的情况下代替其向金融机构偿还贷款，信用保证公司从代理业务中向金融机构收取一定的报酬。代理贷款是日本在汽车贷款方面较有特色的方式，其特点在于各方分工明确，借款者的贷款通过专业的信用保证公司的管理及对贷款的保证，将金融机构的贷款风险降到了最低点。信用保证公司用其提供的专业服务获取适当的报酬，而不必考虑资金筹措问题。代理贷款的业务流程具体程序如下。

(1) 用户在经销商处选定要购的车型并填写贷款申请。

(2) 经销商将用户的贷款申请送到与其有合作关系的信用保证公司。

(3) 信用保证公司对用户进行信用评估和调查。

(4) 信用保证公司将核准贷款情况通知给经销商和与其有保证合同的金融机构。

(5) 用户与提供贷款的金融机构签订汽车贷款合同。

(6) 经销商将车辆交给用户。

(7) 经销商向信用保证公司请求支付贷款。

(8) 信用保证公司向金融机构请求拨发贷款。

(9) 金融机构拨发贷款给信用保证公司。

(10) 信用保证公司将贷款转拨给经销商。

(11) 用户向信用保证公司分期还款。

(12) 信用保证公司向金融机构支付客户到期的分期款并收取应得的服务费。

10.4.2 我国汽车消费信贷

1. 国内的消费贷款发展及发展前景

长期以来，我国金融业服务的重点一直是存款、贷款和汇款，而贷款的服务对象一般都是国有的企事业单位和私营经济，消费贷款业务几乎处于空白。近年来，随着住房制度的改革，住房贷款悄然兴起，使得我国的消费贷款业务得到了快速发展。目前，我国四大国有银行中个人住房贷款已经达到5400亿元，其中中国工商银行的个人住房贷款余额已突破2000亿元，在4年多的时间里个人住房贷款增长了32倍，个人住房贷款的占整个贷款比重已经达到7.8%，成为国内最大的按揭银行。到2002年3月末，工行个人住房贷款的不良率为0.25%，收息率为98.7%，是工行质量最好的业务。根据资料，发达国家银行的住房贷款占其全部贷款的25%～40%。因此，我国的个人住房贷款的发展空间很大。

消费贷款虽然仅是商业银行的一种常规业务，但由于我国目前正处于内需不足、经济增长“热点”较少的环境下，加之商业银行多年对生产领域的贷款倾斜政策致使不良贷款比例持续增加，在消费领域发展消费贷款已逐渐成为金融界的共识，通过消费贷款加快住房制度改革和加速汽车的普及符合我国的基本国情。因此，我国消费贷款业务的市场前景广阔。

(1) 消费贷款领域进一步开放。消费贷款的发展是商品经济发展的必然结果。随着我国商品生产的发展和人民生活水平的提高，尤其是享受资料和发展资料在居民消费构成的比例逐步提高以后，由于不同地区和不同消费群体购买力的差别，为消费贷款的进一步发展提供了可能。深化城镇住房制度改革和加快住房建设在为消费贷款的发展提供了动力的同时，也促进了相关产业的发展。可以预计，政府将逐步放开专项消费贷款，汽车消费贷款、家用设备消费贷款等各种消费贷款将应运而生。

(2) 买方市场逐步形成。通过改革开放，长期以来商品紧缺、供不应求的卖方市场已经转变为产品极大丰富、供大于求的买方市场，为消费者随意选择商品创造了条件，也为不同类型的消费贷款的发展奠定了基础。

(3) 居民消费行为发生变化，各种消费型群体对消费贷款的需求增加。

2. 三大动态消费群体

多年的改革开放和社会生产力的进步，我国已形成了三大动态消费群体，其各具特点。

1）高收入的“先导型”消费群

全国的“先导型”消费群属于以城市为主体的富裕型、极富裕型的消费群体。人口约4460万人，1400多万户，占城市人口的10%，占总人口的3.5%。人均年可支配收入18840元，户均年收入56520元。未扣除当年储蓄额的购买力总量为8400多亿元，占全社会总的消费购买力的17%左右。

从职业来看，企事业单位负责人在高收入群体中比例最大，占31%；专业技术人员位居第二，占25.2%；随后是自由职业者，占17.8%；办事人员和有关人员占9.5%；商业服务人员占8.5%；生产、运输设备操作人员占4.4%；不便分类的其他从业人员占3.5%；农、林、牧、渔、水利业人员占0.1%。公司老板、管理阶层高级职员、规模较大经营较好的私营企业家、高科技领域的成功者、演艺界知名人士等群体已跻身其中。

在目前的消费供给水平和结构下，边际消费倾向历来最低的高收入群体，恩格尔系数已经降至15%以下，达到了发达国家的平均水准。同这一群体的消费需求相比较，现有大众化的消费供给已经过时，而更高层次的精品化、个性化消费供给有待开发。

2）中等收入的“升级型”消费群

“升级型”消费群以城市绝大多数居民户和农村中少数比较富裕的居民户为主体，主要由政府公职人员、国有企业职工、科教文卫人员、个体经营者及其家庭构成。人均可支配年收入为6000～7000元，家庭年均收入21000～25000元，包括占农村人口10%、城市人口80%的4.45亿人，1.3亿户，未扣除当年储蓄额的购买力总量在2.89万亿元，占全社会消费购买力总和近60%。

中等收入群体恩格尔系数在35%左右，边际消费倾向居中，正处于从小康型向富裕型、从讲求消费数量向讲求消费质量转变的阶段，加上多年储蓄积累，已构成最具购买能力和消费多样化的群体，是继高收入群体之后最为活跃的、强有力的跟进力量。

3）低收入的“培育型”消费群

“培育型”消费群以城市低收入阶层和农村中等收入阶层为主体，包括城市部分下岗职工、退休职工、进城务工人员、大部分农民等家庭。人均可支配收入为2000元左右，家庭年均收入在7000～8000元，包括占城市人口10%、农村人口80%的6.89亿人，约2亿居民户。未扣除当年储蓄额的购买力总量在1.38万亿元，约占全社会消费购买力的27%。

低收入群体的边际消费倾向虽然最强，但收入增长较慢，恩格尔系数在50%左右，消费能力尚处于为大宗购买积聚力量的状态。因此，增加其收入是增加其消费的关键，迫切需要国家收入——消费政策的培育和扶持。这一群体的需求同现有的供给能力较为适应，同目前的消费品供给结构矛盾较少，是目前中低档消费的主要市场，也是“想买而缺少钱”，最讲实惠的消费群体。

此外，还有占农村人口10%以下，8000万人，2000万户，人均年收入700元左右，家庭年收入在3000元以下，勉强摆脱衣食困扰的更低收入群体(包括尚不足温饱的3000万贫困居民和城市衣食堪忧的少数贫民)，其恩格尔系数通常仍然在60%以上。

上述不同的消费群体对消费贷款均有不同的需求。住房消费贷款、汽车消费贷款以及高档家用设备的消费贷款的主要对象是高收入的“先导型”消费群和中等收入的“升级型”消费群，而对于低收入的“培育型”消费群来说，日常生活必需品中的大宗物品是消费贷款的主要目标。

【关键术语】

汽车消费贷款　职责　管理　操作程序　保证保险信用保险

【综合练习】

1. 什么是汽车消费贷款？其类型主要有哪些？

2. 简述汽车消费贷款的操作程序。

3. 什么是汽车消费贷款保证保险？什么是汽车分期付款售车信用保险？两者的主要区别是什么？

4. 简述车贷险的理赔程序。

参考文献

［1］ 张勇，等．汽车保险与理赔［M］．重庆：重庆大学出版社，2006.

［2］ 石社轩．汽车保险与理赔［M］．郑州：黄河水利出版社，2013.

［3］ 王云鹏，鹿应荣．车辆保险与理赔［M］．2版．北京：机械工业出版社，2010.

［4］ 祁翠琴主编．汽车保险与理赔［M］．2版．北京：机械工业出版社，2010.

［5］ 梁军，焦新龙．汽车保险与理赔［M］．北京：人民交通出版社，2005.

［6］ 王灵犀，王伟．机动车辆保险与理赔实务［M］．北京：人民交通出版社，2004.

［7］ 董恩国，陈立辉．汽车保险与理赔［M］．北京：北京理工大学出版社，2008.

［8］ 张庆洪，何清堃．机动车辆保险［M］．北京：机械工业出版社，2005.

［9］ 许瑾良．保险学［M］．上海：上海财经大学出版社，2003.

［10］ 李劲松，朱春侠．汽车保险与理赔［M］．北京：清华大学出版社，2010.

［11］ 金加龙．机动车辆保险与理赔实务［M］．西安：西安电子科技大学出版社，2008.

［12］ 孙丽．汽车保险与理赔［M］．上海：同济大学出版社，2012.

北京大学出版社汽车类教材书目

序号	书　　名	标准书号	著作者	定价	出版日期
1	汽车构造(第2版)	978-7-301-19907-7	肖生发，赵树朋	56	2014.1
2	汽车构造学习指导与习题详解	978-7-301-22066-5	肖生发	26	2014.1
3	汽车发动机原理(第2版)	978-7-301-21012-3	韩同群	42	2016.12
4	汽车设计	978-7-301-12369-0	刘涛	45	2008.1
5	汽车运用基础	978-7-301-13118-3	凌永成，李雪飞	26	2008.1
6	现代汽车系统控制技术	978-7-301-12363-8	崔胜民	36	2008.1
7	汽车电气设备实验与实习	978-7-301-12356-0	谢在玉	29	2008.2
8	汽车试验测试技术（第2版）	978-7-301-25436-3	王丰元，邹旭东	36	2015.3
9	汽车运用工程基础(第2版)	978-7-301-21925-6	姜立标	34	2016.3
10	汽车制造工艺（第2版）	978-7-301-22348-2	赵桂范，杨　娜	40	2015.8
11	车辆制造工艺	978-7-301-24272-8	孙建民	45	2014.6
12	汽车工程概论	978-7-301-12364-5	张京明，江浩斌	36	2008.6
13	汽车运行材料（第2版）	978-7-301-22525-7	凌永成	45	2017.5
14	汽车运动工程基础	978-7-301-25017-4	赵英勋，宋新德	38	2014.10
15	汽车试验学	978-7-301-12358-4	赵立军，白　欣	28	2017.6
16	内燃机构造	978-7-301-12366-9	林　波，李兴虎	26	2016.7
17	汽车故障诊断与检测技术	978-7-301-13634-8	刘占峰，林丽华	34	2013.8
18	汽车维修技术与设备（第2版）	978-7-301-25846-0	凌永成	36	2017.2
19	热工基础（第2版）	978-7-301-25537-7	于秋红，鞠晓丽等	45	2017.3
20	汽车检测与诊断技术	978-7-301-12361-4	罗念宁，张京明	30	2009.1
21	汽车评估（第2版）	978-7-301-26615-1	鲁植雄	38	2017.1
22	汽车车身设计基础	978-7-301-15619-3	王宏雁，陈君毅	28	2016.7
23	汽车车身轻量化结构与轻质材料	978-7-301-15620-9	王宏雁，陈君毅	25	2009.9
24	车辆自动变速器构造原理与设计方法	978-7-301-15609-4	田晋跃	30	2013.7
25	新能源汽车技术（第2版）	978-7-301-23700-7	崔胜民	39	2016.12
26	工程流体力学	978-7-301-12365-2	杨建国，张兆营等	35	2011.12
27	高等工程热力学	978-7-301-16077-0	曹建明，李跟宝	30	2010.1
28	汽车电气设备（第3版）	978-7-301-27275-6	凌永成	47	2016.11
29	汽车电气设备	978-7-301-24947-5	吴焕芹，卢彦群	42	2014.10
30	汽车电器与电子设备	978-7-301-25295-6	唐文初，张春花	26	2016.7
31	现代汽车发动机原理	978-7-301-17203-2	赵丹平，吴双群	35	2013.8
32	现代汽车新技术概论（第3版）	978-7-301-29296-9	田晋跃	48	2018.3
33	现代汽车排放控制技术	978-7-301-17231-5	周庆辉	32	2012.6
34	汽车服务工程（第3版）	978-7-301-28508-4	鲁植雄	46	2017.12
35	汽车使用与管理	978-7-301-18761-6	郭宏亮，张铁军	39	2017.5
36	汽车数字开发技术	978-7-301-17598-9	姜立标	40	2016.1
37	汽车人机工程学	978-7-301-17562-0	任金东	35	2017.5
38	专用汽车结构与设计	978-7-301-17744-0	乔维高	45	2014.6
39	汽车空调	978-7-301-18066-2	刘占峰，宋　力等	28	2013.8
40	汽车空调技术	978-7-301-23996-4	麻友良	36	2014.4
41	汽车 CAD 技术及 Pro/E 应用	978-7-301-18113-3	石沛林，李玉善	32	2018.7
42	汽车振动分析与测试	978-7-301-18524-7	周长城，周金宝等	40	2015.1
43	新能源汽车概论（第2版）	978-7-301-25633-6	崔胜民	37	2016.12
44	新能源汽车基础	978-7-301-25882-8	姜顺明	38	2016.12
45	汽车空气动力学数值模拟技术	978-7-301-16742-7	张英朝	45	2011.6

序号	书　　名	标准书号	著作者	定价	出版日期
46	汽车电子控制技术(第 3 版)	978-7-301-27262-6	凌永成	46	2017.1
47	车辆液压传动与控制技术	978-7-301-19293-1	田晋跃	28	2015.4
48	车辆悬架设计及理论	978-7-301-19298-6	周长城	48	2011.8
49	汽车电器及电子控制技术	978-7-301-17538-5	司景萍，高志鹰	58	2012.1
50	汽车车身计算机辅助设计	978-7-301-19889-6	徐家川，王翠萍	35	2012.1
51	现代汽车新技术(第 3 版)	978-7-301-29327-0	姜立标	59	2018.5
52	电动汽车测试与评价	978-7-301-20603-4	赵立军	35	2012.7
53	电动汽车结构与原理	978-7-301-20820-5	赵立军，佟钦智	35	2016.8
54	二手车鉴定与评估	978-7-301-21291-2	卢　伟，韩　平	36	2015.4
55	汽车微控制器结构原理与应用	978-7-301-22347-5	蓝志坤	45	2013.4
56	汽车振动学基础及其应用	978-7-301-22583-7	潘公宇	29	2015.2
57	车辆优化设计理论与实践	978-7-301-22675-9	潘公宇，商高高	32	2015.2
58	汽车专业英语	978-7-301-23187-6	姚　嘉，马丽丽	36	2013.8
59	车辆底盘建模与分析	978-7-301-23332-0	顾　林，朱　跃	30	2014.1
60	汽车安全辅助驾驶技术	978-7-301-23545-4	郭　烈，葛平淑等	43	2014.1
61	汽车安全	978-7-301-23794-6	郑安文	45	2015.4
62	汽车安全概论	978-7-301-22666-7	郑安文，郭健忠	35	2015.10
63	汽车系统动力学与仿真	978-7-301-25037-2	崔胜民	42	2014.11
64	汽车营销学	978-7-301-25747-0	都雪静，安惠珠	50	2015.5
65	车辆工程专业导论	978-7-301-26036-4	崔胜民	35	2015.8
66	汽车保险与理赔	978-7-301-26409-6	吴立勋，陈立辉	32	2016.1
67	汽车理论	978-7-301-26758-5	崔胜民	32	2016.1
68	新能源汽车动力电池技术	978-7-301-26866-7	麻友良	42	2016.3
69	汽车车身控制系统	978-7-301-27023-3	杭卫星	28	2016.5
70	汽车发动机管理系统	978-7-301-27083-7	贝绍轶	28	2016.6
71	汽车底盘控制系统	978-7-301-27693-8	赵景波	32	2016.11
72	汽车底盘机械系统	978-7-301-27270-1	李国庆	28	2016.7
73	汽车新能源与排放控制（双语教学版）	978-7-301-27589-4	周庆辉	35	2016.10
74	汽车新技术	978-7-301-27692-1	邹乃威，周大帅	46	2016.11
75	汽车发动机机械系统	978-7-301-27786-7	李国庆	28	2016.12
76	道路交通安全	978-7-301-27868-0	郑安文	50	2017.1
77	车辆试验设计与数据处理	978-7-301-28660-9	张京明	49	2017.8
78	共享汽车概论	978-7-301-28491-9	李旭	42	2017.8
79	汽车构造（上册）	978-7-301-28803-0	肖生发	36	2017.10
80	汽车构造（下册）	978-7-301-29170-2	肖生发	35	2018.2

如您需要更多教学资源如电子课件、电子样章、习题答案等，请登录北京大学出版社第六事业部官网 www.pup6.cn 搜索下载。

如您需要浏览更多专业教材，请扫下面的二维码，关注北京大学出版社第六事业部官方微信（微信号：pup6book），随时查询专业教材、浏览教材目录、内容简介等信息，并可在线申请纸质样书用于教学。

感谢您使用我们的教材，欢迎您随时与我们联系，我们将及时做好全方位的服务。联系方式：010-62750667，童编辑，13426433315@163.com，pup_6@163.com，lihu80@163.com，欢迎来电来信。客户服务 QQ 号：1292552107，欢迎随时咨询。